VERLAG ANTJE
KUNSTMANN

Paul Verhaeghe

UND ICH?

Identität in einer durchökonomisierten Gesellschaft

Aus dem Niederländischen von
Birgit Erdmann und Angela Wicharz-Lindner

Verlag Antje Kunstmann

INHALT

EINLEITUNG

Ein Mann mittleren Alters wird von vier anderen mit Klebeband an eine Holzpalette gefesselt. Einer der Peiniger malt dem Gefangenen mit dickem Filzstift zwei Nullen auf die Stirn, der zweite presst ihm sein Geschlechtsteil ins Gesicht, der dritte setzt sich mit heruntergelassener Hose obendrauf, der vierte hält die Szene mit der Kamera fest – und alle haben großen Spaß. Das Opfer bekommt sogar eine Kopie des Videos mit, »für zu Hause«.

Ort des Geschehens: eine stinknormale Firma in einem wallonischen Dorf. Der Mann mit der Filmkamera ist ein Gewerkschaftsvertreter. Viele Kollegen haben mitgemacht, keiner hat eingegriffen. Hinterher stellte sich heraus, dass derlei Schikanen schon seit Jahren an der Tagesordnung waren. Kurz nachdem die Bilder in den Fernsehnachrichten gesendet wurden, meldeten sich weitere Opfer, denen Ähnliches widerfahren war. Eine Woche später hatte dann auch Flandern seinen Fall: In einem stahlverarbeitenden Betrieb wurden einem Kranführer vom Polier und vom Meister regelmäßig obszöne Sprüche auf den nackten Hintern geschrieben, dann band man den Mann auf einen Jeep und fuhr mit ihm im Kreis herum. Die Täter stellten die Aufnahmen auf YouTube. Einen Monat später ist das Thema nicht mehr aus der Presse wegzudenken. Unterschiedliche Quellen liefern überraschend hohe Zahlen: Zehn bis fünfzehn Prozent der Arbeitnehmer werden gemobbt. Dies bedarf dringend einer Erklärung, und an entsprechenden Versuchen mangelt es wahrlich nicht.

Die erste Erklärung kommt aus der konservativen Ecke: Mobbing ist danach wie so vieles andere auf den Verlust von Normen und Werten in unserer Gesellschaft zurückzuführen. Aggressives Verhalten gegenüber

Bus- und Straßenbahnfahrern, die steigende Zahl misshandelter Kinder, ausgebrannte Lehrer, die von den Grausamkeiten ihrer Schüler zermürbt sind, kriminelle Asylbewerber – so ziemlich jedes soziale Problem lässt sich diesem Erklärungsmuster zuordnen. Früher war alles besser.

Eine weitere Erklärung sucht mögliche Ursachen eher im psychiatrischen Bereich. Gewalttäter sind »gestörte Individuen«. Eine Mutter, die ihr Baby misshandelt, muss doch krank sein? – ein beruhigender Gedanke. Gerichtsgutachter sprechen von »antisozialer Persönlichkeitsstörung« (ein anerkanntes psychiatrisches Krankheitsbild) und verweisen auf frühe Anzeichen bei Kindern, sogenannte »aggressiv-oppositionelle Verhaltensstörungen« (im Fachjargon »ODD« als Abkürzung für Oppositional Defiant Disorder). Beide Diagnosen wurden in den vergangenen Jahrzehnten immer häufiger gestellt, und das ist weniger beruhigend.

Die dritte Erklärung spitzt die medizinische Argumentation noch weiter zu: Es liegt an der menschlichen Natur, an dem Tier in uns. Die Nazihenker waren ganz gewöhnliche Menschen, und sozialpsychologische Studien haben ergeben, dass jeder Mensch unter bestimmten Umständen zum Sadisten werden kann. *Homo homini lupus est*, der Mensch ist des Menschen Wolf[1].

Diese Erklärung steht in einem merkwürdigen Gegensatz zu einer anderen Sichtweise: Der Mensch ist von Natur aus gut, erst die postmoderne Gesellschaft macht uns zu schlechten Menschen. Man verbiete alle gewaltverherrlichenden Computerspiele, und schon wird alles viel friedlicher werden.

Das Böse – und wir sollten nicht zögern, dieses Wort zu benutzen – ist dem Menschen jedenfalls nicht fremd, und die eindringlichste Beschreibung dieses Tatbestands stammt aus der Feder von Hannah Arendt. In ihrem Bericht über den Prozess gegen den SS-Obersturmbannführer Adolf Eichmann prägt sie den Begriff von der »Banalität des Bösen«. Die Vorstellung vom Schlechten im Menschen knüpft an die christliche Glaubenslehre von der Erbsünde an. Eine modernere Interpretation spricht von unseren »egoistischen Genen«.

Beide Erklärungen erwecken den Eindruck, dass es eine unveränderliche menschliche Natur gibt, die nur darauf wartet, ans Tageslicht zu treten. Diese Idee mutet seltsam an, zumindest in Anbetracht der neuerdings im gesamten Westen aufflammenden Diskussion über Identität bzw. die »richtigen« Normen und Werte. Offensichtlich wissen wir nicht mehr, wer wir sind, und rennen deshalb zu allen möglichen Experten, vom Psychologen zum Hirnforscher und anderen Wahrsagern, die uns erklären sollen, wer wir denn nun wirklich sind.

Dieses Buch geht von einem anderen Grundgedanken aus. Identität an sich gibt es nicht; wer wir werden, hängt größtenteils von unserem Umfeld ab. Wenn viele Menschen heutzutage »neben der Spur« sind, sagt dies etwas über das Umfeld aus, das sich offenbar grundlegend verändert hat, *und wir uns mit ihm*. Wobei immer offensichtlicher wird, dass uns das nicht glücklich macht.

Was veranlasst einen Psychoanalytiker nun dazu, ein Buch über solche Fragestellungen zu schreiben? Es ist aus meiner klinischen Praxis erwachsen. Wie viele meiner Kollegen bin ich davon überzeugt, dass die Probleme – ich vermeide bewusst den Begriff »Störungen« –, derentwegen viele Menschen heutzutage Hilfe suchen, nicht nur häufiger auftreten als früher, sondern dass sie außerdem gravierend anders sind.

In einem früheren Buch habe ich über das Ende der Psychotherapie geschrieben und den Zusammenhang zwischen psychischen Störungen und gesellschaftlichen Veränderungen untersucht. Mittlerweile bin ich allerdings davon überzeugt, dass die Folgen dieser gesellschaftlichen Veränderungen sehr viel weiter reichen. Die neoliberale Organisation unserer Gesellschaft bestimmt das Verhältnis zu unserem Körper, unserem Partner, unseren Kollegen, unseren Kindern – also zu allem, was unsere Identität ausmacht. Und dieses Verhältnis ist von Grund auf gestört. Damit knüpfe ich an Sigmund Freud und seine Abhandlung *Das Unbehagen in der Kultur* an. Genau wie Freud werde auch ich mich hier nicht um eindeutige ethische Stellungnahmen herumdrücken.

1 IDENTITÄT

In den letzten Jahren sind fast überall in Europa Identitätsdebatten entbrannt. So stand die niederländische Kronprinzessin Máxima 2007 heftig in der Kritik, als sie die Existenz »des« Niederländers in Zweifel zu ziehen wagte. In Finnland sind die »Wahren Finnen« ins Parlament eingezogen. Belgien bricht unter dem ständigen Druck des flämischen Nationalismus auseinander, und auch anderswo in Europa gewinnen nationalistische Gruppierungen an Boden. Der Grund dafür liegt auf der Hand. Es geht um die Auseinandersetzung mit anderen Identitäten, also gewöhnlich mit denen der Immigranten und Asylbewerber, und somit zugleich um eine Konfrontation mit anderen Normen und Wertvorstellungen. Wir sind verunsichert. Als »die« Identität gilt uns unsere eigene, die mit anderen Identitäten koexistiert und sich in zunehmendem Maße von ihnen *abgrenzt*. Während »Identität« früher mithilfe geografischer Stereotypen bestimmt wurde (Belgier versus Holländer, Engländer versus Schotten, Bayern versus Preußen ...), sind solche Klischees heutzutage von der Globalisierung und sozialökonomischen Faktoren beeinflusst: Einheimische versus Fremde, »unsere« christlich geprägte Kultur versus den »rückständigen« Islam, die »hart arbeitende« Mittelklasse versus die »Abzocker«.

Die verschiedenen Stereotypen weisen dabei ein gemeinsames Merkmal auf: Um uns in ein besseres Licht zu rücken, dient der andere als Prügelknabe. Wir sind kultivierter, intelligenter, arbeiten härter usw. In der ersten Hälfte des 20. Jahrhunderts sahen die Deutschen auf die »Untermenschen« herab, die Japaner auf die Chinesen, die Franzosen auf die Maghrebiner – die Liste ist schier unendlich. Diese Klassifizierungen wurden fast immer an äußeren Merkmalen festgemacht (Hautfarbe, Körperbau, Kleidung) und tauchen neuerdings in einer naiv geführten Integrationsdebatte wieder auf (weg mit den Kopftüchern!). Sind die Unterschiede nicht sichtbar genug, wissen wir uns auch anders zu helfen (Davidstern, kahl geschorene Köpfe, Ausweise mit Rassenangabe). Die Bedeutung, die wir diesen Äußerlichkeiten beimessen, ist gleichsam der Gradmesser für unsere eigene Unsicherheit: Lässt man die Äußerlichkeiten einmal beiseite, sind die Unterschiede plötzlich kaum noch auszumachen. Identität ist offenbar etwas Innerliches.

Und das erschwert ihre Erforschung um einiges – dabei möchten wir diese Unterschiede doch so gerne *sehen*. In der heutigen Zeit, in der die Verknüpfung von Genetik und Gehirn als Erklärung alles Menschlichen herhalten muss, geht man davon aus, dass sich dort auch das Wesen der Identität finden lässt. Meist wird dabei vergessen, dass man im 20. Jahrhundert schon einmal versucht hat, mittels der Kraniometrie, also dem Vermessen des Schädelumfangs und des Hirnschaleninhalts, Rassen und ihre jeweilige Identität eindeutig voneinander zu unterscheiden. Heute schreckt man allerdings vor solchen Studien zurück, was offensichtlich mit der Geschichte des Faschismus zusammenhängt, als Nazi-Wissenschaftler »Rasse« tatsächlich anhand solcher Begriffe definiert haben. Wie dem auch sei, die Überzeugung, dass Identität etwas mit unserem Innern zu tun hat, besteht fort.

Mein Ansatz ist ein völlig anderer. Wenn wir verstehen wollen, was Identität ausmacht, müssen wir nach einem anderen Zugang suchen: nicht in der ewigen Tiefe unserer Gene und grauen Zellen, sondern in dem sich verändernden Bildschirm der Außenwelt, die stets als Spiegel dieser Identität dient. Am besten beginnen wir hier also mit der zeitlosen Frage nach unserer Identität.

Wer bin ich?

Gnothi seauton, »Erkenne dich selbst«: Dieses Motto zierte den Apollotempel in Delphi, den Sitz der Orakelpriesterin Pythia. Seit Delphi sind wir ununterbrochen auf der Suche nach unserem eigentlichen Ich. Die

Priesterinnen und Propheten von einst wurden von Psychologen und in jüngster Zeit von Hirnforschern abgelöst – aber auch deren Antworten stellen uns nie zufrieden. Die Suche offenbart ein merkwürdiges Paradox: Einerseits sind wir davon überzeugt, dass unser »Ich« schon immer existiert hat und immer weiter existieren wird, gleichzeitig aber konsultieren wir andere, vorzugsweise Experten, um von ihnen zu erfahren, wer sich »wirklich« hinter unserem Ich verbirgt.

Die Annahme, dass wir ein unveränderliches Ich haben, ist höchst fragwürdig, und dass wir deshalb bei der Suche nach unserem Ich jemanden um Hilfe bitten, mehr als plausibel. Unsere Identität ist kein tief in uns verborgener, gleichbleibender Kern. Im Gegenteil, Identität ist eine Ansammlung von Vorstellungen, die die Außenwelt uns auf den Leib geschneidert hat. Identität ist eine Konstruktion, und der Beweis dafür findet sich in einem Phänomen, das gewissermaßen als wissenschaftliches Experiment aufgefasst werden kann: die Adoption.*

Holt man ein indisches Baby aus seinem Geburtsort Rajasthan und lässt es in Gent oder Amsterdam aufwachsen, nimmt es eine Genter oder Amsterdamer Identität an. Wäre dasselbe kleine Mädchen von französischen Eltern in Paris adoptiert worden, hätte es sich zu einer Pariserin entwickelt. Würde sie später als Erwachsene nach ihren sogenannten *Wurzeln* suchen, würde sie eine herbe Enttäuschung erleben: Diese Wurzeln existieren nicht, und womöglich fühlt sie sich in ihrem Geburtsland noch fremder als eine beliebige andere Frau aus Gent oder Amsterdam. Vielleicht nimmt sie dieses Gefühl auch deshalb noch stärker wahr, weil die möglicherweise große äußere Ähnlichkeit (Haut- und Haarfarbe) mit den Menschen in Indien auch innere Übereinstimmungen vermuten lässt, die es aber nicht gibt. Die unvermeidliche Schluss-

* Bei einem idealen wissenschaftlichen Versuch verändert man nur einen Faktor und behält alle anderen so weit wie möglich bei. Nimmt man beispielsweise zwei Stecklinge derselben Tomatensorte und verwendet für die Züchtung zwei verschiedene Düngemittel, sind die unterschiedlichen Erträge dem Dünger zuzuschreiben, nicht der Pflanze. Im Fall von Adoptionen lassen sich Unterschiede zwischen denjenigen Menschen feststellen, die seit frühester Kindheit in einer anderen Kultur als der ihres Geburtslandes aufgewachsen sind, und Altersgenossen, die in ihrer ursprünglichen Kultur groß wurden. Unterschiede sind daher also größtenteils der Kultur zuzuschreiben.

folgerung ist, dass die Ausprägung unserer psychischen Identität von unserer Umwelt beeinflusst wird. Wäre »Ich« bei Eltern aus einer anderen Kultur aufgewachsen, besäße ich jetzt ein vollkommen anderes »Ich«.

Identität ist stärker mit dem Werden verbunden als mit dem Sein, und dieses Werden beginnt schon bei unserer Geburt, denn mit ihr setzt ein bemerkenswerter Prozess ein, der weltweit zu beobachten ist und genetische Gründe haben muss. Früher bezeichnete man ihn als Identifikation, seit der Entdeckung der Spiegelneuronen spricht man von »mirroring«, Spiegelung.* Die Anfangsphasen dieses Prozesses kann man förmlich sehen: Das Baby weint (die Windel ist voll), wie von Zauberhand erscheint die Mama in seinem Blickfeld, gibt besänftigende Laute von sich und artikuliert mehrmals übertrieben deutlich »Na, brauchst du eine frische Windel?«, begleitet vom entsprechenden Mienenspiel.** Die Bedeutung dieser einfachen, in hunderterlei Varianten wiederholten Interaktion ist enorm. Wir lernen, was wir fühlen, und in weiterem Sinn, wer wir sind, weil der andere es uns zeigt. Zudem entwickelt sich daraus die persönliche Vorstellung, dass ein anderer sich unserer Probleme annehmen wird – so war es doch irgendwann einmal? Erwachsenwerden heißt unter anderem, sich von dieser Vorstellung zu lösen; bei akutem Schmerz rufen wir jedoch immer noch spontan nach der Mutter. Unsere älteste Angst ist nicht von ungefähr die Trennungsangst, die Angst also, dass der andere uns im Stich lassen könnte, während die älteste Strafe darin besteht, ausgeschlossen zu werden, ausgestoßen zu werden aus der Gruppe, in die Ecke gestellt, mit dem Rücken zu den anderen – der pädagogische Vorläufer der Verbannung.

* Wenn man vor einem Baby Grimassen schneidet, ist es sehr wahrscheinlich, dass es dieses Mienenspiel nachzuahmen versucht. Dies hängt mit den vor Kurzem entdeckten Spiegelneuronen in unserem Gehirn zusammen, die dafür sorgen, dass wir das Verhalten, ja sogar das Denken eines anderen imitieren können. Ein Kleinkind ist wie ein Schwamm, es saugt alle Informationen auf, die es von den Eltern bekommt – die Spiegelneuronen tragen vermutlich einen großen Teil dazu bei.

** Das »Marking«, die übertriebene Art und Weise, mit der vor allem Mütter mithilfe spiegelnder Gesichtsausdrücke mit ihren Babys kommunizieren, hat eine klar umrissene Funktion: Das Baby lernt dadurch den Unterschied kennen zwischen dem, was die Mutter selbst empfindet (ich habe Kummer, kein »Marking«), und den Gefühlen, die sie bei ihrem Kind vermutet (du hast Kummer, »Marking«).

Bei den Botschaften, die zwischen Eltern und Kindern ausgetauscht werden, geht es inhaltlich recht bald um mehr als nur um Hunger und nasse Windeln. Schon im frühkindlichen Alter bekommen wir ständig zu hören, was wir fühlen, warum wir dies so empfinden und wie wir damit umgehen sollen. Wir hören, dass wir brav sind oder ungezogen, hübsch oder hässlich, genauso dickköpfig wie die Großmutter, so klug wie der Vater etc. Gleichzeitig erhalten wir Botschaften, die uns vermitteln, wie wir mit unserem Körper und dem der anderen umzugehen haben (sitz endlich still, geh draußen spielen, lass deinen Bruder in Ruhe, nein, du lässt dir kein Piercing stechen, und für Sex bist du noch viel zu jung). Dies alles führt zur Definition des Menschen, der wir sind, der wir sein sollen und der wir nicht sein dürfen. Ausgangspunkt ist dabei stets der Körper, den der andere mit verschiedenen Bedeutungsschichten ausstaffiert.

Diese Beschreibung unserer Identitätsentwicklung klingt so einfach wie unglaubwürdig. Bliebe dieser Prozess darauf beschränkt, würden wir alle zu dem, was uns die Umwelt vorgibt, und hätten keine Möglichkeit, unsere Entwicklung zu beeinflussen. Dem ist natürlich nicht so – unsere Identität ist immer ein Spannungsfeld zwischen zwei Polen, nämlich der Übereinstimmung mit dem anderen und der Abgrenzung vom anderen, und zwar von Anfang an. Neben dem ersten Prozess der Identifikation oder Spiegelung samt ihren Begleiterscheinungen spielt sich noch ein weiterer Prozess ab, der durch das Streben nach Autonomie, also die Trennung vom andern, die Separation, gekennzeichnet ist.

Im ersten Fall übernehmen wir die Botschaften des anderen, sowohl die positiven (»Wie geduldig du bist!«) als auch die negativen (»Wie langsam du bist!«), sodass sie Teil unserer Identität werden. In diesem Fall werden wir damit buchstäblich identisch. Wir werden eins mit der Botschaft des anderen. Identität und Identifikation haben denselben Wortstamm: das lateinische *idem*, derselbe.

Im zweiten Fall haben wir es mit dem Wunsch nach Abgrenzung oder der völligen Ablehnung dieser Botschaft zu tun, häufig begleitet von heftigen Protesten. Der andersgeartete Charakter dieses zweiten Prozesses findet seinen Ausdruck in der für ihn typischen Angst: Der andere ist uns schon viel zu nahe auf den Leib gerückt, ja, er scheint beinahe in unsere Haut zu schlüpfen und sozusagen an unsere Stelle treten zu wollen. Diese Angst nennen wir Intrusionsangst – Intrusion bedeutet »eindringen« –, die gleichzeitig das Gegenstück zur ursprünglichen Trennungsangst bildet, als wir dem anderen so nahe wie möglich sein wollten.

Die Abgrenzung und das damit verbundene Streben nach Autonomie sind für unsere Identität genauso wichtig wie die Identifikation, weil wir mithilfe dieser Distanz und bestimmter Entscheidungen in Bezug auf die Gestalt unseres »Ichs« unverwechselbar werden. Dies beginnt schon in frühester Kindheit. Alle Eltern kennen die sogenannte »Trotzphase« (»Ich will nicht!«), in der das Kind nicht zufällig etwa zur selben Zeit zwei neue Wörter entdeckt: nein und ich. Während der Pubertät lodert diese Trotzphase noch einmal mit voller hormoneller Wucht auf, diesmal begleitet von der Illusion der Unabhängigkeit (»Ich entscheide selbst!«), obwohl der Protest des Jugendlichen lediglich darauf hinausläuft, sich für alternative Inhalte, also für eine andere Identifikation, zu entscheiden. Identität ist stets das vorübergehende Resultat der Wechselwirkung zwischen Übereinstimmung und Abgrenzung.

Der Spiegel, den uns die Umwelt vorhält, bestimmt, wer wir werden. Das passiert natürlich nicht von ganz allein: Eine solche Beziehung funktioniert nur dann, wenn der andere uns gern sieht, im wörtlichen wie im übertragenen Sinn. Es ist kein Zufall, dass der Philosoph Hegel die Basis unseres Selbstbewusstseins im Blick des anderen verortet. Denn durch den Blick des anderen, ob kontrollierend oder liebevoll, erkennen wir, dass es uns gibt. »Man würdigt mich keines Blickes«, bedeutet im Grunde, dass man nicht existiert. In diesem Zusammenhang ist das Wort »Respekt« äußerst wichtig: Etymologisch bedeutet es »immer wieder aufs Neue sehen und gesehen werden«, *re-spicere*. Ein Kind, das nicht unter einem liebevollen Blick aufwächst und immer nur Gleichgültigkeit erfährt, verliert den Boden unter den Füßen: Ihm fehlt ein Fundament, auf das es bauen kann. Wenn das Kind aber innerhalb einer zunächst ganz wörtlich und später bildlich tragenden Beziehung gern gesehen, also geliebt wird, kann es sich zu einem stabilen Menschen entwickeln. Die Genialität der Sprache macht uns dabei auf zwei wichtige Aspekte aufmerksam: Die im flämischen Sprachraum verwendete Formulierung »graag zien« (gerne sehen = lieben) verweist auf die Bedeutung des Blicks, das im niederländischen Sprachraum übliche Pendant »houden van« (halten = für jemanden sorgen = lieben) auf das Umsorgen.

Wenn wir Wörter und Bilder übernehmen, dann nicht ohne Grund, sondern aus einer bestimmten Beziehung heraus, die letztlich eine Mischung aus Liebe und Hass ist. Freud weist darauf hin, wie sehr die beiden miteinander verwoben sind: Wir möchten mit dem geliebten Menschen verschmelzen (»Ich habe dich zum Fressen gern!«), aber manchmal haben wir ihn auch satt. Dann weigern wir uns nicht nur, irgendetwas vom anderen zu übernehmen, wir weisen ihn oder sie sogar ab (»Du kotzt mich an!«).

Darin erkenne ich zwei grundlegende Orientierungen wieder, die vermutlich typisch für alle Lebewesen sind: Wir wollen zum großen Ganzen gehören, aber gleichzeitig unabhängig sein. Im 5. Jahrhundert vor unserer Zeitrechnung erwähnte der griechische Philosoph Empedokles bereits zwei allesbestimmende Naturkräfte, die unablässig sowohl Vereinigung als auch Trennung verursachen: *Philia*, die Liebe, und *Neikos*, der Streit. Freud sieht darin zwei Urtriebe: *Eros*, der liebevoll verschmelzen möchte, und *Thanatos*, der sich aggressiv trennen will. Gleichheit und Verschiedenheit.

Und wo bleibe ich?

Die letztgenannte Tendenz – die Autonomie – ist ein Merkmal, in dem sich heute jeder wiedererkennen möchte, ja sogar wiedererkennen muss. Abhängigkeit bedeutet Schwäche, man muss aber seinen Mann stehen, für sich selbst eintreten, sein Ding durchziehen. Wenn ich bei einer Vorlesung auf »Identität und Spiegelung« zu sprechen komme, hagelt es sofort Kritik. Ich bin doch ich? Ich bin anders als mein Bruder, auch wenn wir die gleiche Erziehung genossen haben. Ich bin auch vollkommen anders als mein Kollege, und wir sind immerhin in derselben Kultur aufgewachsen. Warum ist das so, und wie verhält es sich nun eigentlich mit der Vererbung, mit den Genen? Warum sagen Sie dazu nichts? Unser Gehirn bestimmt doch, wer wir sind?

Dass diese beiden Argumente (»Ich bin einzigartig und treffe meine eigenen Entscheidungen« bzw. »Gehirn und Gene legen fest, wer ich bin«) einander widersprechen, lasse ich kurz außer Acht. Heutzutage ist man davon überzeugt, dass Gene und Gehirn so ungefähr alles bestimmen, also auch, wer wir sind. Daran, dass das menschliche Gehirn das Wesen des *Homo sapiens* ausmacht, besteht kein Zweifel. Eine der wichtigsten Eigenschaften unseres Gehirns ist die sogenannte neuronale Plastizität, die Fähigkeit des Gehirns, sich unter dem Einfluss bestimmter Faktoren zu verändern. Es ist unter anderem diese Eigenschaft, die den Erfolg der Spezies Mensch erklärt: Man verfrachte den Menschen an irgendeinen Ort, egal wo – dank seiner Anpassungsfähigkeit wird er sich schon durchschlagen. Die Hirnforschung hat nachgewiesen, dass wir bei unserer Geburt aus neurologischer Sicht noch lange nicht fertig sind und noch einen umfassenden Entwicklungsprozess durchmachen müssen, bei dem die Umwelt eine wichtige Rolle spielt.

Wenn man dies auf die psychologische Identität überträgt, ist es nicht allzu schwer zu verstehen, dass unser Gehirn über einen bestimmten Vorrat an Strukturen (die Hardware) verfügt, die die Prozesse bestimmen, mit denen unsere Identität (die Software) aufgebaut wird. Ohne Spiegelneuronen gibt es keine Identität, was aber gespiegelt wird, hängt von der Umwelt ab. Mehr noch: Die Umwelt beeinflusst die nach der Geburt noch viele Jahre anhaltende materielle Entwicklung des Gehirns. Die grauen Zellen sind für unsere Identität zweifellos wichtig, doch für die Inhalte sorgt die Außenwelt.

Die einzig korrekte wissenschaftliche Schlussfolgerung ist, dass wir das Ergebnis einer fortwährenden Interaktion zwischen dem Gehirn, oder weiter gefasst, unserer genetisch-neurologisch-hormonellen Basis, und unserer Umwelt sind. Dabei lässt sich kurz nach der Geburt noch fast kein Unterschied zwischen der viel diskutierten *nature*, dem Angeborenen, und der *nurture*, dem Anerzogenen, feststellen. Unter dem Einfluss von Umweltfaktoren können sich sogar die Hirnstrukturen verändern. Ein Ausspruch wie »Wir sind unser Gehirn« bedeutet genau betrachtet dasselbe wie »Wir sind das Resultat der Interaktion zwischen Körper und Umwelt«, doch das klingt heutzutage wenig überzeugend.

In einem früheren Buch habe ich bereits über den gegenwärtigen Trend geschrieben, »alles« ausschließlich physischen Faktoren zuzuschreiben, an erster Stelle dem Gehirn und den Genen. Ein solcher Ansatz klingt nach einer wohlfeilen Entschuldigung für den Fall, dass jemand die verkehrte Richtung einschlägt – wie früher eine »unglückliche Kindheit« als Freibrief für abweichendes Verhalten diente. Mit derartigen Rechtfertigungsversuchen macht man es sich tatsächlich zu einfach, aber das soll uns nicht davon abhalten, eine andere Frage zu stellen: Warum wollen wir heutzutage, offenbar mehr denn je, von jeder Schuld freigesprochen werden? Oder anders ausgedrückt: Warum fühlen wir uns, sobald etwas schiefläuft, als säßen wir auf der Anklagebank? Darauf komme ich später noch zurück, wenn es um den modernen Mythos vom machbaren Menschen geht und die niederschmetternde Verantwortung, die sich daraus ergibt.

Der Satz »Wir sind unser Gehirn« schließt also Einflüsse von außen keinesfalls aus, doch wie verhält es sich mit den Genen? Die Umwelt kann doch keinen Einfluss auf die Gene nehmen, und wenn doch, dann nur auf einer evolutionären Zeitskala und über Jahrhunderte hinweg? Auch hier ist die wissenschaftliche Vorstellung viel nuancierter, als man zunächst denkt. Die Umwelt kann die Wirkung der Gene (ihre »Expression«) ein- und ausschalten (Epigenetik). Zudem ist die Beziehung zwischen Genen und Verhalten äußerst komplex. Liest man in der Zeitung den zigsten begeisterten Bericht über die Genforschung (»Genetische Ursache von Autismus endlich entdeckt!«), denkt man meist an einen linearen Zusammenhang. Das eine Gen sorgt für braune Augen, das zweite für blondes Haar und ein drittes für Schizophrenie – das kann passieren. In Wirklichkeit liegen die Dinge etwas anders, und bei komplexen Phänomenen sucht man vergebens nach einer mehr oder weniger linearen Kausalität, wie sie etwa im Fall der Augenfarbe auftritt. Der aktuelle Kenntnisstand hinsichtlich der am intensivsten untersuchten psychischen Störung, der Schizophrenie, geht davon aus, dass eine erbliche Komponente existiert, die auf einer Kombination von mindestens zehn Genen beruht. Das Auftreten dieser Genkombination erhöht das Risiko, an dieser schweren psychischen Störung zu erkranken, um fünfzehn bis zwanzig Prozent. Der Rest ist der Umwelt zuzuschreiben, wobei einer der wichtigsten Faktoren das Leben in einer Großstadt ist.

Auf die Identität übertragen, lässt sich wiederum feststellen, dass Gene im Allgemeinen als unsere Hardware betrachtet werden können, die die Möglichkeiten unserer Software steuert und begrenzt – unabhängig vom spezifischen Inhalt dieser Software. Einer der wichtigsten Faktoren der genetischen Hardware für Identität ist zweifellos das den Menschen kennzeichnende Sprachvermögen. Es ist eindeutig angeboren, doch ohne Interaktion mit anderen kann ein Baby keine Sprache entwickeln. Welche Sprache es aber lernen wird, hängt ganz und gar von der Umwelt ab. Außerdem wird der spezifische Charakter dieser Sprache (wie übersetzt man *Verliebtheit* ins Englische, oder was bedeutet *bonheur* wörtlich auf Deutsch?) stark von der Familie beeinflusst, die sie weitergibt. All dies prägt unser Denken sehr stark – auch das Nachdenken über uns selbst. Ein Beispiel: In verschiedenen nichteuropäischen Sprachen gibt es kein Äquivalent für das Wort »Individuum« oder »Persönlichkeit« – schon das ändert den Kontext, in dem jemand aufwächst und seine Identität entwickelt, vollkommen.

Gehirn und Gene liefern also die Hardware und stecken die Grenzen für die Programmierung der Software ab. Einer Software, der es sogar gelingt, die Hardware an bestimmten Punkten zu beeinflussen und sie zu verändern. Aber gibt es denn gar nichts Einzigartiges? Ist ein Baby tatsächlich ein unbeschriebenes Blatt, eine *Tabula rasa*, mit der die Umwelt nach Gutdünken verfahren kann? Nein, alle Eltern machen die Erfahrung, dass das nicht stimmt. Wer oft mit Neugeborenen zu tun hat, weiß, dass von Anfang an »etwas« Einzigartiges in jedem Baby steckt, etwas, das sich nur schwer fassen lässt. Ein wacher Blick, ein kurz aufflackerndes Interesse, eine deutliche Aufforderung zur Interaktion, ein … Wie bereits im Zusammenhang mit dem Gehirn und den Genen erwähnt, fällt abermals auf, dass dieses »Etwas« vor allem mit bestimmten Orientierungen zusammenhängt (nach außen oder nach innen), mit bestimmten formalen Prozessen (schnell oder langsam, hartnäckig oder träge) und weniger mit Inhalten. Aufgrund der darauf reagierenden Spiegelungen durch die Eltern (»Du kleiner Dickkopf, willst immer den eigenen Willen durchsetzen. Na warte!« oder »So temperamentvoll wie die Großmutter! Du wirst es noch weit bringen!«) werden die Orientierungen weiterentwickelt, zusammen mit all den alten Geschichten, die immer wieder hervorgekramt werden (»Kaum war sie auf der Welt, da hat sie erst uns angesehen und sich danach im ganzen Zimmer umgeblickt, sie wollte alles sehen, alles verstehen, so wie sie es auch heute noch macht«). Diese unverwechselbaren Faktoren lassen sich nicht fassen. Ich bin ganz sicher, dass es sie gibt, und ich bin davon überzeugt, dass die Art und Weise, wie die Umwelt darauf reagiert, entscheidende Wirkung hat.

Damit komme ich zum individuellen Aspekt unserer Identität. Wir sind in der Tat einzigartig, weil wir eine nie da gewesene Kombination dessen sind, was unsere Eltern und unsere Umwelt an uns weitergegeben haben. Außerdem reagieren Eltern unterschiedlich auf ihre verschiedenen Kinder, was viele Gründe hat – das erstgeborene Kind unterscheidet sich grundlegend vom letztgeborenen; stehen die Eltern mitten im Beruf, erhält ein Kind eine andersgeartete Aufmerksamkeit, und ganz gewiss ist das der Fall, wenn es zwischen den Eltern gerade nicht gut läuft. Gemeinsam in einer Familie aufzuwachsen bedeutet keineswegs, dass man auch dieselben Spiegelungen erfährt. Außerdem ist es eine schmerzliche Wahrheit, dass Eltern nicht alle ihre Kinder gleich gern haben, und Kinder entwickeln hierfür ein feines Gespür – auch das formt den individuellen Charakter jeder Identität. Und schließlich ist da die Einzigartigkeit des Kindes selbst: Neben den nicht fassbaren Kerneigenschaften, von denen bereits die Rede war, wird jedes Kind innerhalb dieser Wechselwirkung zwischen Identifikation und Separation von den Entscheidungen geprägt, die es trifft und die sich dann wiederum auf die weiteren Entscheidungen auswirken, und so weiter.

Wir sind alle einzigartig, weil wir unterschiedliche Spiegelungen erlebt haben, auf die wir auf unsere Weise reagiert haben. Und doch sind wir in einem gewissen Maß alle gleich, da Spiegelungen innerhalb einer bestimmten Gruppe und einer bestimmten Kultur fast immer große Gemeinsamkeiten aufweisen.

Identität zwischen Körper und Gruppe

Wird man während eines Bewerbungs- oder Beurteilungsgesprächs gebeten, Auskunft über seine Stärken und Schwächen zu geben (»Nennen Sie Ihre fünf besten Eigenschaften«), wird die Antwort (»energisch, flexibel, großzügig, teamfähig und sehr selbstkritisch«) vor allem ein bunter Strauß der Erwartungen sein, die in diesem Moment für wichtig gehalten werden. Bei einer ehrlicheren Antwort würde man wahrscheinlich psychische Eigenschaften mit sozialen Faktoren kombinieren (Familie, Geburtsort, Land, Beruf, Sport, politische Einstellung, usw.). Dabei fällt auf, dass psychische Eigenschaften im Grunde immer auf den Körper, auf Emotionen und Triebe zurückverweisen. Galen, ein griechisch-römischer Arzt, brachte zu Beginn unserer Zeitrechnung die Temperamente mit der Wirkung bestimmter Körpersäfte in Verbindung. Seine Lehre ist in unserer Sprache und damit auch in unserem Denken immer noch gegenwärtig: cholerisch (zu viel gelbe Galle) steht für unbeherrscht und aufbrausend, sanguinisch (zu viel Blut) für feurig und energisch, phlegmatisch (zu viel Schleim) für träge und emotionslos, melancholisch (zu viel schwarze Galle) für pessimistisch und trübsinnig. Die Beschreibungen der Eigenarten gehen noch ein ganzes Stück weiter und typisieren häufig die Weise, wie wir uns anderen gegenüber verhalten (starrköpfig, brav, fügsam, widerspenstig, rücksichtslos usw.).

Bei genauerer Betrachtung sind wir hin- und hergerissen zwischen unserem Körper und dem anderen. Unser Körper sendet Reize aus, lustvolle und schmerzhafte, und der andere zeigt uns, wie man damit umgeht – auch, weil viele dieser Reize (Sex, Aggression) auf den anderen gerichtet sind. Die Versorgungssituation während der Babyphase markiert den Anfang, mit der Mutter bzw. den Eltern als erste sprechende und korrigierende Spiegel. Die Identität eines Neugeborenen beruht auf den Fantasien und Ängsten der Mutter, die fortwährend und sogar schon vor der Geburt identitätsbestimmende Botschaften sendet. Eine Frau, die im siebten Monat schwanger ist und oft die Tritte ihres Kindes im Bauch spürt, kann auf zweierlei Art reagieren: »Was für ein temperamentvolles Kind, toll!« Sie kann aber auch denken: »Mein Güte, das Kind ist ja jetzt schon total hyperaktiv, was kommt da bloß auf mich zu, es wird mich bestimmt nie in Ruhe lassen.« Sobald das Kind auf der Welt ist, wird sein Verhalten ohne Zweifel dieselben Reaktionen auslösen, wodurch gleich seine Identität und sein Selbstbild geformt werden.

Derartige Botschaften kommen natürlich nicht aus dem luftleeren Raum. Die Erwartungen, die Eltern an ihre Kinder stellen, beziehen sie wiederum aus einem ganz bestimmten Spiegel, dem der eigenen Familie oder der Kultur, in der sie leben. Zunächst betrifft dies die Familiengeschichte, die oft mythische Formen annimmt – Freud spricht in diesem Zusammenhang von einem »Familienroman«. Die meisten Menschen wachsen mit Geschichten über ihre Großeltern oder sogar Urgroßeltern auf, mit deren Erfolgen und Fehlschlägen, die oftmals mit Familiengeheimnissen verbunden sind, über die nicht laut gesprochen wird. Auf diese Weise lernen wir nicht nur unsere Wurzeln kennen, wir bekommen auch zu hören, welche Erwartungen oder gar Aufgaben wir in Zukunft zu erfüllen haben, und es wird uns in der Reihe der Ahnen, deren Geschichten wir später den eigenen Kindern weitergeben, ein Platz zugewiesen. Kinder sind sehr erpicht auf solche Geschichten, und schon ganz früh versuchen sie zu verstehen, wie es sich mit den Generationen verhält – »Ja, deine Oma ist meine Mama, ich habe auch eine Mama, weißt du? Und Tante Miep ist meine Schwester, so wie Liesje deine Schwester ist.« Diese Zusammenhänge möchten sie genau verstehen.

Wenn die Eltern oder Großeltern dann noch die Familienfotos hervorholen und anfangen zu erzählen, spitzt jedes Kind die Ohren (»Erzähl noch mal von Opa und dem Krieg!«). Dass nicht nur Kinder von solchen Geschichten fasziniert sind, beweist die große Beliebtheit der Ahnenforschung – die man ebenso gut »Identitätsforschung« nennen könnte.

Familiengeschichten sind eingebettet in eine weiter gefasste Kultur und Geschichte, die sowohl wörtlich als auch in übertragenem Sinn Inhalt und Form unserer Identität noch näher bestimmen. Der formale Aspekt betrifft den Körper. Vor drei Generationen galt es als sportlich, wenn ein Mann (selten eine Frau) sich mit einem Bier in der Hand und der Zigarre im Mund ein Radrennen oder ein Fußballspiel ansah. Heute rennen alle ins Fitnessstudio, denn Männer müssen ewig jugendlich aussehen und Frauen wie Magersüchtige, aber mit Brüsten. Seinerzeit waren Behördenjobs sehr begehrt, heute schaut man auf Verwaltungsbeamte herunter, aber bald könnte so eine Tätigkeit wieder im Trend liegen. Sowohl unser Äußeres als auch unsere inneren Erfahrungen damit sowie unser Verhalten werden ganz und gar von den Botschaften bestimmt, die wir empfangen.

Die Geschichten und Bilder unserer Familie, die soziale Klasse, der wir angehören, die Kultur, in der wir zu Hause sind, all dies zusammengenommen bildet die symbolische Ordnung, die Große Erzählung als Oberbegriff des narrativen Ganzen, das von einer größeren Gruppe geteilt wird. Aus ihr resultiert eine mehr oder weniger gemeinsame Identität. Mehr oder weniger, denn sobald man die Gruppe vergrößert oder verkleinert (Familie, Geburtsort, Provinz, Land etc.), wirkt sich das auf die Identität aus. Am Anfang steht immer eine »wahre« Begebenheit, deren Einbettung im Laufe der Zeit immer vager und mythischer wird. So soll die niederländische Identität auf die starken Bataven zurückgehen, die den Römern Widerstand geleistet haben, und die Identität der Flamen auf die städtischen Gilden, die im Jahr 1302 die französischen Adligen besiegten. Dass beide Ereignisse historisch nicht belegt und vor allem Ausfluss romantischer Fantasien sind, kann ihrer Macht nichts anhaben, im Gegenteil. Solche Erzählungen sind tatsächlich in erster Linie

Geschichten (der Löwe von Flandern, die »tapferen Jungs« von Jan de Witt etc.), die unserer Identität etwas mehr Glanz verleihen.

Sie sind von großer Bedeutung, denn die miteinander geteilten Erzählungen geben uns Antworten auf existenzielle Fragen. Was ist ein »echter« Mann, was eine »echte« Frau? Wie sieht die perfekte Beziehung zwischen den beiden aus? Welche Bedeutung haben Karriere und Elternschaft, und inwiefern besteht dabei ein Unterschied zwischen Männern und Frauen? Wie soll man sich gegenüber Autoritäten verhalten? Wie geht man mit Körperlichkeit um, mit Sex, mit Krankheit und Tod? Jede einzelne Frage ist existenziell, doch es gibt keine definitiven Antworten. Um sich diesen Antworten zu nähern, berufen wir uns auf etwas, was ich »symbolische Ordnung« nenne, das »narrative Ganze«. Dazu zähle ich sowohl Religion und Kunst als auch Wissenschaft, die jede auf ihre Weise zu den Antworten beitragen – wenn auch oft in widersprüchlicher Weise.

Dass mehrere und oftmals sehr unterschiedliche Antworten existieren, bedeutet gleichzeitig, dass auch verschiedene Identitäten möglich sind. Eine waschechte Hamburgerin oder ein waschechter Münchner sind vollkommen anders als jemand aus Mumbai oder Tokio. Aber auch bei uns erhalten Heranwachsende sehr unterschiedliche Antworten, je nachdem, in welchem Umfeld oder welcher sozialen Klasse sie aufwachsen, und sie entwickeln demnach verschiedene Identitäten. Dies bedeutet aber auch, dass man bis zu einem bestimmten Punkt die Möglichkeit hat, seine Identität mit anderen Inhalten zu füllen, die auf anderen Erzählungen mit anderen Antworten basieren. Und je reicher eine Kultur, desto reicher die Auswahl an Antworten – und natürlich an Identitäten.

Selbstvertrauen, Selbstachtung, Selbsthass

Die Art, wie wir uns unsere Identitäten aneignen (Identifikation mit und Abgrenzung von dem anderen), macht einige auf den ersten Blick merkwürdige Erfahrungen verständlich. Zuerst und vor allem das Gefühl, das uns manchmal beschleicht: Bin »ich« das wirklich? Bin ich »echt«, stimme ich mit »mir« überein? Im Fall der Selbstentfremdung signalisiert mir meine persönliche Wahrnehmung, dass mein Ich tatsächlich von außen bestimmt wird. Der Dichter Arthur Rimbaud hat es so ausgedrückt: *Je est un autre* (Ich ist ein anderer). Dementsprechend fühlen wir uns innerlich manchmal sehr zerrissen und empfinden uns selbst als inkonsequent: Wir denken dies, aber auch das und machen dann oft etwas vollkommen anderes. Wenn wir identitätsstiftende Botschaften von mehreren Seiten übernehmen, erhalten wir unvermeidlich ein Puzzle, bei dem die einzelnen Teile nicht unbedingt zusammenpassen. Deshalb können wir auch wunderbare Dialoge mit »uns selbst« führen: Ich kann böse auf mich sein, zufrieden mit mir oder traurig über mich, wobei das Ich, das das »Mich« beurteilt, auf eine andere Identifikation zurückgeht als das »Mich«, das ich beurteile.

Die positive oder negative Beurteilung »unseres Selbst« kann zu einem Dauerzustand werden: Selbsthass oder Selbstliebe, ein niedriges oder hohes Maß an Selbstwertgefühl und Selbstachtung etc. In allen mit »selbst« zusammengesetzten Wörten klingt an, dass es sich um wesentliche, ja angeborene Merkmale unseres »Selbst« handelt. »Der Mann besitzt ein ausgeprägtes Selbstwertgefühl, er steht mit beiden Beinen im Leben.« »Seine Frau besitzt nur wenig Selbstachtung, das war schon immer so, da kann man nichts machen.« Man darf dabei aber nicht vergessen, dass solche Eigenschaften von der Art und Weise beeinflusst werden, wie andere uns sehen und unser Verhalten interpretieren. Der andere bestimmt, wie ich über mich denke. Wenn wir die Entwicklung von Eigenschaften wie Selbstvertrauen, Selbstwertgefühl, Selbstachtung zurückverfolgen, dann verstehen wir, dass es sich ursprünglich um »das Vertrauen anderer«, »die Wertschätzung anderer« und »den Respekt der anderen« handelt. Das Maß an Vertrauen, Wertschätzung und Respekt, das wir als Kind vonseiten anderer erfahren haben, spiegelt sich in unserem Selbstvertrauen, Selbstwertgefühl und unserer Selbstachtung als Erwachsene wider. Es bestimmt auch mein Verhalten gegenüber anderen. Je nachdem, was ich während meiner

Identitätsentwicklung zu hören bekommen habe, bin ich selbstsicher, trete ich dem anderen vertrauensvoll gegenüber oder gehe automatisch davon aus, dass ich besser bin als er. Oder ich bin ängstlich, verlegen, bin davon überzeugt, dass der andere böse auf mich ist, nichts an mir findet, weshalb ich schon von vornherein vor der vermeintlichen Bedrohung fliehe. Im psychiatrischen Fachjargon nennt man ein solches Verhalten Sozialphobie.

Bei unseren sozialen Kontakten messen wir bestimmten anderen größere Bedeutung zu, z.B. Vertretern des anderen Geschlechts oder Autoritätspersonen. Das andere Geschlecht ist ein unverzichtbarer Gegenpol, um die eigene *gender identity* inhaltlich zu definieren. Meine Männlichkeit hängt davon ab, wie ich gelernt habe, Weiblichkeit wahrzunehmen. Wenn ich Frauen als Quelle alles Bösen schlechthin ansehe, die mich zur Sünde verführen wollen, werde ich zu einem ängstlich-strengen Mann, der in der Frau seine eigene Wollust bekämpft. Wenn Frauen für mich sanfte und fürsorgliche, aber dominante Wesen sind, werde ich zu einem Mann-Sohn, der immer auf der Suche nach seiner Unabhängigkeit von ihnen sein wird, und so weiter. Dieses »und so weiter« zeigt auf, dass alle Versuche, das Wesen »des« Mannes und »der« Frau zu definieren, zum Scheitern verurteilt sind. Meistens dienen sie dazu, eine bestimmte gesellschaftliche Ordnung aufrechtzuerhalten, und sind somit nichts anderes als Vorurteile. Frauen sind dumm und schwach, Männer klug und stark, also brauchen Frauen gar nicht erst zu studieren und können erst recht keine Führungsposition einnehmen – diese Definition »des« Mannes und »der« Frau war vor nicht allzu langer Zeit noch allgemein verbreitet.

Ein solches Pauschalurteil hat mit dem zweiten wichtigen anderen zu tun, zu dem ich eine beständige Beziehung aufbaue, nämlich dem anderen als Autorität. Die Haltung, die wir gegenüber einer Respektsperson einnehmen, ist ein wichtiger Bestandteil unserer Identität. Kritisch und rebellisch? Gehorsam und unterstützend? Ängstlich oder aggressiv-kompetitiv? Auch das haben wir uns in der Beziehung gegenüber den Eltern als den ersten Autoritätspersonen angeeignet. Traditionell verbindet man autoritäres Auftreten mit dem Vater, in Wirklichkeit aber hat häufiger die Mutter das Sagen. Der Mensch denkt, Gott lenkt, oder prosaischer ausgedrückt: *Ce que femme veut, Dieu le veut* (Weibes Wille ist Gottes Gesetz). Sowohl die doppeldeutige Situierung als auch die Interpretation passen zu einem typischen Gesellschaftssystem: dem Patriarchat. Im Patriarchat erhielt der Mann als Repräsentant von Gott und König die Macht zuerkannt, die er nach Gutdünken ausüben konnte. So etwas bleibt nicht ohne Folgen. Kinder eines Kinderschreck-Vaters werden ihr ganzes Leben die Angst vor Obrigkeiten nicht los. Väter, die ihre Kinder missbrauchen, machen jede Form von Autorität verdächtig. Integre Väter schaffen Vertrauen.

Die Beziehungen gegenüber dem anderen eines anderen Geschlechts und der Autoritätsperson formen zwei wichtige Ebenen unserer Identität, die eng miteinander verbunden sind. Der andere als Autorität sagt mir zunächst, wie ich mit meinem Körper und dem des anderen Geschlechts umzugehen habe, welches Vergnügen erlaubt ist und welches nicht. In einem Bollywoodfilm ist küssen verboten. In unserer Kultur ist eine Frau, die mehrere Liebhaber gleichzeitig hat, verrufen, während ein Mann mit verschiedenen Freundinnen als toller Hecht gilt. Das führt uns geradewegs in die Debatte über Normen und Werte und öffnet uns gleichzeitig die Augen dafür, dass unsere Überzeugungen auf diesem Gebiet fester Bestandteil unserer Identität sind – in der klassischen Freud'schen Terminologie spricht man vom *Ich* und vom *Über-Ich*, also dem Gewissen.

Wer soll ich sein (und wer oder was nicht)?

Identität besteht aus einer Ansammlung von Merkmalen, die uns der andere auf den Leib geschrieben hat. Inhaltlich bilden sie gemeinhin ein zusammenhängendes Ganzes von Ansichten über unsere Herkunft und unsere Bestimmung. Gleichzeitig geben sie auch vor, wie wir uns gegenüber unserem Körper, gegenüber dem Körper des anderen Geschlechts und dem anderen als Autoritätsperson zu verhalten haben. Der Körper steht für das Äußere, für Essen und Trinken, Sexualität, Schmerz, Krankheit und Tod. Essen wir gemeinsam am Tisch oder lieber auf dem Sofa, allein vorm Fernseher? Haben wir feste Essenszeiten, oder stopfen wir den ganzen Tag über wahllos etwas in uns hinein? Sex? Mit wem? Mit mir selbst, mit einem anderen – und mit welchem anderen? Ab welchem Alter? Zehnjährige, die Doktorspiele spielen und einen Fünfjährigen zwingen mitzumachen, ist das in Ordnung? Was tun bei Krankheit, was bei Schmerz: die Zähne zusammenbeißen oder doch lieber gleich eine Tablette schlucken? Wann ist man krank genug, um als arbeitsunfähig zu gelten, und welche Kosten übernimmt eigentlich die Krankenkasse? Können wir über den eigenen Tod entscheiden?

Wie jemand mit diesen Fragen umgeht, wird sofort als »typisch für ihn« oder »typisch für sie« angesehen – die Antworten sind fester Bestandteil seiner oder ihrer Identität: Handelt es sich um einen Schlappschwanz oder einen Draufgänger, eine Nymphomanin oder eine kleinbürgerliche Spießerin, einen Genussmenschen oder einen Asketen? Es ist noch nicht sehr lange her, da galten derartige Eigenschaften entweder als Tugenden, nämlich Achtsamkeit, Gerechtigkeit, Selbstbeherrschung, Standhaftigkeit, Nächstenliebe, oder als Todsünden: Hochmut, Geiz, Wollust, Neid, Gier, Zorn und Faulheit. Die Schlussfolgerung, die sich aus diesem Vergleich ergibt, mag überraschend klingen: Unsere Identität ist keine neutrale Einheit von Persönlichkeitsmerkmalen, sie hat vielmehr mit den Normen und Werten zu tun, die wir uns angeeignet haben oder eben nicht angeeignet haben. Die heutige gesellschaftliche Debatte über Normen und Wertvorstellungen ist nichts anderes als eine Debatte über Identität.

Jede Identität geht auf eine zusammenhängende Ideologie zurück, ein Begriff, den ich hier sehr weit fasse: als Gesamtheit von Ansichten über zwischenmenschliche Beziehungen und die bestmögliche Art, diese zu regeln. Historisch betrachtet ist eine Ideologie oft die Reaktion auf eine andere Ideologie, sodass eine »Wir-gegen-die-anderen-Erzählung« mit jeweils eigenen Normen und Werten entsteht, die dann die Identität eines »typischen« Sozialisten, eines »typischen« Katholiken bestimmen. Die Andersartigkeit von Ideologien und ihrer jeweiligen Identitäten hängt also mit einer anderen Auffassung in Bezug auf das zusammen, was als »normales«, als »richtiges« Verhältnis zum Körper und zum anderen angesehen wird. Die Wahrscheinlichkeit, dass ein Freidenker anders über Krankheit und Tod denkt als ein gläubiger Mensch, ist recht groß. Ich möchte die inhaltlichen Unterschiede einmal beiseitelassen und stattdessen auf ein paar gemeinsame Merkmale eingehen.

Das Verhältnis zum Körper hat immer etwas mit dem Verhältnis zum Genuss zu tun, wobei sich Ideologien besonders hinsichtlich ihrer Normen und Werte zur Regulierung des Genusses unterscheiden sowie hinsichtlich der Strenge, mit der die Einhaltung dieser Regeln überwacht wird. Bei uns im Westen existieren beispielsweise kaum noch Speisevorschriften, und wir sehen auf Kulturen herab, die es für notwendig halten, diesen Bereich umfassend zu regeln (koscher, halal). Aus einem Gefühl der moralischen Überlegenheit heraus vergessen wir schlicht, dass fast jede westliche Frau pausenlos Diäten macht und Essstörungen überhandnehmen. Den Kampf gegen die Zigarette haben wir auf ganzer Linie gewonnen, doch der Krieg gegen die Drogen ging verloren. Was das Thema Sex angeht, so beschränkt man sich im Westen auf die Festlegung des Schutzalters und auf das Erfordernis gegenseitigen Einverständnisses, während im Osten Kinderehen keine Ausnahmen sind und die Beschneidung von Frauen im Süden nach wie vor praktiziert wird. Mann und Frau sind gleich, aber in den beiden bevölkerungsreichsten und bald auch wirtschaftlich wichtigsten Kulturen, China und Indien, zählt eine Frau noch immer nichts.

Alle Ideologien regeln den Zugang zum Genuss, allerdings auf sehr unterschiedliche Art und Weise. Außerdem verbindet sie noch eine weitere Gemeinsamkeit: Jede Ideologie hält die eigenen Vorschriften für ideal und die der anderen für primitiv, rückständig oder dekadent.

Aggression und Angst

Das Verhältnis zum anderen kann von verschiedenen Kriterien abhängen: vom Geschlecht, dem sozialen Status, der Hautfarbe, der Kleidung. Diese sichtbaren Unterschiede sind Ausdruck einer anderen Identität, anderer Wertevorstellungen und anderer sozialer Verhältnisse. Ein Mann im Maßanzug löst in uns andere Erwartungen aus als ein Dreißigjähriger in T-Shirt und Baggy Jeans. Merkwürdigerweise können sowohl Gleichheit als auch Verschiedenheit zu aggressivem Verhalten führen. Ist uns jemand zu ähnlich, wollen wir auf Distanz gehen, uns unterscheiden. Unterscheidet sich allerdings jemand allzu stark von uns, möchten wir den Betreffenden entweder an uns anpassen (»Integration«) oder ihm nacheifern (»*If you can't beat them, join them*«).

Nichts bestimmt unsere Identität stärker als dieses Zusammenspiel von Gleichheit (Identifikation) und Distanz (Abgrenzung): Ich bin ich, weil ich dieser Gruppe angehöre und keiner anderen. Je weiter ich von der anderen Gruppe abrücken kann (den anderen, die anders sind), desto enger fühle ich mich meiner eigenen Gruppe verbunden (den anderen, die gleich sind). Fällt der Gruppenzusammenhang weg, wird die Identität schwächer, chaotischer, und die Aggression nimmt auch innerhalb der eigenen Gruppe gegenüber den gleichen anderen zu. Politiker nutzen dies intuitiv: Wird das Volk unruhig, bringt man einen äußeren Feind ins Spiel, einen fremden anderen, und die Reihen schließen sich wieder. Schon die klassische jüdische Religion kannte den Sündenbock, der an Jom Kippur, dem Versöhnungstag, symbolisch mit allen Sünden beladen in die Wüste geschickt wurde.

Eine gute Balance von Gleichheit und Verschiedenheit mit dem anderen ist äußerst wichtig, sowohl auf gesellschaftlicher als auch auf persönlicher Ebene. Die heutige populistische Aufmerksamkeit für Themen wie Integration, Toleranz und Rassismus beruht im Grunde nicht auf Interesse an der Sache, sondern ist ein Symbol für das Problem: Entweder geht es um die Pflicht, sich anzugleichen, oder um die Pflicht, sich zu unterscheiden. Falls jetzt jemand denkt, das betreffe nur das Verhältnis zu den Muslimen, den lade ich herzlich ein, sich einmal die Politik der vergangenen Jahre anzusehen. Jede Debatte über Ideologie und Identität muss der notwendigen Balance zwischen Gleichheit und Verschiedenheit mit der jeweils für sie typischen Aggression und Angst Rechnung tragen. Eine Gesellschaft, die ihre Mitglieder so weit wie möglich gleichmachen möchte, ist genauso zum Scheitern verurteilt wie eine Gesellschaft, die auf möglichst große Unterschiede setzt. Als Beispiel für die erste Gesellschaftsform können die kommunistischen Experimente des 20. Jahrhunderts dienen, für die zweite unser jetziges Gesellschaftssystem. Heutzutage verhalten wir uns mehr und mehr wie eine Ansammlung von Individuen ohne jede gesellschaftliche Bindung – warum das so ist, soll im zweiten Teil dieses Buches näher beleuchtet werden.

Aus psychoanalytischer Sicht birgt die Identitätsentwicklung ein doppeltes Risiko, das stets auf Aggression hinausläuft. Wenn die erste Phase – die Identifikation, das Gleichsein – innerhalb einer Gesellschaft zu einseitig verläuft, entsteht eine Gruppe aus Gleichen (vorzugsweise uniformiert) mit einer alles bestimmenden Autoritätsfigur an der Spitze, die dafür sorgt, dass jede Aggression nach außen gerichtet wird, auf und gegen eine andere Gruppe. Historische Beispiele gibt es hierfür leider mehr als genug. Es ist eine bittere Ironie der Geschichte, dass Freud diese Mechanismen in seiner Schrift *Massenpsychologie und Ich-Analyse* sehr genau beschrieben hat, und zwar etwa zehn Jahre, bevor der Nationalsozialismus die perfekte Umsetzung seiner Theorie lieferte.

Ein zweites Risiko ergibt sich, wenn der Aspekt der Gruppenbildung bei der Identitätsentwicklung zu kurz kommt und Abgrenzung und Individualismus zu stark betont werden. Konkurrenzdenken, soziale Isolation und Einsamkeit sind die Folge. Psychoanalytiker bezeichnen das als narzisstische Aggression gegen das Spiegelbild, das wir in einem anderen Menschen zu sehen meinen. Das Ergebnis ist eine fortwährende Frustration, die Neid hervorruft. Der Schritt zur Gewalttätigkeit ist dann recht klein, auch weil sich die Aggression gegen andere aus dem unmittelbaren Umfeld richten kann.

Eine Gesellschaft, die extreme Unterschiede aufweist, ist genauso unhaltbar wie eine Gesellschaft, die eine völlige Uniformierung anstrebt; in beiden Formen begünstigt sie Gewalt. Es ist bekannt, dass zu große Unterschiede Aggressionen auslösen, angefangen beim friesischen Brotaufstand im 15. Jahrhundert bis zu den heutigen Krawallen in den europäischen Vorstädten, von denen wir bisher allerdings nur die Vorboten sehen. Wenn man es ideologisch betrachtet, handelt es sich bei dieser Art von Aggression um Klassenkampf. Dass Gewalt auch dann aufkommt, wenn kaum Unterschiede bestehen oder diese verleugnet werden, ist intuitiv weniger leicht nachzuvollziehen, weil man mit dieser Situation nicht so oft konfrontiert wird.*

Eine Gesellschaft kann man dann als erfolgreich bezeichnen, wenn in ihr eine annehmbare Balance zwischen Gleichheit und Verschiedenheit herrscht, die der Aggression leidlich ungefährliche Auswege bietet. Fußball ist in der Tat eine Form von Krieg, Kunst lockert die Sitten, Karneval erlaubt bestimmte Entgleisungen, und eigentlich ist es gar keine so schlechte Idee, rituelle Sündenböcke in die Wüste zu schicken. Dies ist eine Erkenntnis, die man wahren sollte: Jede Gruppe oder weiter gefasst, jede Gesellschaft braucht ein Ventil, hygienische Maßnahmen, um mit der unvermeidlich auftretenden Aggression fertig zu werden. Fehlt ein solches Ventil, wird ausnahmslos jede Gruppe in regelmäßigen Abständen Sündenböcke finden und sie auch tatsächlich opfern – Mobbing ist ein Beispiel dafür. Dann doch lieber Fußball.

Identität ist Ideologie

Wir werden nicht mit unserer Identität geboren, ganz im Gegenteil, wohl aber mit einer gewissen Anzahl von Möglichkeiten und Orientierungen. Wer wir werden, hängt von der Interaktion mit dem anderen ab, oder, im weiteren Sinn, mit der Umwelt und der Kultur, deren iden-

* Der Gedanke, dass Spiegelung und Gleichheit eine Quelle der Aggression sind, fehlt in der heutigen Bindungstheorie. In den älteren Theorien Lacans über das Spiegelstadium wird dieser Zusammenhang noch erwähnt. Eine aktuelle Auseinandersetzung mit diesem Ansatz ist natürlich die *Mimetische Theorie* von René Girard. Eine Einführung in dieses Thema findet man bei Geert van Coillie (2011).

titätsstiftende Botschaften wir übernehmen oder ablehnen. Dieser Prozess hält das ganze Leben über an, unser »Ich« ist niemals fertig. Veränderungen im Erwachsenenalter sind zwar selten spektakulär und beschränken sich meist auf Nuancierungen, Akzentverschiebungen und Erweiterungen. Und doch ist man mit fünfzig Jahren ein anderer als mit fünfundzwanzig, ganz gewiss dann, wenn man mittlerweile (Groß)Vater oder (Groß)Mutter ist. In einem intakten Umfeld ändert sich die Identität nur sehr langsam. Treten abrupte gesellschaftliche Veränderungen auf – man denke nur an die früheren Ostblockländer –, führt das zu dramatischen Einschnitten und raschem Wandel. Dasselbe gilt auch für Individuen. Radikale Brüche im Leben, meist infolge eines Unfalls, einer schweren Krankheit oder eines Traumas, sorgen für radikale Veränderungen: Man ist dann nicht mehr »man selbst«.

Da die identitätsstiftenden Botschaften vom anderen oder von einer Gruppe ausgehen, stimmen die individuellen Identitäten innerhalb einer Gruppe (von der Familie bis zur Nation mit der Sprache als verbindendem Faktor) in hohem Maße überein. In diesem Sinne kann man von einer Gruppenidentität sprechen: »der« Münchner, »der« Amsterdamer, »der« Bayer, »der« Niederländer, »der« Europäer. Für diese umfassendere Identität gilt die gleiche Argumentation wie für die individuelle Identität: Es gibt keine Urversion, nur eine mythische. Die Herausbildung einer kollektiven Identität geschieht ebenfalls auf der Basis von Interaktion, und zwar innerhalb eines noch ausgedehnteren Umfelds und eines größeren Zeitraums. Auch diese kollektive Identität ist niemals vollendet oder endgültig. So beschwört beispielsweise die deutsche Identität heute das Bild eines disziplinierten und extrem systematisch vorgehenden Ingenieurstypen herauf – man braucht nur den Lack abzukratzen, und schon kommt der Preuße zum Vorschein. Solche Klischees sind das Ergebnis der beiden Weltkriege im 20. Jahrhundert, und in Filmen wie *Die Hard (Stirb langsam)* sprechen die perfekt organisierten Bösewichte auch in der Originalversion noch immer Deutsch. Mittlerweile hat die Welt, einschließlich der Deutschen, vergessen, dass das Bild »des« Deutschen im 19. Jahrhundert geprägt war von einer seltsamen Mischung aus dem Pfeife rauchenden Bauern, dem Dichter und dem Denker – also einem vollkommen anderen Menschen.

Solche inhaltlichen Veränderungen bezeichnet man als makrosozial, da sie die Evolution einer Gesellschaft betreffen. Genau wie man Individuen anhand ihrer Identität und ihres Verhältnisses zu anderen charakterisieren kann, ist es auch möglich, Gesellschaften zu verstehen. Der Einfachheit halber stütze ich mich dabei auf Gegensatzpaare: voll – leer, offen – geschlossen, stabil – labil.

Idealerweise bietet eine Gesellschaft ihren Mitgliedern ein reiches und differenziertes Angebot von Erzählungen an, mit deren Hilfe sie sich eine eigene Identität erschaffen können. »Voll« bedeutet in diesem Zusammenhang, dass man bei der Suche nach Antworten auf existenzielle Fragen aus einem großen kulturellen Fundus schöpfen kann. Im ungünstigsten Fall ist dieser Fundus leer und armselig, und man blickt in einen Spiegel, der ein stereotypes Bild wiedergibt. Eine Gesellschaft, die ihr kulturelles Angebot stark zensiert und ihren Bürgern eine standardisierte Erzählung vorsetzt, produziert stereotype Menschen. In ihren extremen Formen verursachen beide Gegensätze auch typische Identitätsstörungen. Im ersten Fall kann man von »sich selbst« dermaßen erfüllt sein, dass dieses Gefühl in Größenwahn umschlägt – wie es etwa im viktorianischen Zeitalter bei den Briten der Fall war: *Britannia rule the waves (Britannia, beherrsche die Meere).* Im zweiten Fall zählt man als Individuum nichts, ist man ein Niemand, und es kommt zu den typischen Depressionssymptomen – man denke an die leere, mit Wodka betäubte russische »Seele« zu Zeiten der Sowjetunion.

Eine zweite formale Eigenschaft betrifft den offenen oder geschlossenen Charakter einer Gesellschaft. In einer offenen Gesellschaft können verschiedene Erzählungen nebeneinander existieren, wodurch der Mensch über eine größere Auswahl verfügen kann und gewöhnlich auch selbst, als Spiegelung dieses offenen Charakters, einen offeneren Geist entwickelt. Aufgeschlossenheit ist das Ergebnis einer offenen Gesellschaft. Im umgekehrten Fall muss man mit einer geschlossenen Erzählung auskommen, bei der alles, was anders ist, unmittelbar als schlecht und bedrohlich angesehen wird. Dies zeigte sich in der niederländischen Gesellschaft des 17. Jahrhunderts, als wohl alle Geistesgrößen der Aufklärung nach Amsterdam strömten und sich dort einer in sich geschlossenen, streng protestantischen Glaubensgemeinschaft gegenübersahen. Extreme Formen des ersten Beispiels begünstigen die Entwicklung einer hysterischen Persönlichkeit, die immer wieder dem neuesten Hype hinterherlaufen muss. Das zweite Beispiel führt zu einer klassischen Zwangsneurose, die dadurch gekennzeichnet ist, dass alles und jeder präzise auf Abstand gehalten werden muss und die Angst vor Ansteckung den Umgang mit den Mitmenschen bestimmt.

Und schließlich kann eine Gesellschaft auch stabil oder labil sein. Diese Merkmale haben vor allem mit einer dominanten Erzählung zu tun – je stärker sie ist, desto stabiler der Austausch und damit die Identitätsbildung. Zu viel Stabilität kann allerdings zu autoritärer Starre führen, wozu auch die vom Kulturphilosophen Adorno definierte Störung gehört, die »autoritäre Persönlichkeit«. Heutzutage besteht diese Gefahr so gut wie nicht mehr, die Balance verschiebt sich vielmehr auf die andere Seite des Kontinuums. Wenn innerhalb einer *liquid modernity*, ein Begriff, den der polnisch-britische Soziologe Zygmunt Bauman geprägt hat, eine klar umrissene Erzählung fehlt, entsteht so etwas wie eine *liquid identity*. Über eine bestimmte Grenze hinaus mündet diese Verflüssigung der Identität in eine Borderline-Persönlichkeitsstörung, bei der eine labile Identität ständig wechselnde Gefühle erzeugt.

Damit wären wir bei der wichtigsten Schlussfolgerung des ersten Kapitels angelangt: Identität ist immer ein Produkt, eine Konstruktion, die auf der Wechselwirkung zwischen ihrem »Träger« und dem weiteren Umfeld beruht. Formal kann eine Identität voll oder leer sein, offen oder geschlossen, stabil oder labil. Den inhaltlichen Kern bildet ein mehr oder weniger zusammenhängendes Ganzes an Normen und Werten, die auf die von der Gruppe geteilten Ansichten und Ideologien zurückzuführen sind, in der Fachsprache »die größere Erzählung einer bestimmten Kultur«. Wenn das zusammenhängende Ganze einschneidenden Veränderungen ausgesetzt ist, hat dies ohne Zweifel Folgen für die darauf beruhenden Identitäten: Diese entwickeln sich nämlich in Richtung der neuen Erzählung und übernehmen die neuen Normen und Werte.

Identität kann also nur zusammen mit Ethik gedacht werden.

2 ETHIK: VON DER SELBSTVERWIRKLICHUNG ZUR SELBSTVERLEUGNUNG

Man kann heute keine Zeitung mehr aufschlagen, ohne auf einen Artikel zu stoßen, in dem der Verlust von Normen und Werten beklagt wird. Manchmal versuche ich mir das in Form eines Bildes vorzustellen: Ein älterer Herr klopft erschrocken seine Innentaschen ab und blickt sich suchend um – wo bin ich bloß zuletzt gewesen, habe ich da mein Jackett ausgezogen, wer saß noch mit am Tisch? Offenbar betrachten wir Normen und Werte als etwas, was man haben, verlieren und wiederfinden kann – mit dem immer gleichen Tenor, dass sie uns heute abhandengekommen sind.

Wenn es um Normen und Werte geht, ist die heutige Zeit ein permanentes Hochamt für Unheilspropheten und populistische Politiker. Die Zeitungen sind voll von Triebtätern, mobbenden Erwachsenen, pädophilen Bischöfen, entscheidungsschwachen Führungskräften, korrupten Gierhälsen und jungen Leuten ohne Bürgersinn – man weiß gar nicht, wo man anfangen soll. Uralten religiösen Traditionen folgend suchen wir nach einem Sündenbock, das fördert die Nachtruhe. Die Engstirnigen unter uns schieben die Schuld auf das langhaarige und arbeitsscheue Pack vom Mai ′68, das so energisch die freie Liebe forderte. Besorgte Intellektuelle gehen noch einen Schritt weiter und verorten die Ursache in der Aufklärung des 18. Jahrhunderts. Das langhaarige Gesindel von damals (auch wenn es nur Perücken trug) verfiel auf die zündende Idee, sämtliche klassischen Normen und Werte infrage zu stellen, die Religion abzuschaffen, die Republik auszurufen und die Vernunft als Richtschnur zu nehmen. Guckt euch nur an, wohin das geführt hat – so oder ähnlich klingen die Kommentare, die man in letzter Zeit überall liest.

Innerhalb des niederländischen Sprachraums ist der Philosoph Ad Verbrugge, Autor von *Tijd van onbehagen* (Die Zeit des Unbehagens), der bekannteste Vertreter dieses Standpunkts. Wie viele seiner Kollegen sieht er den Grund nahezu allen Übels in der zunehmenden Individualisierung und der abnehmenden Spiritualität, beides Phänomene, die ihren Ausgangspunkt bei den Philosophen der Aufklärung haben. In *After Virtue* (Verlust der Tugend) behandelt der schottische Philosoph Alasdair MacIntyre das Thema in einem erweiterten historischen Rahmen: Eine rationale Moral kann nur funktionieren, solange noch Spuren von Religion vorhanden sind – sind diese erst einmal verschwunden, gibt es kein Halten mehr, und genau dieses Szenario ist seiner Meinung nach gerade eingetreten. Der britische politische Philosoph John Gray steuert zu diesem Thema eine etwas volkstümlichere Interpretation bei und betrachtet den Verlust der Traditionen, die Überlegenheit der Vernunft sowie den sich daraus ergebenden utopischen Fortschrittsgedanken als Vorzeichen der Apokalypse. Mittlerweile hat diese Form der Kritik auch die normale Presse erreicht: In *The Guardian* vom 28. September 2010 bezeichnet der Kolumnist George Monbiot das »Enlightenment model« (Modell der Aufklärung) als der menschlichen Natur widersprechend und als Ursache für die heute herrschende Anarchie. Und alle miteinander setzen auf dasselbe Allheilmittel: mehr Kirche, mehr Polizei, härtere Strafen, dann wird alles besser. Der Vater gehört Pfeife rauchend an den Kamin, die Mutter an den Herd, die Kinder zeitig ins Bett. Das Ganze ergänzt durch eine möglichst flächendeckende Videoüberwachung.*

* Ich kann es mir nicht verkneifen, ich muss an dieser Stelle Gerard Reves Gedicht *De Blijde Boodschap* (Die frohe Botschaft) zitieren:

> Ich saß mit klopfendem Herzen vor dem Farbfernseher
> und dachte: »Seine Heiligkeit wird doch wohl den
> zunehmenden Verfall der Sitten beklagen?«
> Und richtig, kaum hatte er begonnen, schon hörte ich:
> decadentia, immorale, multi phyl ti corti rocci;
> influenza filmi i cinema bestiale
> contra sacrissima matrimoniacale
> criminale atheistarum rerum novarum,

→

Dem widersprechen die enzyklopädischen Studien des Historikers Jonathan Israel, der zwischen gemäßigter und radikaler Aufklärung unterscheidet. Die gemäßigte Richtung versucht, Vernunft und Religion zu versöhnen, mit dem Ergebnis, dass von beiden nicht die Vorzüge, sondern nur die schlechten Elemente übrig bleiben. Heute sind wir noch immer »von theologischen Konzepten zutiefst beeinflusst und verwirrt«, wie Philipp Blom in *Böse Philosophen. Ein Salon in Paris und das vergessene Erbe der Aufklärung* schreibt. Beurteilungsgespräche haben die Funktion der Beichte übernommen, wenn auch ohne Aussicht auf Absolution. Und noch immer muss der Körper bezwungen werden. Unsere neuen Heiligen sind nun magersüchtige Fotomodelle, die uns ein schlechtes Gewissen verursachen, weil ihre sogenannten Idealmaße für uns unerreichbar sind. Blom legt in seinem Buch überzeugend dar, dass heutzutage sogar mehr radikale Aufklärung anstelle der weich gespülten pseudoreligiösen Version notwendig wäre, die noch auf Voltaire und Rousseau zurückgeht. Vor allem brauchen wir neben dem ganzen Aufhebens um die Vernunft mehr Interesse für die leidenschaftliche Seite des Menschen.

Wenn etwas untergeht, taucht es häufig in anderer Gestalt wieder auf. Der sogenannte Verlust von Normen und Werten hat zu einer unaufhaltsamen Vermehrung von Ethiken geführt: Mittlerweile gibt es eine Bioethik, eine Medienethik, eine Medizinethik, eine Vertragsethik, eine Pflege-Ethik usw. Übrigens lässt das die meisten Menschen völlig kalt, wir betrachten dieses ganze Ethikgedöns als eine Art Beschäftigungstherapie für ältere Herren, die in staubigen Büros sitzen und ab und zu neue Richtlinien verfassen, auf die niemand gewartet hat. Schon allein das Wort – Ethik! – klingt altmodisch. Wer beschäftigt sich heutzutage

(et cum spiritu tuo), cortomo:
nix für ungut.
Schade nur, dass es so schnell vorbei war.
Aber gleich im Anschluss brachten sie herrliche Militärmusik.
Ich finde dieses Leben wirklich wunderschön.
Wie wird wohl erst das ewige Leben im Himmel?

Manchmal fragt man sich schon: »Womit haben wir das verdient?«

noch damit, abgesehen von den paar gestörten Typen, die die Stammzellenforschung verhindern und am liebsten auch Darwin aus den Schulbüchern verbannen würden?

Als Folge der wie Pilze aus dem Boden schießenden Ethikrichtungen ist heute eine kafkaeske Maschinerie am Werk, der niemand entkommt – es gibt unzählige Regeln und Richtlinien. Ein Beispiel: Es ist noch gar nicht lange her, da bestand die Prüfungsordnung meiner Universität aus einem anderthalb Seiten langen, seit vielen Jahren unveränderten Dokument. Mittlerweile wurde das Ganze umbenannt in Unterrichts- und Prüfungsordnung (UPO), und herausgekommen ist ein mehr als fünfzig Seiten starkes Regelwerk, das fortlaufend ergänzt und geändert wird. Kein Wunder, dass die meisten Hochschullehrer es nicht wirklich begriffen haben, allen Ausschüssen zum Trotz, die letztlich die eigentliche Arbeit nur erschweren. So gesehen, steht Ethik außerhalb oder sogar im Gegensatz zu Wissenschaft und Technik und sogar zur Arbeitswelt im weiteren Sinn. Wir sollten uns davon möglichst schnell befreien, damit wir endlich unsere Arbeit tun können.

Wer das erste Kapitel gelesen hat, weiß, dass mir etwas anderes am Herzen liegt. Die irritierenden Auswirkungen von allerlei banalen Regelungen, die uns das Leben schwer machen, haben zur Folge, dass wir die ursprüngliche Bedeutung der Ethik aus den Augen verlieren. Genau betrachtet können wir Normen und Werte als unsere Art ansehen, mit dem eigenen und dem Körper des anderen umzugehen. Sie bestimmen zugleich, wer wir sind, und müssen demnach als wesentlicher Bestandteil unserer Identität aufgefasst werden. Wie im ersten Kapitel beschrieben, beruht unsere Identität ganz und gar auf unserer Interaktion mit der Außenwelt, mit den anderen, von denen wir lernen, wer wir sind, was wir fühlen und wie wir uns zu verhalten haben. Diese Normen und Werte können uns genauso wenig abhandenkommen wie unsere Identität. Beides kann sich verändern und tut dies auch, und zwar stets in dieselbe Richtung. Veränderungen auf ethischer Ebene bewirken Veränderungen auf der Ebene der Identität und umgekehrt. Außerdem deuten solche Veränderungen immer auf Veränderungen im weiteren Umfeld hin, aus dem das Individuum seine Identität und somit auch seine Normen und Werte schöpft. Etwa seit den Siebzigerjahren betrachten wir Identität als Teil von uns, von uns ganz persönlich, und finden uns nur widerwillig damit ab, dass wir deutlich weniger originell sind, als wir denken. Normen und Werte gehören für uns hingegen der Außenwelt an, weshalb wir sie nur ungern als Teil von uns begreifen. Dies hängt mit dem wertenden Charakter der Ethik zusammen. Werturteile, und das gilt ganz bestimmt für moralische Verurteilungen, sind in diesen Zeiten der *political correctness* schon von vornherein verdächtig, also selbst zu verurteilen.

Unsere heutige Auffassung von Ethik als oft banales und stets lästiges externes Regelsystem ist daher die Folge einer bestimmten gesellschaftlichen Entwicklung, die uns genau diese Botschaft vermittelt. Gleichzeitig hat uns die veränderte Gesellschaft eine Reihe von neuen Normen und Werten auferlegt, die wir nicht ohne Weiteres als solche erkennen. Im zweiten Teil dieses Buchs werde ich mich zum materiellen Erfolg als wichtigstem *moralischen* Kriterium der heutigen Zeit äußern. Ethik oder Moral bestimmen tatsächlich den Unterschied zwischen Gut und Böse.

Schon die Erwähnung dieser beiden Wörter erregt heute Unmut. Das ist erstaunlich, da uns die Frage nach dem Unterschied zwischen Gut und Böse bereits seit Beginn der ganzen Menschheitsgeschichte umtreibt. Diese Frage beinhaltet auch die nach »dem Wesen« des Menschen und damit ein weiteres Mal nach dem, was uns ausmacht.

Bei der Erforschung der Menschheitsgeschichte sind die Historiker zu zwei vollkommen gegensätzlichen Antworten gelangt, je nachdem, welcher Auffassung hinsichtlich der Identitätsentwicklung sie folgten. Die erste geht davon aus, dass der Mensch von Grund auf gut ist und die Gesellschaft dafür zu sorgen hat, dass diese Wesensart voll zur Blüte gelangen kann. Die andere Auffassung hält den Menschen für schlecht, weshalb die Gesellschaft streng darauf achten muss, dieses schlechte Naturell so gut wie möglich in die Schranken zu weisen. Eine Gesellschaft, in der Selbstverwirklichung von zentraler Bedeutung ist, hält den Menschen im Grunde für gut und Selbstverwirklichung daher für eine ausgezeichnete Idee. Eine Gesellschaft, die von einem gegensätzlichen Menschenbild ausgeht, setzt dagegen auf Selbstverleugnung, um das Schlechte im Zaum zu halten. Dafür bedarf es regelmäßiger Kontrollen, und die Zügel müssen straff angezogen bleiben. Im Westen gibt diese Sichtweise den Ton an, wobei die christliche Ethik als vorletzter Impulsgeber diente.

Ja, wirklich als vorletzter. Heutzutage leben wir in der Illusion, uns von der christlichen Ethik befreit zu haben, während wir voller Angst dem nächsten Beurteilungsgespräch entgegenbibbern und geradezu kindliche Freude an den Tag legen, wenn wir eine positive Bewertung bekommen.

Ethik der Antike – ein guter Charakter hat Mores

Fast alle Autoren sehen in der Antike und ihrer Weiterentwicklung durch das Christentum den Ursprung der westlichen Moral. In der griechischen Naturphilosophie – eine heute verschwundene Mischform aus Philosophie und (Natur-)Wissenschaften –, und hier vor allem bei Aristoteles, finden wir ein überzeugendes Argument, um Identität, Normen und Werte als ein Ganzes zu betrachten. Aristoteles verbindet *Ethos*, Gewohnheit, mit *Èthos*, Charakter, wobei ein guter Charakter auf guten Gewohnheiten beruht. Diese Verbindung zwischen Ethik und Charakter ist uns heute nicht mehr geläufig. Das Gedächtnis der Sprache hat sie hingegen nicht vergessen: »Er hat einen schlechten Charakter«, »C'est un petit caractère«.

In dieser Argumentation steckt eine klar umrissene Grundhaltung: Ethik liegt *in der Natur* des Menschen. Für Aristoteles ist dies eine schlichte biologische Tatsache. Das gilt übrigens nicht nur für uns: Laut Aristoteles hat jeder Organismus ein Lebensziel, ein *telos*, das er möglichst gut umzusetzen versucht. Ob das gelingt oder nicht, hängt sowohl vom Umfeld ab als auch von der Anstrengung, die dieser Organismus auf sich nimmt. So gesehen ist das Ziel einer jeden Lebensform die Selbstverwirklichung, was bedeutet, möglichst viel von dem umzusetzen, was bereits im Keim in einem angelegt ist.

Für den Menschen besteht das Ziel darin, dafür zu sorgen, dass er und seine Familie so glücklich wie möglich werden und dass er sich zu einem vortrefflichen Mitglied der Gemeinschaft entwickelt. Beide Zielsetzungen sind für Aristoteles untrennbar verbunden, weil der Mensch im Grunde ein *zoon politikon* ist. Die gängige Übersetzung lautet hierfür »soziales Wesen«, was die Sache aber nicht ganz trifft. *Politikon* kommt von *polis* und bezeichnet den damaligen Stadtstaat und zugleich Vorläufer der westlichen Demokratie. Eine zutreffendere Übersetzung des Begriffs ist demnach »Gemeinschaftstier«. Wenn ein Mensch eine optimale Entwicklung durchmacht und erkennt, was in ihm steckt, wird er zu einem vollwertigen Mitglied der Gesellschaft, und eben dies macht ihn auch glücklich.

Eine solche Selbstverwirklichung innerhalb einer Gemeinschaft beinhaltet die Entwicklung bestimmter Tugenden oder *arètai*, die in jedem von uns angelegt sind: Klugheit, Gerechtigkeit, Mäßigung und Tapferkeit. Diese Entwicklung ist ein Balanceakt, denn wenn wir einen Wesenszug unterdrücken, verwirklichen wir uns nicht optimal. Auch das Gegenteil, also Übertreibung, ist nicht gut. In beiden Fällen bezahlen sowohl das Individuum als auch die Gemeinschaft einen Preis dafür. Die Balance kann nur mithilfe der Selbsterkenntnis gehalten werden, da Selbsterkenntnis zu Selbstbeherrschung führt. Kennen wir uns selbst, können wir uns besser beherrschen. Genau deshalb stand über dem Eingang der Delphigrotte das im ersten Kapitel bereits zitierte *Gnothi seauton*, erkenne dich selbst.

Der vollkommenste Mensch ist derjenige mit der größten (Selbst)Erkenntnis, und infolgedessen ist er am besten geeignet, die Führung zu übernehmen. Der schlimmste ethische Fehler eines Menschen ist die *hybris*, die Selbstüberschätzung, die den Betreffenden, aber auch – und das ist viel fataler – die Seinen und sogar die Gemeinschaft ins Verderben stürzen kann. In den griechischen Tragödien kehrt dieses Thema immer wieder. Den Gegensatz zur Hybris bildet die *sophrosyne*, die Besonnenheit, eine Mischung aus Mäßigung und Klugheit, die einem hilft, Selbstbeherrschung zu üben.

Die bekannteste Tragödie handelt von *Oedipus Rex* und dem Untergang von Theben. Ödipus kennt sich selbst nicht, verliert zweimal die Selbstbeherrschung (in der Konfrontation mit seinem ihm unbekannten Vater und im Kampf mit der Sphinx), wofür sowohl er als auch seine Kinder und die Stadt büßen müssen. Dass er sich dessen gar nicht bewusst ist, verstärkt den tragischen Effekt, spricht Ödipus aber nicht frei.

Dass eine ganze Familie für eine Tat bestraft wird, die eines ihrer Mitglieder begangen hat, und noch dramatischer, dass eine Stadt für das Verbrechen ihres Oberhaupts büßen muss, ist für uns unvorstellbar. Genauso unvorstellbar wie die Idee, dass Selbstsorge und bestmögliche Selbstverwirklichung eines Individuums zugleich auch der Gemeinschaft zugutekommen. Dies zeigt, wie sehr sich unsere Vorstellungen geändert haben oder genauer gesagt, dass wir Individuum und Gruppe als zwei sich diametral gegenüberstehende Parteien mit je eigenen Interessen betrachten. Aristoteles ging von einem vollkommen anderen Gedanken aus: Der Mensch ist ein *zoon politikon*, ein soziales Wesen, und was immer er auch Gutes oder Schlechtes tut, ist automatisch auch gut oder schlecht für die Gruppe. Dieser Ansatz ist für Aristoteles so selbstverständlich, dass er es nicht einmal für nötig hält, ihn in seiner *Ethica Nicomachea* zu erläutern. Eine an den Interessen des Individuums orientierte Ethik und Identitätsentwicklung war für Aristoteles und seine Zeitgenossen buchstäblich undenkbar.

Auf die griechischen Philosophen folgten die römischen Juristen, die ein Junktim zwischen Ethik und offiziellem Recht herstellten. Diese Verbindung bringt der römische Historiker Tacitus im 1. Jahrhundert unserer Zeitrechnung in seinen *Annales* auf den Punkt: *Non mos, non ius*: Etwas, das kein Gewohnheitsrecht ist, kann auch kein (geschriebenes) Gesetz werden. Das verdeutlicht zugleich, dass Moral sehr viel damit zu tun hat, wie sich zwischenmenschliche Beziehungen durch Tradition und Gewohnheit herausbilden, wobei ein Teil der Umgangsformen in

Gesetzesform gegossen wird. Jemanden Mores (Plural von *mos*) lehren, heißt so viel wie jemanden zu zwingen, die üblichen Umgangsformen zu befolgen – die heute obligatorischen Einbürgerungstests bedeuten also, dass wir die Asylbewerber Mores lehren möchten, unsere Mores, als Teil unserer Identität.

In der Antike wurde Ethik gleichgesetzt mit der Entwicklung von grundlegenden Eigenschaften – Selbstverwirklichung also. Das sich daraus ableitende Menschenbild betrachtet das Individuum als Mitglied einer Gemeinschaft. Im darauffolgenden christlichen Zeitalter verändert sich das drastisch: Ethik wird uns von außen, von einer göttlichen Instanz, auferlegt. Beim Menschenbild verschiebt sich der Schwerpunkt vom griechischen Bürger, der sich in die Gemeinschaft einbringt, zum gläubigen Christen, der sich in der Hoffnung auf Erlösung im Jenseits selbst kasteit. Die Selbstverwirklichung weicht der Selbstverleugnung.

Christliche Moral: Der Mensch ist durch und durch schlecht

Sowohl bei Aristoteles als auch in der Kirchenlehre ist Ethik fest verankert – bei Aristoteles im Innern des Menschen, in der Biologie, bei der Kirche außerhalb, in Gott. Mit anderen Worten: Ethische Regeln sind nicht willkürlich. Dies ist die wichtigste Übereinstimmung zwischen der antiken Auffassung von Ethik und der christlichen Moral; ansonsten überwiegen die Unterschiede. Ich zähle sie rasch auf, weil sie unser Denken bis zum heutigen Tag weitaus stärker bestimmen, als wir annehmen.

Im Christentum ist der Mensch einer höheren Autorität *außerhalb* seiner selbst unterworfen, nämlich dem einzigen und wahren Gott, dessen Gebote zu befolgen sind, sonst droht die Verdammnis. Jeder Versuch, dem allsehenden Auge Gottes zu entkommen, ist zum Scheitern verurteilt, wir bekommen garantiert die Rechnung präsentiert. Der Mensch muss versuchen, ein möglichst tugendhaftes Leben zu führen mit dem einzigen Ziel, das ewige Leben im Jenseits zu erlangen. Das Leben hier auf Erden ist nur im Lichte des Jenseits von Bedeutung.

Ein tugendhaftes Leben zu führen ist äußerst mühsam, weil der Mensch im Kern schlecht ist. Der christlichen Lehre zufolge trägt jeder Mensch infolge der Erbsünde das Schlechte in sich, wobei die Frau, in Gestalt Evas, als Quelle alles Bösen angesehen wird. Lässt man den Menschen tun, was ihm beliebt, dann wird er seine Mutter schänden, den Vater töten und den Bruder bestehlen. Selbstverwirklichung ist daher gar keine gute Idee, Selbstverleugnung hingegen eine Notwendigkeit. Für Christen bedeutet Moral die Bekämpfung des Bösen, das in ihm wuchert. Selbst die Aneignung von Wissen ist bereits von Übel, denn damit hat das ganze Elend ja angefangen. Eva wollte in die Frucht vom Baum der Erkenntnis beißen – wohlgemerkt: der Erkenntnis von Gut und Böse. Genau deshalb wurden sie und Adam aus dem Paradies vertrieben. Nach Erkenntnis zu streben ist demzufolge anmaßend. Gewöhnliche Sterbliche sollten dies besser Gott und seinen Dienern überlassen und sich auf die Beichte, auf Bußübungen und Selbstgeißelung konzentrieren.

In der Antike hielt man den Mann mit der größten (Selbst)Kenntnis für am besten geeignet, die Führung zu übernehmen – der *primus inter pares*, der Erste unter Gleichen. Bei den Christen verhält es sich völlig anders: Der Herrscher wird von Gott berufen und nimmt eine Zwischenposition zwischen dem Allmächtigen und den Gläubigen ein. Die Rangfolge ist damit klar. Gott steht über allem, unmittelbar darunter der von Ihm Auserwählte. Gemeinschaft und politische Führung sind ihm untergeordnet, die Gesetze eines Staates haben gemessen an jenen, die im Reich Gottes gelten, keinerlei Bedeutung. Die römischen Kaiser warfen die Christen den Löwen zum Fraß vor, aber nicht wegen ihres Glaubens, sondern weil sie die Gesetze des Kaiserreichs nicht befolgen wollten. In religiösen Dingen waren die Römer sehr tolerant, aber bürgerlicher Ungehorsam war für sie untragbar.*

* Randbemerkung: Dasselbe lässt sich beim aktuellen Konflikt zwischen dem Westen und den Muslimen beobachten. Wir haben keine Probleme mit ihrer Religion; die dürfen sie unter der Bedingung frei ausüben, dass sie nicht mit der sozialpolitischen Organisation unserer Gesellschaft kollidiert. Ihre »Märtyrer« aber betrachten wir als Terroristen, genau wie die Römer die christlichen Märtyrer als Aufständische behandelten, weil sie sich weigerten, das römische Recht zu befolgen.

Die Ethik der Antike ging von der Immanenz aus, also der Vorstellung, dass der Keim der Normen und Werte im Menschen selbst steckt. Im Gegensatz dazu beharrt das Christentum auf der Idee der sogenannten Transzendenz, wörtlich: Überschreitung. Alles Gute liegt bei Gott, der über allem thront. Der Mensch ist nach Gottes Ebenbild geschaffen und steht demnach über der Natur. Die seit dem frühen Mittelalter beliebte *scala naturae*, die Leiter der Natur, ist streng hierarchisch aufgebaut und weist jedem Wesen seine von Gott bestimmte Stufe zu; es ist von entscheidender Bedeutung, dass jeder seinen Platz kennt. Die Natur zu erforschen bedeutet demnach, diese Leiter und alles sich darauf Befindliche zu erforschen, vom Staubkörnchen bis – wahrhaftig – zum Siebten Himmel.

Die Leiter ist vollständig und unveränderlich, denn Gott hat alles erschaffen, was es zu erschaffen gab. Veränderungen sind nicht vorgesehen, und wer seinen Platz verlassen möchte, begeht die Todsünde des Hochmuts, der *superbia*, wie die Nachfolgerin der griechischen Hybris genannt wird. Im nächsten Kapitel werde ich erläutern, wie sich diese zentrale Überzeugung von der Unveränderlichkeit des Menschen vor kaum hundert Jahren in ihr Gegenteil verkehrt hat und was für Folgen dies bis auf den heutigen Tag hat. Zum besseren Verständnis gehe ich aber kurz auf einen Punkt ein, der auf den ersten Blick scheinbar wenig oder gar nichts mit Ethik und Religion zu tun hat, geschweige denn mit Identität: die Entwicklung unseres Wirtschaftssystems und – in deren Folge – das Aufkommen der ersten modernen Ideen von der Beschaffenheit einer idealen Gesellschaft.

Gottes freidenkende Händler

Die christliche Ethik blieb über Jahrhunderte bestehen und führte zu der tief verwurzelten Überzeugung, dass der Mensch schlecht ist und Erlösung nur erlangt werden kann, wenn man sich Gottes Willen fügt. Gott hat die Natur als unveränderliches Faktum erschaffen – Schluss, aus, Ende. Die populäre Geschichtsschreibung behauptet gerne, dass mutige

Wissenschaftler dieses System durchbrochen hätten, Gelehrte, die – auf die Gefahr hin, nicht erst auf das Höllenfeuer warten zu müssen, um es ungemütlich heiß zu haben – Sternkarten erstellten, Umfang und Alter der Erde berechneten, in dunklen Höhlen Leichen sezierten usw. Dies ist jedoch nur eine Hälfte der Geschichte, und noch dazu die zweite. Zunächst wurde die Religion von innen ausgehöhlt, wie das letztendlich bei allen Ideologien der Fall ist. Seit Beginn der christlichen Zeitrechnung gibt es unterschiedliche Auslegungen von Gottes Geboten, die im Laufe der Zeit zu immer heftigeren Auseinandersetzungen führten. Insgesamt traten fast vierzig Gegenpäpste auf, die alle behaupteten, der jeweils einzige echte und wahre Stellvertreter Gottes auf Erden zu sein. Die katholische Kirche mochte zwar fleißig die sieben Tugenden predigen, ihre Prälaten bekannten sich in Wahrheit jedoch lieber zu den sieben Todsünden – geldgierige, versoffene und wollüstige Mönche finden sich in mittelalterlichen Satiren zuhauf.

Merkwürdigerweise kommt als Folge der religiösen Überzeugungen ein zunehmendes Interesse an Arbeit und Handel auf. Trotz aller Dispute war man sich in einer Sache einig: Der Mensch musste sich seinen Platz im Himmel *verdienen*. Die Bibel war in dieser Beziehung recht deutlich: »Im Schweiße deines Angesichts sollst du dein Brot essen.« Seit dem späten Mittelalter glückte das so gut, dass eine neue kapitalkräftige Klasse entstand und die statische Ständegesellschaft (Klerus, Adel, Bauern) durchbrochen wurde. Es entwickelte sich eine städtische Kultur mit neuen Klassen und natürlich auch neuen Identitäten (Handwerksleute, Bankiers, Händler). In diesem Klima konnten nun auch die Wissenschaften gedeihen. Zum ersten Mal durften Forscher relativ ungehindert denken und experimentieren.

Zum Ende des Mittelalters hin prallten all diese Faktoren – religiöse Diskussionen, neue soziale Klassen, wissenschaftliche Studien – immer heftiger aufeinander. Anders als in der vorangegangenen Epoche gingen alle Sicherheiten verloren, moralisch und religiös, intellektuell und politisch. Ganze Bevölkerungsgruppen mussten auswandern, wer zurückblieb, starb eines gewaltsamen Todes – und das war noch das kleinere

Übel im Vergleich zur ewigen Verdammnis in der Hölle, mit der alle Gruppen drohten. Dem Dreißigjährigen Krieg (1618–1648) zwischen den Katholiken und den Lutheranern ging der Konflikt zwischen den Katholiken und den Hugenotten voraus. Es folgte der Englische Bürgerkrieg zwischen König und Parlament, Katholiken und Anglikanern, bei dem, je länger sich der Streit hinzog, immer unklarer wurde, wer eigentlich gegen wen kämpfte. Die Äußerungen von Thomas Hobbes zum Krieg aller gegen alle (*bellum omnium contra omnes*) und über das Leben, »armselig, scheußlich und kurz« (*nasty, brutish and short*), müssen vor diesem Hintergrund gesehen werden. Als politischer Philosoph erkannte er das Scheitern einer auf Religion gegründeten Gesellschaft und schlug ein für diese Zeit unerhörtes Heilmittel vor, nämlich eine auf Vernunft und Wissenschaft beruhende und in ein entsprechendes Gesellschaftssystem eingebettete Politik.

Da verschiedene Gruppen von Gläubigen die Autorität der Kirche nicht länger anerkannten, war die Zeit reif für derartige Ideen. Im Zuge der Religionskriege entstand eine neue, sehr erfolgreiche Form des Christentums, der Protestantismus, der, seinem Ausgangspunkt (Widerstand gegen eine zentrale Autorität) gemäß, schnell in unzählige Untergruppierungen zerfiel.

Die strenggläubigen Protestanten (Calvinisten, Presbyterianer, Hugenotten) sind sowohl in ihrer Ablehnung einer zentralen menschlichen Autorität als auch in ihren religiösen Überzeugungen radikal. Der Mensch denkt, Gott lenkt: Der keinen Widerspruch duldenden Prädestinationslehre zufolge ist das Schicksal eines jeden Menschen aufgrund der Erbsünde vorbestimmt. Niemand weiß, was Gott mit einem vorhat; das Einzige, was ein Sterblicher tun kann, ist, ein gottesfürchtiges Leben zu führen, das Enthaltsamkeit mit Arbeit »im Schweiße deines Angesichts« verbindet. Weltlicher Erfolg kann als Zeichen dafür aufgefasst werden, dass man in Gottes Augen Gnade gefunden hat; es geht keineswegs darum, ihn zu genießen. Im Gegenteil, Erfolg soll uns lediglich dazu ermuntern, noch härter zu arbeiten. Gewinne müssen erneut investiert werden, um sie noch weiter zu vergrößern. Amsterdam wird zum

Wirtschaftszentrum, und die Niederländische Ostindien-Kompanie ist die erste multinationale Handelsgesellschaft mit einer nicht zu übersehenden politischen Macht. Anfang des 20. Jahrhunderts hat Max Weber diesen Zusammenhang in *Die Protestantische Ethik und der Geist des Kapitalismus* ausführlich beschrieben. Unsere Religion bildet das Fundament unserer Wirtschaft.

Mit dem Protestantismus kommt es zu einer Verschiebung hin zum religiösen Individualismus, der sich keiner weltlichen Autorität beugen will. Das rüttelt jedoch nicht an den strengen Moralvorstellungen, im Gegenteil. Ein Priester mag bestechlich sein, Gott aber sieht alles, und Ihm entkommt man nicht. Das Ziel ist daher mehr denn je, ein tugendhaftes Leben unter dem alles sehenden Blick eines strengen Gottes zu führen. Die Vereinigten Niederlande sind eine religiöse Meritokratie, man wird nach Leistung entlohnt, wobei das ultimative Beurteilungsgespräch allerdings erst im Jenseits stattfindet. Armut und Misserfolg beruhen nicht auf Pech und Zufall, sondern sind Anzeichen eines religiösen und moralischen Defizits, auf das man füglich mit missbilligendem Schweigen reagiert. Umgekehrt zeugen Erfolg und Reichtum von Gottes Segen für die Bemühungen des Einzelnen. Die Kombination von Religion und Ökonomie sorgte für Sparsamkeit und Fleiß: Hier haben wir also das Rezept für das Goldene Zeitalter.

Die Ablehnung der römischen Zentralautorität (Papst) bildete das Fundament für eine offene Gesellschaft, in der neue Ansichten willkommen waren, auch und vielleicht sogar vor allem, wenn sie anderswo bekämpft wurden. Es gibt wohl kaum einen umstrittenen Denker dieser Periode (Ende des 16. und Anfang des 17. Jahrhunderts), der nicht nach Amsterdam geflüchtet wäre, um seine Schriften dort zu veröffentlichen. Die Erfindungen dieser Persönlichkeiten waren außerdem sehr bald von praktischem Nutzen, was wiederum dem Handel zugutekam.

Solange die noch junge Wissenschaft nicht allzu sehr an der Religion rüttelte, herrschte eitel Sonnenschein. Ja mehr noch, es bestanden große Ähnlichkeiten. Die Calvinisten richteten sich unmittelbar an Gott, die Wissenschaftler erforschten direkt die Natur. Experimente und mathematische Beweisführungen wiesen den Weg innerhalb eines Denkens, das einzig die Vernunft als Kriterium anerkannte.

Die Selbstdisziplin, die wir bei den Calvinisten und ihren Wissenschaftlern antreffen, führte merkwürdigerweise dazu, dass der menschliche Faktor sowohl aus der Wissenschaft als auch aus der Religion verschwand. Die Religion wollte keine anthropologischen Projektionen zulassen (weg mit dem bärtigen Opa als Darstellung Gottes), und auch die Wissenschaft musste strikt objektiv sein (der Wissenschaftler als kühle rationale Maschine). In beiden Fällen ist Selbstverleugnung notwendig, bei der Wissenschaft als Voraussetzung dafür, tatsächlich objektive Erkenntnisse zu gewinnen, bei der Religion als Bedingung für die Erlangung der göttlichen Wahrheit. Die einzige »Selbsterkenntnis«, die Religion und Wissenschaft gemein haben, ist jene, die besagt, dass der Mensch schlecht ist, unrein und subjektiv.

Seit dieser Zeit besitzt der Begriff des ethischen Handelns den uns noch immer ziemlich bekannt vorkommenden Beigeschmack von »Selbstüberwindung«. Wir wollen alle nur das Gute, aber das Fleisch ist schwach. Also müssen wir dem Fleisch, und damit uns selbst widerstehen. Je öfter und je unnachgiebiger wir dies tun, desto sittlich hochstehender ist unsere Moral; »Selbst«-Überwindung, die kaum Anstrengung kostet, zählt nicht. Es muss wehtun. Freud ist schließlich der Erste, der den krank machenden Effekt einer solchen Ethik erkannte.

Zerrissenheit, Selbstverleugnung und Transzendenz

Es genügt, einen Vergleich mit der griechisch-römischen Moral anzustellen, um zu erkennen, wie sehr das Christentum das Nachdenken des Menschen über sich selbst verändert hat. In der klassischen Ethik wird eine Verbindung zwischen Gewohnheit und Charakter hergestellt; es geht um Selbstverwirklichung. Dem Wesen des Menschen ist ein Ziel eigen: das Streben nach Vortrefflichkeit, die aus der Sorge um sich selbst entsteht und zu Selbstbeherrschung führt. Der beste Anführer ist die Person mit der größten Selbsterkenntnis. Wer Übermut, Hybris, an den Tag legt, wird stets bestraft, wobei dies nicht nur ihn selbst trifft, sondern die ganze Gemeinschaft. Umgekehrt kommt Selbstsorge auch der Gemeinschaft zugute, denn im Grunde ist der Mensch ein soziales Wesen (*zoon politikon*).

Das Christentum sieht Ethik als Teil einer Beziehung zwischen dem Menschen und etwas an, das ihn überragt, ihn »transzendiert«: Gott. Mehr noch: Das Wesen des Menschen, seine »Natur«, ist schlecht, deshalb bedarf es der Selbstverleugnung, um das Gute, das Göttliche zu erlangen. Und das ist sowieso nur im Jenseits möglich, denn das irdische Leben ist endlich und nur insoweit von Bedeutung, als es dazu beiträgt, die Gnade Gottes zu erlangen. Jeder Sterbliche lebt in ständiger Angst und muss sich unablässigen Gewissensprüfungen unterziehen. Das führt zu innerer Zerrissenheit, zu einem niemals endenden Kampf des Menschen gegen sich selbst, oftmals gefolgt von Buße und Strafe, die meist dem Körper angetan wird. Auch wenn man sich noch so sehr anstrengt und intensiv betet und arbeitet (*ora et labora*), ist das keine Garantie für Erlösung; trotzdem ist es besser, sich zu bemühen, denn am Tag des Jüngsten Gerichts folgt die Abrechnung. Solche Anstrengungen werden nicht im Interesse der Gemeinschaft unternommen, da der Gläubige nur Gott verpflichtet ist.

Diese doppelte Verschiebung lässt sich bis zum heutigen Tag beobachten und ist mittlerweile Teil unserer Identität geworden. Erstens erfahren wir Ethik und Moral, anders als in der Antike, als etwas Äußerliches, das unseren »natürlichen Neigungen« widerstrebt – was zugleich bedeutet, dass natürliche Neigungen schlecht sind. Zweitens sind wir davon überzeugt, einer höheren Macht außerhalb von uns selbst Rechenschaft ablegen zu müssen, einer allmächtigen Instanz, die jeden immerzu scharf im Auge behält. Die Folge davon ist, dass wir uns allerhand Fluchtwege ausdenken müssen, um dem zu entkommen. Eigentlich würden wir diese allmächtige Instanz am liebsten ausschalten.

Die erwähnten Verschiebungen gehen auf eine Grundüberzeugung zurück: Der Mensch – also wir – ist von Natur aus schlecht. Die Idee der

Erbsünde haben wir gegen eine genauso vage sozial-biologische Auffassung vom Menschen als des Menschen Wolf, von selbstsüchtigen Genen etc. eingetauscht. Damit übernehmen wir, ohne uns darüber im Klaren zu sein, die antike griechische Sichtweise – ja, Ethik ist in der Biologie verwurzelt –, aber mit umgekehrter Schlussfolgerung: Wenn der Mensch von Natur aus schlecht ist, muss die Erziehung diese Schlechtigkeit aus ihm herausprügeln. Kein Wunder, dass wir Ethik und Identität als zwei voneinander getrennte Dinge erleben – wenn man da die Frage nach dem Wesen des Menschen stellt, fällt die Antwort eher pessimistisch aus.

Ein kleines Gedankenexperiment: Wir holen Aristoteles aus seinem Grab und konfrontieren ihn mit der veränderten Sicht auf Ethik und Identität. Der Mann wird sich garantiert die grauen Haare raufen und innerhalb kürzester Zeit den Verlust von Normen und Werten beklagen. Die typisch christlichen Tugenden – Nächstenliebe, Hoffnung und Glaube – wird er als neumodischen Schnickschnack abtun, unsere innere Zerrissenheit als Folge mangelnder Selbsterkenntnis, Selbstverleugnung als Störung sehen. Daraufhin wird er ein neues Traktat verfassen, die *Ethica Romana Decadentia*, deren zentraler Gedanke lautet, dass man heute die Natur, das Wesen des Menschen, verleugnet. Er wird nicht verstehen, dass es hier nicht um den Verlust von Normen und Werten geht, sondern um eine Identitätsveränderung aufgrund einer umfassenderen gesellschaftlichen Evolution, wodurch *andere* Normen und Werte zum Bestandteil einer Identität wurden, in der er sich als Grieche der klassischen Antike nicht wiederfindet.

Das Christentum führte noch eine weitere wichtige Veränderung ein, die bis heute Teil unserer Identität ist und uns demnächst wohl noch recht sauer aufstoßen wird. Als höchstes Wesen thront Gott im Himmel, unter Ihm schweben die Engel, und auf Erden ist der Mann das Element Seiner Schöpfung, das Ihm am nächsten steht. Demnach steht der Mann über den anderen Geschöpfen, allen voran über der Frau. Mehr noch: Er steht über und damit außerhalb der Natur; allein das Geistige zählt, die Seele. Darin besteht die Transzendenz, die Überschreitung, von der bereits die Rede war. Zweitausend Jahre Christentum haben diese Überzeugung so stark gefestigt, dass wir mit Begriffen wie Immanenz nichts mehr anfangen können, uns nicht mehr als Teil der Natur begreifen.

Die Lektüre von Ton Lemaires *De val van Prometheus* (Der Sturz des Prometheus) hat mir vor Augen geführt, was das bedeutet. Eine transzendente Religion wird von den Gläubigen als Freibrief dafür betrachtet, die Natur nach Gutdünken auszubeuten: Man steht über ihr oder außerhalb von ihr, Tiere haben keine Seele (in der späteren Wissenschaft nennt man sie »nicht vernunftbegabte« Wesen). Tote Materie wie Erde, Luft und Wasser hat keinerlei Bedeutung. Eine immanente Religion dagegen sieht sowohl das Göttliche als auch das Menschliche nicht als etwas »über«, sondern »in« den Dingen Befindliches an, als Teil des großen Ganzen. Das bedeutet zugleich, dass man besser zweimal nachdenken sollte, bevor man Tiere tötet, Wälder niederbrennt oder Flüsse verseucht.

Damit habe ich nichts zu tun, denkt der heutige Liberale und beruhigt sich mit Biomöhrchen. Wirklich nicht? Wir reden heute gern von »der Umwelt«, von der Notwendigkeit, etwas für »die Umwelt« tun zu müssen, ja, dass wir dabei seien, »die Umwelt« zu zerstören – also etwas *außerhalb* von uns Liegendes, etwas, das ungefähr vier Meter vor unserer Haustür beginnt. Für einen Zeitgenossen aus dem antiken Griechenland könnte es kein offensichtlicheres Beispiel für Hybris geben als die Vorstellung, wir Menschen stünden außerhalb, gar über der Natur und könnten sie einfach zerstören. Wir können uns nicht von der transzendenten Interpretation lösen und sind meist nicht in der Lage, die doch so offensichtliche Immanenz zu sehen. Der Homo sapiens ist ganz und gar Teil der Natur, und die »Strafe« für unsere Hybris besteht darin, dass wir diese Natur, unseren Lebensraum zerstören – »die Umwelt« kommt bestimmt auch ohne uns zurecht.

Dies bringt mich zu einem wichtigen Wendepunkt der Geschichte. In der zweiten Hälfte des 20. Jahrhunderts verlor die Religion ihre moralische Macht, und die Wissenschaft übernahm das Kommando. Voller

Optimismus nahm man an, dass diese Verschiebung eine neue Identität möglich gemacht und damit zu anderen, auf Vernunft basierenden Normen und Werten geführt hat.

3 MÄNNER UND WISSENSCHAFT: DER MACHBARE MENSCH

Unter dem Einfluss des Christentums kam die Überzeugung auf, dass der Mensch schlecht ist. Der Mann ist schlecht, die Frau womöglich noch schlechter, denn durch sie ist das Böse ja erst in die Welt gekommen. Die sieben Todsünden listen sieben menschliche Charakterschwächen auf: Hochmut, Geiz, Wollust, Neid, Gier, Zorn und Faulheit. Wir müssen uns daher so gut es geht unserer eigenen Natur widersetzen. Das heißt also unserem Körper – in der Hoffnung, im Jenseits dafür belohnt zu werden. Dies erfordert Schwerstarbeit, und doch können wir dabei nie sicher sein, die göttlichen Erwartungen zu erfüllen.

Bis weit ins 20. Jahrhundert hinein wurden diese Überzeugungen im Westen von den meisten Menschen geteilt. Trotz der Trennung von Kirche und Staat war die Gesellschaft durch und durch religiös. Die dazugehörende Identität war von innerer Zerrissenheit geprägt (»Mache ich es auch wirklich richtig?«) und dem Zwang, sich einer stets von außen kommenden und extrem leib- und frauenfeindlichen höheren Macht (»Gott sieht alles!«) beugen zu müssen. Erst ab den Sechziger-Siebzigerjahren zeigten die Erkenntnisse der modernen Wissenschaft langsam Wirkung.

Ermöglicht wurde dies durch die Aufklärung, die einer der christlichen Grundideen den Todesstoß versetzt hatte: der Unveränderlichkeit. Der religiösen Doktrin zufolge hat Gott alles erschaffen. Veränderungen waren in dieser Welt nicht vorgesehen, Erlösung fand man nur im Jenseits, und wer daran zu zweifeln wagte, litt an *superbia*, Hochmut. Hat Gott nicht ein Drittel der Engel ob ihres Hochmuts in die Hölle geworfen? Engel, deren Aufstand ausgerechnet von Luzifer angeführt wurde – Luzifer, das bedeutet ja »Träger des Lichts«, was den diabolischen Charakter der Aufklärung noch unterstreicht.

Heute wird allgemein davon ausgegangen, dass die Erforschung des Weltalls (Newton, Kepler) den Anstoß zum Sturz des christlichen Weltbilds gegeben hat. Dass auch Geologen ihren Teil dazu beigetragen haben, ist dagegen kaum bekannt. Wie es sich für eine Religion gehört, kam die ernsthafte Herausforderung nicht aus dem heiteren Himmel der Kosmologie, sondern aus der unter dem Erdboden verborgenen Hölle und geht auf die Vorläufer der Geologie zurück. Um 1800 gelangten immer mehr Menschen aufgrund von Erdarbeiten auf Großbaustellen zu der Überzeugung, dass die Erde irgendwann einmal anders ausgesehen haben musste. Zum Beispiel befand sich früher an einigen Orten, an denen jetzt Berge stehen, das Meer. Darwin hatte während seiner Reise auf der *Beagle* die *Principles of Geology* des schottischen Geologen Charles Lyell im Handgepäck. Jeder Brite, der etwas auf sich hielt, legte sich ein neues Hobby zu und begab sich auf die Suche nach Fossilien – *fossil hunting* –, und vermutlich gab es in nahezu jedem Herrenhaus ein Kabinett, in dem die stolzen Besitzer ihre Sammlungen präsentierten. Das Problem war nur: Fossilien stellen die Idee einer unveränderlichen Natur infrage – und das lässt sich natürlich nicht mit der starren *scala naturae* als unwiderruflichem Produkt von Gottes einmaliger Arbeitswoche vereinbaren.

Der Franzose Jean-Baptiste de Lamarck war der Erste, der Anfang des 19. Jahrhunderts eine konsistente Evolutionstheorie formulierte, doch fand er damit kaum Gehör. Die britischen Wissenschaftler wollten damals nichts mit Franzosen zu tun haben, und die politische Oberschicht hatte eine Höllenangst vor dem revolutionären Gedankengut, das zusammen mit den Guillotinen und den Sansculotten den Weg über den Kanal finden könnte. Evolution? *Good Gracious!* – das könnte die Leute ja noch auf dumme Gedanken bringen. Erst als Darwin ein halbes Jahrhundert später seine mit guten Argumenten untermauerte Theorie veröffentlichte, hatten die Himmelspforten endgültig ausgedient. Die Ironie der Geschichte besteht nun darin, dass ausgerechnet der obskure osteuropäische Mönch Mendel der Unveränderlichkeit mit seinen Experimenten den Todesstoß versetzte, auch wenn seinen Erkenntnissen erst Anfang des 20. Jahrhunderts Bedeutung beigemessen werden sollte: Erbanlagen werden von den Eltern weitergegeben, in jeder Generation sind sie in neuer Kombination anzutreffen, wobei es manchmal zu unvorhergesehenen Abweichungen, Mutationen kommen kann. Evolution bedeutet Veränderung.

Dies ist zweifellos der wichtigste Wendepunkt in der westlichen Geistesgeschichte: die Vorstellung, dass sich Lebewesen, also auch der Mensch, *verändern* können. Diese Idee hatte immense Folgen und warf jede Menge Fragen auf. Evolution bedeutet also, dass es keine festgelegte Identität gibt – wie aber sieht es dann mit den Normen und Werten aus? Und noch wichtiger: Wie verhält es sich mit der »natürlichen Ordnung«? Heißt das, dass die Menschen ihren vorbestimmten Rang in der sozialen Hierarchie auch verlassen können? Und dass auch Gesellschaften für Veränderungen empfänglich sind und sich weiterentwickeln können? Können wir die Richtung dieser Veränderungen korrigieren? Können wir sie vielleicht sogar selbst steuern, im Sinne von Verbesserung, von Fortschritt? Ist der Mensch machbar, ist die Gesellschaft formbar?

Utopia: Die formbare Gesellschaft

Lange vor Darwin hatten die Glaubenskriege bereits mehr als genug Beweise dafür geliefert, dass eine gesellschaftliche Ordnung nicht ausschließlich auf Religion beruhen muss. Thomas Hobbes entwickelte diesen Ansatz konsequent weiter und legte mit seinem *Leviathan* (1651) einen Vorschlag für eine säkularisierte Gesellschaft unter der strengen Herrschaft eines Souveräns vor, der an bestimmte Vorgaben gebunden ist. Scheitert diese Gesellschaft, dann fällt der Mensch in den »Naturzustand« zurück. Hobbes meint damit sein eigenes schlechtes Ich, den einsamen Wolf, der die übrigen Wölfe angreift (*homo homini lupus est*). Wenn seine Theorie Bestand haben soll, muss Religion zwingend als Privatangelegenheit angesehen werden, die gesellschaftliche Ordnung sich auf Wissen gründen; dies alles unter der strengen Führung einer zentralen Autorität. Hobbes überträgt hier also einfach die religiöse Argumentation auf die politische Ebene, *ohne die Grundannahme zu verändern,* nämlich dass der Mensch schlecht ist (Erbsünde, Wolf) und von einer höheren Gewalt (Gott, Souverän) kontrolliert werden muss.

Damit sind wir beim springenden Punkt: Haben wir es denn seitdem geschafft, uns mit anderen Augen zu sehen, und so die Idee der Veränderlichkeit ernst genommen? Spontan würden wir diese Frage mit Ja beantworten, denn immerhin wurden einige Theorien für eine ideale Gesellschaft formuliert, in der sich der ideale Mensch entfalten kann: Die Rede ist von den sogenannten Utopien, ein Wort, dessen Etymologie uns sofort in Alarmstimmung versetzt. In der optimistischen Lesart geht es um den »guten Ort« (vom griechischen *eu topos*), in der weniger optimistischen um das »Nirgendwo« (*ou topos*), eine Unmöglichkeit also. Wenn wir uns näher damit beschäftigen, bewahrt uns das im besten Falle davor, in zahlreiche vermeidbare Fallen zu tappen.

Utopie, *Utopia*, verweist ursprünglich auf ein Buch von Thomas Morus (1516), in dem er den idealen Staat als Reaktion auf die damalige englische Gesellschaft beschreibt. In der Literatur entstanden zwei gegensätzliche Pole. Der ernsthafte Utopieroman hielt ein seriöses Plädoyer für eine bessere, auf einer Ideologie beruhenden Gesellschaft. Die satirische Version – manchmal auch als Dystopie bezeichnet, wörtlich »schlechter Ort« – warnt uns vor den Gefahren solcher ideologischen Paradiese. Die beiden bekanntesten Romane dieses Genres sind *Schöne neue Welt* von Aldous Huxley und *1984* von George Orwell. Es ist leider kein Zufall, dass in beiden Büchern die Psychologie und die Psychopharmakologie eine zentrale Rolle spielen. Die prophetischste Dystopie unserer Zeit ist ohne Zweifel *Es lebe die Ungleichheit. Auf dem Wege zur Meritokratie* von Michael Young aus dem Jahr 1958. Im fünften Kapitel zum Thema »Enron-Gesellschaft« komme ich ausführlich auf dieses Buch zu sprechen.

Den optimistischen Utopien liegt eine wichtige, doppelte Interpretation der Idee von Veränderlichkeit zugrunde. Veränderung bedeutet *Fortschritt,* und der ist *machbar.*

Fortschritt

Wenn wir nach der Herkunft des Fortschrittsgedankens fragen, begegnen wir nur allgemeinem Stirnrunzeln: Fortschritt gab es doch schon immer? Wir können uns nur schwer vorstellen, dass man bis weit in die Renaissance hinein vom Gegenteil, von der Unveränderlichkeit der Dinge überzeugt war. Selbst der Begründer der Botanik, Carl von Linné, glaubte fest daran, dass es alle Pflanzen immer schon gab und immer geben würde; seine Aufgabe bestand lediglich darin, Gottes Werk systematisch in ein Verzeichnis einzutragen. Unsere Sichtweise steht dieser radikal entgegen: Nichts ist von Dauer, alles entwickelt sich permanent weiter, und diese Evolution geht stets in Richtung Verbesserung. Unsere persönliche Entwicklung – vom Kind zum Erwachsenen, vom Banausen zum Feingeist – finden wir auch auf gesellschaftlicher Ebene wieder (die »primitive« gegenüber der »hoch entwickelten« Gesellschaft).

Diese Hypothese ist so selbstverständlich, dass wir uns selten oder nie damit aufhalten. Die Idee des Innehaltens, des Stillstehens, kommt übrigens auch in der folgenden Metapher zum Ausdruck: »Stillstand bedeutet Rückschritt!« Das Hauptargument für die Annahme, Evolution bedeute Fortschritt, ist die Verbesserung unserer Lebensqualität im Vergleich zu der unserer Vorfahren. Dabei vergessen wir aber, dass dieses Argument vor allem auf den technologischen Fortschritt anspielt, der das Leben im Westen ohne Zweifel deutlich angenehmer gemacht hat. Dem stehen allerdings einige Beobachtungen gegenüber, über die wir nicht so gern nachdenken: Der Fortschritt kommt nur einem kleinen Teil der Weltbevölkerung zugute, und zwar auf Kosten des großen Rests, und die ökologischen Zerstörungen sind unübersehbar.

Fortschritt ist kein klar definierter Begriff, und selbst wenn wir uns auf den rein biologischen Aspekt der Evolutionstheorie beschränken, stoßen wir rasch auf einige Missverständnisse. Evolution bedeutet nicht grundsätzlich Fortschritt, und *fittest* (*survival of the fittest*, das Überleben der am besten Angepassten) ist kein Synonym für Erfolg. Darwin lehrt uns zunächst einmal, dass die Zahl der Nachkommen, die ein Organismus produzieren wird, davon abhängt, wie sehr er sich seiner Umgebung »angepasst« hat, wie *fit* er ist. Zufällige Mutationen und damit möglicherweise zusammenhängende Veränderungen bewirken also, dass sich eine bestimmte Art einer bestimmten Umgebung anpasst. Es sagt mehr über uns als über die Biologie aus, wenn wir dies als »Erfolg« bezeichnen. Die wichtigste Lehre der Evolutionsgeschichte betrifft die »Zufälligkeit« der eingeschlagenen Richtung – sie lässt sich nicht vorhersagen und ist zudem immer zeitlich begrenzt. Dies als Fortschritt zu bezeichnen ist hingegen das moralische Urteil eines Wesens, das sich selbst allzu gern im Spiegel betrachtet.

Ein weiteres Argument für die Gleichsetzung von Evolution und Fortschritt wird ebenfalls gern im Namen Darwins vorgebracht. Danach sind die heutigen Lebensformen viel »weiter« entwickelt als die früheren. Es gibt »niedere« und »höhere« Arten, wobei Kriechtiere sich sowohl buchstäblich als auch im übertragenen Sinne in den »niederen« Regionen wiederfinden und der Mensch stolz und aufrecht ganz oben auf der Leiter steht. Wir glauben diesen Prozess beim Embryo im Zeitraffer erkennen zu können, seine Entwicklung vom Einzeller zum Mehrzeller, von der Kaulquappe zum Äffchen – bis am Ende ein Prachtexemplar von einem Ich herauskommt. Eine beliebte Darstellung von Darwins Evolutionstheorie zeigt eine Reihe von Figuren, die mit dem tief nach vorne gebeugten, behaarten und kurzköpfigen Affenmenschen beginnt und mit dem stolzen, aufrecht stehenden Übermenschen – mit oder ohne Laptop – endet. Das ist doch wissenschaftlich belegt? Nein, ganz und gar nicht. Auch das ist nichts anderes als eine Variante der *scala naturae*, überdies mit demselben Transzendenzgedanken (der Mensch, in diesem Falle der weiße Mann, steht über dem Rest). Jenseits der höchsten Sprosse wartet das Penthouse als irdische Version des himmlischen Paradieses, wo wir endlich das sein können, was wir ursprünglich waren: Gottes Ebenbild.

Biologisch betrachtet ist die Unterteilung in oben und unten Unsinn. Korrekt ist es, von mehr oder weniger komplexen Lebensformen zu sprechen, wobei der Grad der Komplexität nicht ohne Weiteres ein Synonym für Fortschritt ist. Es fällt uns offensichtlich äußerst schwer, das alte Selbstbild aufzugeben und das radikal Neue der Evolutionstheorie anzunehmen. Veränderung ist Bestandteil des Lebens, sie geschieht zufällig und kennt keine Richtung. Die Interpretation der evolutionären Veränderung als Fortschritt, der »höhere« und »niedere« Stufen impliziert, ist eine christliche Lesart. Dies wird noch deutlicher, wenn wir erkennen, dass der Fortschrittsgedanke individuelle Anstrengungen voraussetzt: Je mehr sich jemand bemüht, desto schneller wird es ihm gelingen, sich weiterzuentwickeln. Dabei machen wir unbemerkt den Sprung von der biologischen Evolution hin zum gesellschaftlichen und dann sogar zum individuellen Fortschritt.

Und deshalb lautet das neue Credo: Sowohl die Gesellschaft als auch der Mensch sind machbar.

Machbarkeit

Die Redewendung *survival of the fittest* wird Darwin zugeschrieben. Doch das ist falsch. Sie stammt von Herbert Spencer, einem einflussreichen Zeitgenossen, der für Darwins Erkenntnisse ziemlich griffige Formulierungen fand, mit deren Hilfe sich die Evolutionstheorie auf die Gesellschaft übertragen ließ. Evolution – als Fortschritt verstanden – mag ja auf zufälligen Veränderungen basieren, aber das bedeutet noch lange nicht, dass wir deswegen weiterhin den Kopf hängen lassen müssen, oder? Wir können dem Zufall doch ein wenig auf die Sprünge helfen?

Damit wird der Evolutionsgedanke um einen wichtigen Aspekt ergänzt: Wir können die Veränderung steuern – und zwar vorzugsweise gleich in die richtige Richtung. Dies ist Sinn und Zweck des Sozialdarwinismus, einer Ideologie, die Ende des 19. Jahrhunderts aufkam. Aus Sicht des Sozialdarwinismus ist die Gesellschaft ein lebender Organismus, der ebenfalls der Evolution unterworfen ist und dessen einzelne Zellen (soziale Klassen und Rassen) krank oder gesund sein können, *fit* (geeignet) oder nicht *fit* (ungeeignet). Auch hier ist eine wichtige Bedeutungsverschiebung zu beobachten. *Fittest* bedeutet bei Darwin noch

»am besten an die Umwelt angepasst«. Durch Spencer wird daraus »am erfolgreichsten«, in der Bedeutung von »am stärksten«. Bestimmte Gruppen oder Klassen sind stärker als andere und eignen sich alles an, andere sind schwächer und sterben allmählich aus, was dem *natürlichen* Lauf der Welt entspricht. Soziale Missstände sind in dieser Argumentation keine sozialökonomischen Phänomene, sondern Krankheiten, »Krebsgeschwüre«, und die daran Erkrankten »Parasiten«, die bekämpft werden müssen.

Aus einer naiven evolutionären Perspektive heraus wird klar, welches Gegenmittel anzuwenden ist: Da schwache Gruppen störende Hindernisse sind, von denen sogar Ansteckungsgefahr ausgeht, müssen sie mittels natürlicher Selektion so schnell wie möglich eliminiert werden. Und so entsteht die sogenannte Eugenik als sozialdarwinistische Praxis: Wir müssen die Fortpflanzung der Stärksten fördern und umgekehrt die der Minderwertigen so weit wie möglich einschränken. Auch heute noch gibt es Wissenschaftler, die angesichts der Idee des *spermashopping* (eine aus der Tierwelt bekannte Fortpflanzungsstrategie, bei der sich Weibchen auf die Suche nach dem besten Samen begeben) glänzende Augen bekommen – wohl in der Annahme, dass ihr Sperma ganz vorne im Schaufenster ausliegen wird und sie es selbst weitergeben dürfen.

Seit dem 19. Jahrhundert diente der Sozialdarwinismus als wissenschaftliche Rechtfertigung für Rassismus und Machtmissbrauch. Beispiel Kolonialisierung: Schwarzafrikaner, Inder, Aborigines und andere »Wilde« oder »Primitive« in Übersee wurden als unterentwickelte Rassen angesehen, gerade mal eine Stufe über den »nicht vernunftbegabten« Tieren. Beispiel Einwanderungsgesetze: Auf Ellis Island wurden *chinks*, Chinesen, meist umstandslos abgewiesen, *polaks*, Osteuropäer, und *whops*, Italiener, mussten eine strenge Prüfung über sich ergehen lassen, und wer nicht *fit* genug war, wurde zurückgeschickt oder erst nach vorheriger Sterilisation ins Land gelassen. Beispiel Rassengesetze: Die Nazis beseitigten zuerst die »kranken« Elemente der Gesellschaft (Behinderte und Psychiatriepatienten), um sich danach einem noch ehrgeizigeren Projekt zu widmen, der Ausrottung »degenerierter« Rassen.

Die »wissenschaftliche« Argumentation, die als Rechtfertigung des Rassismus herangezogen wurde, bestimmte im 19. Jahrhundert auch den Blick auf soziale Probleme. Misserfolg wertete man als Zeichen innerer Schwächen und Krankheiten, weshalb Hilfeleistungen nicht nur als überflüssig, sondern sogar als kontraproduktiv angesehen wurden, da sie das Überleben der eh zum Aussterben verdammten Problemgruppen unnütz in die Länge zogen. Herbert Spencer war davon überzeugt, dass der Staat auf sozialem Gebiet untätig bleiben müsse, und der Sozialdarwinismus berief sich auf Thomas Robert Malthus, nicht zufällig ein britischer Ökonom. Sozialleistungen wurden gestrichen, damit die Armen sich nicht weiter fortpflanzten. Unter Malthus' Einfluss wurde in Großbritannien das »Poor Law« (1834) verabschiedet, ein Gesetz, das Armut als *moralische* Schwäche definiert. Der nächste Schritt bestand darin, *workhouses* einzurichten, in denen Arme Zwangsarbeiten verrichten mussten – Charles Dickens lässt Oliver Twist in solch einem Arbeitshaus zur Welt kommen. Bei den Sozialdarwinisten stießen selbst diese Arbeitshäuser auf Widerstand. Weg damit! Ein sozialer Staat ist wider die Natur.

Die praktische Umsetzung der Evolutionstheorie blieb aber nicht allein auf soziale Klassen und Rassen beschränkt. Der Kolonialismus stärkte den Glauben der Westeuropäer an ihre »natürliche« Überlegenheit. Und so dauerte es nicht lange, bis dieselben Argumente – als »Kampf ums Überleben« und das »Recht des Stärkeren« – auch auf die westeuropäischen Großmächte übertragen wurden. Als Hitler behauptete, dass das deutsche Volk das moralische Recht habe, sich das Hoheitsgebiet von *Untermenschen* anzueignen, wenn sich das deutsche Territorium als zu klein erweisen sollte, traf er damit exakt den Zeitgeist. Heutzutage haben wir vergessen, dass der Faschismus ursprünglich eine progressive Ideologie war, die sich auf den damaligen Stand der Wissenschaft berief, um eine möglichst perfekte Gesellschaft zu formen.

Inspirationsquelle für den machbaren Fortschritt war tatsächlich die Wissenschaft. Besser gesagt: eine bestimmte Auffassung von Wissenschaft, deren Mantra lautet: »Alles ist messbar.« Auffällig ist natürlich, dass die Selektion von Individuen und Rassen in der ersten Hälfte des 20. Jahrhunderts sozusagen objektiv untermauert wurde und sich auf Zahlenmaterial wie Körpergröße, Gewicht und Schädelumfang sowie auf Ergebnisse von Intelligenztests und anderen psychologischen Untersuchungen stützte. Hier die Guten, da die Schlechten. Man stelle sich einmal vor, wir würden heute noch genauso verfahren und groß angelegte Versuchsreihen zum Beispiel mit Kindern durchführen, um so früh wie möglich herauszufinden, ob sie Störungen aufweisen (Störungen, die angeblich genetisch bedingt sind), und die Betroffenen daraufhin zu stigmatisieren und wegzuschließen.

Wissenschaft: die aufgeklärte Gesellschaft

Im vorigen Kapitel habe ich dargelegt, wie die westliche Religion Identität und Ethik mit neuen Inhalten gefüllt hat. Die Funktion der Religion ist inzwischen von der Wissenschaft übernommen worden, die den verschiedenen Religionen nach und nach ihre dominante Stellung streitig gemacht hat. Das führt zu der Frage, wie die Wissenschaft unsere heutige Sicht auf Identität und Ethik prägt. Aus meinen Erläuterungen ergibt sich recht schnell, dass hierfür eine ganz bestimmte Variante der Wissenschaft verantwortlich ist, die naturwissenschaftliche Prinzipien und Methoden auf so ziemlich alle Bereiche, auch auf die Humanwissenschaften, anwendet. Dieser Ansatz ist bekannt als »Szientismus«; er beherrscht gegenwärtig die Szene.

In der Anfangsphase der Aufklärung waren die Erwartungen hochgesteckt. Wissenschaftliche Erkenntnisse sollten zur besten aller Gesellschaften führen. Dieser Gedanke ging zurück auf die in den französischen Salons über ein halbes Jahrhundert hinweg von Intellektuellen geführten Debatten über die ideale Gesellschaftsform. Ihr Leitgedanke war simpel: Was den Menschen Schaden zufügt, ist falsch, was ihr Glück fördert, richtig. Ihr Ziel: das größtmögliche Glück für die größtmögliche Anzahl Menschen, wie es der Begründer des Utilitarismus, Jeremy Bentham, später formulierte. Die radikalen Vertreter dieser Richtung waren

Atheisten, was weitreichende ethische Folgen hatte. Wenn es keinen Gott gibt, der bestimmt, was gut und was schlecht ist, muss der Mensch selbst darüber nachdenken. Um belohnt oder bestraft zu werden, braucht man nicht auf das Jenseits zu warten, dies muss auf Erden geschehen, und zwar nach einem System, das auf den Erkenntnissen über das Wesen des Menschen beruht.

Die Erforschung der menschlichen Natur war für die Gruppe um Denis Diderot der wichtigste Aspekt überhaupt, denn genau darauf muss sich ihrer Meinung nach die neue Gesellschaftsordnung gründen. Was aber macht das wahre Wesen des Menschen aus, was genau bestimmt unsere Identität? Drei Eigenschaften stechen hervor: Verstand, Leidenschaft und Empathie, die laut Diderot und seinen Mitstreitern zugleich auch die Pfeiler einer säkularisierten Gesellschaft bilden. Für diese radikalen Denker der Aufklärung ist die Leidenschaft die treibende Kraft, die man am besten mit dem Verstand steuert, dem die Empathie als Maßstab dient. In der Verleugnung der Leidenschaft sehen sie die typische Einflussnahme der Religion, in der alles Physische schlecht ist und nur das Spirituelle zählt.

Leider konnten Diderot und die Seinen – die »bösen Philosophen« aus dem gleichnamigen Buch von Philipp Blom – ihre buchstäblich lebensgefährlichen Ideen kaum publizieren – im Gegensatz zu Voltaire und Rousseau, die sensationelle Erfolge feierten. Deren weichgespülte Ansichten, die Religion und Vernunft innerhalb eines romantischen Naturbildes vereinen, wurden in den Jahren nach der Französischen Revolution zur säkularisierten Staatsreligion ausgerufen, und *la Raison* als höchstes Gut oder auch als höchster Gott gefeiert. Eine größere Paradoxie lässt sich kaum denken: Das Regime, das alle Kirchen schließen ließ, setzte eine Frauenfigur als *Göttin* der Freiheit und Vernunft ein. Sie erhielt auch einen Namen – Marianne –, und bis heute ziert ihr Bildnis die französischen Rathäuser und Gerichtsgebäude, in denen im Namen der Vernunft alle religiösen Symbole (Kreuz, Kopftuch, Kippa) aufs Strengste verboten sind … Außerdem wird ihre Erscheinung alle paar Jahre dem Zeitgeist angepasst, und immer steht eine Frau Modell, die sozusagen als

Busenfreundin der Vernunft auftritt; Brigitte Bardot ist wohl die bekannteste dieser Mariannen.

Mit der Umfunktionierung der Kirchen zu »Tempeln der Vernunft« hat die Ideologie der französischen Republik buchstäblich die Stelle der früheren Religion eingenommen. Dies stellte, wie bei der Religion damals auch, kein Problem dar, solange es nur eine einzige Ideologie gab. Sobald aber mehrere Religionen oder Ideologien von sich behaupten, die einzig wahre zu sein, kommt es im Namen des Glaubens oder der Vernunft zu religiös oder ideologisch motivierten Kriegen.

Seitdem haben sich die säkularisierten Religionen in schnellem Tempo abgelöst, jede mit dem Versprechen einer neuen, besseren Welt: Sozialismus, Kommunismus, Faschismus und die bislang letzte Variante, die liberale Demokratie, die von Francis Fukuyama zum »Ende der Geschichte« ausgerufen wurde, was ein weiteres Mal auf die Idee der Leiter mit einem armseligen Anfang und einem glorreichen Ende hindeutet.

Und wieder einmal ist es gar nicht so schwer, in den verschiedenen Ideologien das Vermächtnis des Christentums zu erkennen: Die bessere Gesellschaft, der Himmel auf Erden, wird immer für die Zukunft in Aussicht gestellt und fordert von uns erst einmal große Anstrengungen (»kürzertreten«). Das erinnert mich an Freuds lakonische Reaktion, als er hörte, dass der Kommunismus ein gesellschaftliches Paradies auf Erden verspricht, wenn auch erst nach einer kurzen Phase der Revolution mit allen dazugehörenden Opfern und Entbehrungen. Er sagte, er hege keinerlei Zweifel an der Richtigkeit der Aussage über die Anfangsphase, wohl aber am versprochenen Endergebnis.

Was aber sollen wir mit dem wichtigsten Unterschied zwischen Religion und Ideologie anfangen: Glaube gegen Vernunft?

Sei doch mal vernünftig!

Die Betonung der Vernunft in der Aufklärung geht auf die Naturphilosophie der griechischen Antike zurück, auch wenn ihre Bedeutung im

Vergleich zum Original deutlich eingeschränkt ist. Für Aristoteles und seine Zeitgenossen war es selbstverständlich, dass sowohl das individuelle als auch das gesellschaftliche Leben auf intellektuellen Tugenden beruhen sollten – die Kombination muss man sich auf der Zunge zergehen lassen: Intellekt und Tugend –, basierend auf dem *logos*. Abhandlungen über die unterschiedlichen Interpretationen des Logos füllen ganze Bibliotheken; es würde an dieser Stelle zu weit führen, näher darauf einzugehen. Heute jedoch wird der Logos-Begriff allzu schnell und allzu leicht auf eine buchstäblich berechenbare Ratio reduziert, die sich auf empirisch messbare Daten gründet. Auf die Auswirkungen einer derartigen Reduzierung werde ich besonders im zweiten Teil dieses Buchs eingehen. Die ursprüngliche Auslegung des Logos-Gedankens ist zusammen mit der daran anschließenden Sicht auf die Wissenschaft viel weiter gefasst. Es lohnt sich, zwei Ideen aus dem ursprünglichen Logos-Begriffskomplex einmal unter die Lupe zu nehmen.

Erstens: »Wissenschaft« beschwört heutzutage das Bild eines Computers herauf, an dem die hyperrationale Version von Mister Spock sitzt, mit oder ohne Spitzohren. Ihm fehlt jegliche Leidenschaft, denn in der offiziellen Lesart heißt es, dass Wissenschaft wertfrei und objektiv zu sein hat. Aristoteles und seine Zeitgenossen wären über so viel Naivität erstaunt gewesen. Wissenschaft ist per se wertebeladen, denn Wissenschaftler suchen Antworten auf fundamentale Fragen des Lebens. Es ist kein Zufall, dass Aristoteles seine Ansichten über das Wissen in zwei der Ethik gewidmeten Büchern herausgearbeitet hat, denn das Wissen ist der Ethik untergeordnet. Wertfreies Wissen gibt es nicht, genauso wenig wie eine Wissenschaft ohne Leidenschaft. Dieser Tatbestand wird aufgrund des sich ständig weiter verengenden Tunnelblicks auf das, was Wissenschaft eigentlich ausmacht, in den vergangenen Jahrzehnten immer heftiger negiert.

Dies führt mich zu der anderen vergessenen Idee von Aristoteles. Für ihn existierten noch zwei Formen von Wissenschaft, jede mit spezifischen Anwendungsgebieten. Kurz zusammengefasst, eine Form von

Wissen, deren Erkenntnisse allgemeingültig und folglich nicht vom Kontext abhängig sind. Zwei plus zwei ergibt überall vier. Die zweite Form von Wissenschaft führt zu subjektiven Erkenntnissen, bei denen der Kontext von ausschlaggebender Bedeutung ist. Eins ihrer Anwendungsgebiete ist zum Beispiel die Psychologie: In einer Kultur, die den Begriff »Persönlichkeit« nicht kennt, kann man sich auch keine Persönlichkeitsstörungen vorstellen.

Eine entsprechende Einteilung der Wissenschaften galt bis vor zwanzig Jahren auch mehr oder weniger bei uns (Geistes- und Naturwissenschaften) und war sogar Standard in den meisten westeuropäischen Schulsystemen (Einteilung in mathematisch-naturwissenschaftliche sowie humanistisch-altsprachliche Gymnasien). Heutzutage ist davon in der Praxis nicht mehr viel übrig geblieben, und schon bald wird auch bei uns der Unterricht vollkommen »kompetenzorientiert« sein. Es herrscht die Überzeugung, dass *alles* naturwissenschaftlich verstanden werden kann und muss, anhand von allgemeingültigen Thesen, bei denen der Kontext keine Rolle spielt. Wissenschaftliche Arbeit (selbstverständlich wertfrei) beruht auf tatsächlichen Messungen (alles ist messbar), wobei die Zahlen anschließend objektiv ausgewertet werden.

Dass eine derartige Verengung im Namen der Ratio stattfindet, ist gelinde gesagt seltsam. Aristoteles unterscheidet zwischen den verschiedenen Wissensformen ja gerade aufgrund einer äußerst rationalen Feststellung: Universelles, kontextunabhängiges Wissen hat nur ein sehr begrenztes Anwendungsgebiet. Das wirklich wichtige Wissen – aus seiner Sicht das Wissen, das benötigt wird, um einen Stadtstaat zu regieren – würde da sogar herausfallen, weshalb er anderen Wissensformen größere Bedeutung beimaß.

Heute ist diese Weisheit verschwunden, und innerhalb des szientistischen Modells glaubt man, alles nach dem Modell der Naturwissenschaften regeln zu können.* Gemeint ist also eine instrumentell-ratio-

* In *Der Verlust der Tugend* zieht Alasdair MacIntyre den folgenden Vergleich: Man stelle sich einmal vor, dass Forschungsergebnisse aus der Mathematik, der Chemie und Physik alle naselang von anderen Studien widerlegt würden – die Naturwissenschaften stün-

nale Wissenschaft, unabhängig von spezifischen Kontexten, perfekt beherrschbar und voraussagbar, die für die praktische Anwendung sogenannte evidenzbasierte Protokolle bereithält. In aristotelische Begriffe übersetzt hieße das: Diese Protokolle lassen sich immer und überall einsetzen, denn sie beruhen auf allgemeingültigen wissenschaftlichen Erkenntnissen. Merkwürdigerweise gibt es heute dennoch so etwas wie Wissenschaftskriege, »science wars«, bei denen verschiedene Forschungsgruppen gegeneinander kämpfen und ihre jeweiligen Auffassungen mit beweiskräftigem Zahlenmaterial untermauern. Die »evidenzbasierte« Wissenschaft nimmt mehr und mehr die Allüren eines Glaubenskriegs an, bei dem mehrere Gruppen entgegengesetzte Positionen einnehmen, eine jede davon überzeugt, recht zu haben.

Die Wissenschaft ist an die Stelle der Religion getreten, und so erhebt sich die bereits weiter oben gestellten Frage, welche Auswirkungen diese Tatsache auf unsere Identität hat und wodurch sie sich von denjenigen unterscheiden, die wir von der Religion her kennen. Die unangenehme Wahrheit ist, dass es überaus wenig Unterschiede gibt, wenn man Wissenschaft auf das szientistische Modell reduziert, die Übereinstimmungen überwiegen bei Weitem.

Beides, Religion und Szientismus, führt beim Individuum zu einer gespaltenen Identität, da dieses sich mit der Furcht davor auseinandersetzen muss, den Erwartungen nicht zu entsprechen. Ich bin schlecht und sündenbeladen, oder aber unvernünftig und dumm. Wenn ich mich nur genügend anstrenge, kann ich das Gute oder das Vernünftige erreichen, und die Mächtigen, die über mir stehen, werden mir dabei helfen, indem sie mich fortwährend kontrollieren, belohnen oder bestrafen.

den kopf. In den Sozialwissenschaften – sofern sie dem naturwissenschaftlichen Modell des Szientismus folgen – geschieht dies andauernd, ohne dass dies einen der Forscher um den Schlaf bringen würde, was MacIntyre zufolge auch bedeutet, dass sie ihr eigenes Modell nicht ernst nehmen. In *Making Social Science Matter* beschreibt Bent Flyvbjerg, Hochschullehrer in Oxford, seine Einschätzung des aristotelischen Wissenschaftsmodells und plädiert im Folgenden dafür, die Humanwissenschaften wieder als eigenständig wahrzunehmen und den gegenwärtigen Versuchungen zu widerstehen, die aus ihnen eine Karikatur der Naturwissenschaften machen. Oder wie es ein junger Kollege, der als Psychiater und Psychoanalytiker arbeitet, fast verzweifelt ausdrückte: »Was ist bloß mit den Psychologen los? Auf einmal wollen alle Arzt werden.«

Bleiben große Gruppen sündenbeladen (die Ungläubigen) oder dumm (die Reaktionäre), müssen die Mächtigen zu radikalen Maßnahmen greifen: Bekehrung, Umerziehung oder nötigenfalls auch Ausrottung. Machbarkeit hat eben auch ihre Grenzen.

Sowohl Religion als auch das szientistische Modell der Wissenschaft betrachten den gegenwärtigen Menschen als unvollkommen; die eigentliche Vollkommenheit kann erst im Jenseits erreicht werden oder in einer fernen Zukunft, wenn die Gesellschaft wirklich auf wissenschaftlicher Basis funktioniert. In beiden Fällen verlangt dies vom Menschen persönliche Opfer. Die Gläubigen müssen beten und fleißig arbeiten, um Gottes Gnade zu erlangen. Die Unwissenden müssen fleißig studieren und gegebenenfalls psychologisch behandelt werden, um zu den richtigen Erkenntnissen zu gelangen und schließlich Vernunft anzunehmen. In der postmodernen szientistischen Lesart gibt es noch weniger Hoffnung, denn hier müssen wir erst auf eine genetische Veränderung der menschlichen Gattung warten, die uns besser an die von uns selbst kreierte postindustrielle Umwelt anpassen soll.*

In beiden Fällen ist Leidenschaft verboten; sie ist entweder lasterhaft und muss deshalb bekämpft werden, oder aber etwas Primitives und Irrationales, mit dem man sich wohl oder übel, bisweilen vielleicht sogar leidlich amüsiert abfinden muss, das man aber gewiss nicht ernst zu nehmen braucht. Auf Vernunft beruhende Veränderungen und dadurch angeregte neue Studien haben zur Folge, dass man als rationales Wesen ganz von selbst den richtigen Weg einschlägt.**

Religion und Szientismus sind gegenüber anderen Ansichten äußerst intolerant. Beide gehen davon aus, dass ihre jeweilige Sicht der Dinge die

* Dass diese Idee inzwischen von einem Großteil der Gesellschaft geteilt wird, zeigt sich daran, dass dies in etwa der einzig hoffnungsspendende Gedanke in der zynischen Welt der *Elementarteilchen* ist, jenem Roman, mit dem Michel Houellebecq seinen internationalen Durchbruch feierte. In seinem ersten Buch, *Ausweitung der Kampfzone*, stellt er den Ursprung dieses Zynismus schmerzhaft schön dar.

** Die Rationalisten von heute bilden das Gegenstück zu den früheren Romantikern. Die Romantiker suchten Sicherheit im Rausch der Leidenschaft, die Rationalisten finden sie in einer sich auf Zahlen stützenden Vernunft, und beide stehen für eine Form von Unreife. Dies zeigt sich vor allem in den jeweiligen pathologischen Extremen: Hysterie (Romantiker) und Zwangsneurose (Rationalisten).

einzig richtige ist – die Religion, weil sie von Gott kommt, der Szientismus, weil er naturwissenschaftlich bewiesen ist. Im Vergleich zu den Unwissenden halten sich beide für überlegen. Der polnische Philosoph Leszek Kołakowski merkt an dieser Stelle zu Recht an, dass eine szientistische Wahrheit Diskussionen noch viel weniger zulässt als eine religiöse und dass eine Diskussion mit einem Szientisten noch aussichtsloser ist als die mit einem Gläubigem (»Die Zahlen sprechen doch für sich!«[1]). Die Ironie besteht darin, dass gerade die Szientisten im Namen ihres sogenannten kritischen Denkens keine andere Art der Herangehensweise an die Wissenschaft dulden.

Die Wissenschaftskriege sind nichts anderes als verschleierte Diskussionen zwischen verschiedenen ideologischen Ansätzen. Verschleiert, weil sie keinesfalls zugeben dürfen, auf was sie zurückgehen: nämlich auf Werte. Im vergangenen Jahrhundert haben wir dieselbe Art von Kriegen in noch weit größerem Ausmaß erlebt. Auch damals ging es um die Frage nach der besten Gesellschaftsform, basierend auf der einzig wahren Ideologie. Es gab keine überzeugende Antwort, und die wenigen Male, als eine angeblich wissenschaftlich begründete Ideologie ein Gesellschaftsideal zu verwirklichen suchte, endeten samt und sonders in Katastrophen. Der Zusammenbruch von Nationalsozialismus und Kommunismus hat bewirkt, dass die Idee einer idealen Gesellschaft in der zweiten Hälfte des 20. Jahrhunderts ernsthaft infrage gestellt wurde. Die faschistischen Konzentrationslager und die kommunistischen Gulags wurden mehr oder weniger als Produkte der Aufklärung angesehen, deshalb hielt man es für geboten, sich etwas zurückzuhalten. Mit dem Fall der Berliner Mauer wurde Ideologie dann für tot erklärt und die Idee einer formbaren Gesellschaft in die Mottenkiste gepackt. Veränderung und Machbarkeit blieben natürlich Schlüsselwörter, nun aber für ein neues Anwendungsgebiet: das Individuum. Das Ende des vergangenen Jahrhunderts ist zugleich der Beginn eines radikal neuen Identitätsbegriffs. Du musst *dich selbst* erschaffen, du musst *es* schaffen.

Das machbare Individuum

Lag der Akzent früher auf dem Fortschritt der Gesellschaft, rückte ab dem letzten Viertel des 20. Jahrhunderts die Machbarkeit des Individuums in den Vordergrund – zunächst auf psychologischer, schnell aber auch auf physischer und vor allem auf sozialökonomischer Ebene.

Identität wird in dieser Zeit plötzlich zu einer sehr persönlichen Angelegenheit, etwas, das »authentisch« und »wahr« sein muss, außerdem noch autonom und nonkonformistisch und damit sich von der Gruppe und der urbürgerlichen Gesellschaft unterscheidend. Der Mensch hat nun den Auftrag, »sich selbst« zu erfahren, die Psychologie wirft mit Begriffen wie »echtes«, »wahres«, »ursprüngliches« Ich nur so um sich. Zu Hause verläuft die Selbsterfahrung leider nicht ganz so schnell wie an anderen Orten, wie etwa Indien und Nepal. Wer sich die Reise dorthin nicht leisten kann, dem kann im übertragenen Sinn mit allerlei »bewusstseinserweiternden Mitteln«, manchmal in Kombination mit alternativen Formen der Psychotherapie, geholfen werden. Die heute noch herumgeisternden Missverständnisse hinsichtlich der vermeintlich »einzigartigen« Identität, die im ersten Kapitel angesprochen wurden, stammen aus eben dieser Zeit.

Etwa um die Jahrtausendwende wird aus dem »Sich-selbst-Erfahren« ein »Sich-selbst-Erschaffen«, wobei das Wichtigste ein jugendlicher Körper ist. Alle müssen ins Fitnessstudio, um den jeweils neuesten Trend nicht zu verpassen (von Bodybuilding bis Zumba), und wenn das nicht mehr hilft, gibt es immer noch Botox und die plastische Chirurgie. Ewig jung und sexy lautet die Botschaft, der dreißigste Geburtstag kommt einer Katastrophe gleich. In dieser Zeit nehmen bestimmte psychische Störungen ebenfalls dramatisch zu: Selbstverletzungen und Essstörungen, Depression und Persönlichkeitsstörungen. Die beiden erstgenannten beziehen sich auf den Körper, die beiden anderen auf die Identität.

In der Zwischenzeit hat sich gesellschaftlich eine Menge verändert, ohne dass all die Individuen es überhaupt bemerkt hätten – sie sind viel zu sehr mit sich selbst beschäftigt. Das Ende der Ideologien hat zur Folge, dass die traditionellen politischen Auseinandersetzungen zwischen den Parteien nicht mehr stattfinden und die »vom Volk Gewählten« brav nach der Pfeife einer börsengesteuerten Wirtschaft tanzen. Dies geht so weit, dass die Politiker sogar bereit sind, den Staat abzuschaffen und ihre eigenen Bürger verwaist zurückzulassen. »*There is no such thing as society*« (So etwas wie Gesellschaft gibt es nicht), ist eine der meistzitierten politischen (!) Aussagen von Margaret Thatcher, die sie mit ihren politischen Entscheidungen auch umgesetzt hat.* Die Demontage der Gesellschaft zerstört ganz allmählich das Gemeinschaftsgefühl; Individuen werden mehr und mehr zu Konkurrenten. Anfangs hat das eine höchst erfreuliche Seite: Es gibt Lohn nach Leistung, wer am härtesten arbeitet, wird es am weitesten bringen. Das »Sich-selbst-Erfahren« verschiebt sich vom »Sich-selbst-Erschaffen« zum »es« schaffen. Es wird einige Zeit dauern, bis der postmoderne Narziss durch die Leere seines Spiegelbilds hindurch den dahinter verborgenen gesellschaftlichen Trümmerhaufen bemerken wird.

Auf den ersten Blick waren und sind dies glänzende Zeiten für die Psychologie: Das Individuum ist befreit, er oder sie kann sich ungehindert entfalten. Diese Freiheit ist aber äußerst relativ, denn sie geht fast unmerklich mit einer Rückkehr zum Sozialdarwinismus in seiner neuesten Ausprägung einher. Dabei wirkt sich die »natürliche Selektion« nicht länger auf die Gattung, sondern auf das Individuum aus. Es ist der stärkste Mann oder die stärkste Frau, die es auf Kosten all der anderen Männer und Frauen schaffen, und das Kriterium heißt Erfolg. Wie bei der vorangegangenen Version des Sozialdarwinismus bekommt

* Interview mit M. Thatcher in *Women's Own Magazine* vom 31. Oktober 1987: »Ich denke, in der Vergangenheit hatten zu viele Menschen den Eindruck, dass es Aufgabe der Regierung sei, sich um ihre Angelegenheiten zu kümmern. ›Wenn ich in Schwierigkeiten bin, bekomme ich finanzielle Unterstützung.‹ ›Ich bin obdachlos, die Regierung soll mir eine Unterkunft beschaffen.‹ Sie schieben ihr Problem auf die Gesellschaft. Wissen Sie, so etwas wie Gesellschaft gibt es nicht, nur einzelne Männer und Frauen, und Familien. Und Regierungen können nichts tun, es braucht Menschen, und die Menschen müssen sich zunächst selbst helfen. Es ist unsere Pflicht, uns erst um uns selbst und dann auch um unsere Mitmenschen zu kümmern. Die Menschen denken zu sehr an ihre Ansprüche und vergessen dabei ihre Pflichten.«

auch diese Variante recht schnell einen pseudowissenschaftlichen Unterbau, diesmal mit dem obligatorischen Verweis auf das egoistische Gen (*The selfish gene* war ein Titel, mit dem Richard Dawkins im Jahr 1976 den neuen Zeitgeist perfekt ankündigte). Der Kampf um den ersten Platz beschränkt sich offenbar nicht auf Individuen, auch die Gene rollen raufend durchs Gras, um den Sieg davonzutragen. Folglich braucht man sich gar nicht für den Einsatz seiner Ellbogen zu schämen, das ist nun einmal genetisch bedingt. Doch wie damals der Rassismus, so benötigt auch die gegenwärtige Egokratie ein wissenschaftliches Feigenblatt.

Diese Verschiebung von der Gruppe zum Individuum betrifft in ähnlicher Weise auch die Verantwortung. Ich kann alles haben, vorausgesetzt, ich sitze im Überlebenskampf am längeren Hebel, darin besteht meine Verantwortung. Die Gesellschaft darf mir dabei keine Steine in den Weg legen, im Gegenteil, sie muss jedem alle Chancen bieten – und dann: »Möge der Beste gewinnen!« Innerhalb dieser Argumentationskette wird die Unterstützung von Individuen, die es nicht geschafft haben, ein weiteres Mal zu einer Anomalie. Ihren Misserfolg haben sie schließlich einzig sich selbst zuzuschreiben, warum also sollte man ihnen helfen? Man kommt nur voran, wenn man hart arbeitet, und wer lieber auf der faulen Haut liegt, muss dann auch die Konsequenzen tragen. Rückschläge kann man überwinden, und Zufall gibt es nicht. Wer »es« nicht schafft, ist selbst schuld.

Der Mensch kann sich also selbst »machen«, vorausgesetzt, er bemüht sich in ausreichendem Maße, und das Kriterium dafür ist Erfolg nebst der dazugehörenden Macht. Letzteres wird gern in Begriffe wie ökonomischer Erfolg und finanzielle Macht gefasst, eine Kombination, die das neue Lebensgefühl ausdrückt.

Auf ethischer Ebene entsteht dadurch eine unerwartete Verbindung mit einem unerwarteten Effekt. Ist jemand reich, hat er dies seinem eigenen Engagement und Charakter zu verdanken, er besitzt also eine starke Persönlichkeit. Und somit gehen wir davon aus, dass er auch ethisch oben auf der Leiter steht (Gott, der die Leiter erschaffen hat, am nächsten). Wenn finanzielle Macht gleichbedeutend mit moralischer Macht ist, hat das den Effekt, dass wir nun die Banker und die Industriekapitäne fragen, wie es mit unserer Gesellschaft weitergehen soll. Und umgekehrt, wer scheitert, hat sich das ebenfalls selbst zuzuschreiben; er ist demnach eine schwache Persönlichkeit und oft genug auch noch ein Profiteur, der das Normen- und Wertesystem missbraucht. Abschaum sind solche Individuen, zu faul oder zu dumm, um ihre Situation ändern.

Ein Vergleich: Zu Aristoteles' Zeiten war der beste Anführer derjenige mit der größten Selbsterkenntnis, der seine *arètai*, also seine Vortrefflichkeit und Weisheit, in den Dienst der Gemeinschaft stellte. Zu Zeiten des Christentums wurde das Oberhaupt von Gott berufen und erhielt den Auftrag, die eigene Schlechtigkeit zu Ehren von Gottes Königreich so gut wie möglich zu bezwingen. Vor gar nicht allzu langer Zeit bestimmte ein Medienmogul wie Murdoch, wer Premierminister Großbritanniens wird, genau wie eine Finanzlobby die Präsidentschaftskandidaten der Vereinigten Staaten nominiert.

Damit haben wir uns unbemerkt um hundertachtzig Grad gedreht. Die Aufklärung ging davon aus, dass Gesellschaft und Ethik formbar waren, die Evolutionstheorie hat bewiesen, dass Veränderung die Regel ist. Demgegenüber plädiert der Sozialdarwinismus dafür, *die Natur* gewähren zu lassen. Nur nicht eingreifen! Das Beste im Menschen wird den besten Menschen nach oben bringen. Die neueste Mutation des Sozialdarwinismus heißt Neoliberalismus, und anstelle der Natur lässt man nun vor allem »den Markt« gewähren. Die zugrunde liegende Argumentation bleibt dieselbe und wird bei jeder Gelegenheit mit Zahlen und Tabellen untermauert.

Dieses Plädoyer dafür, der Natur ihren Lauf zu lassen, taucht die Idee der Machbarkeit und des Fortschritts in ein äußerst überraschendes Licht. Machbarkeit läuft offenbar darauf hinaus, die hemmenden Faktoren zu entfernen, sodass der »echte« Mensch zum Vorschein kommen kann, so wie er »ist«. Fortschritt haben wir augenscheinlich vor allem von einer Rückkehr zum »Naturzustand« zu erwarten, wobei das wahre

Wesen des Menschen, seine echte Identität, seine angeborenen Normen und Werte ungehindert ans Tageslicht dringen können.

Naturzustand? War es nicht genau das, wovor uns Hobbes gewarnt hat, vor dem *homo homini lupus est*, dem Menschen, der seine Mitmenschen als Wolf angreift, was schließlich zum *bellum omnium contra omnes* führt, dem Krieg aller gegen alle? Damit wären wir also wieder bei der Idee von der wahren, der »natürlichen« Identität und somit genauso klug wie zuvor.

4. DAS WESEN DES MENSCHEN?

Im ersten Kapitel habe ich erläutert, warum ich Identität als etwas von außen Kommendes verstehe und wie stark sie durch zwischenmenschliche Beziehungen oder – in einem umfassenderen Sinn – die Kultur geprägt wird. Normen und Werte sind immer an eine Identität oder soziale Beziehungen gebunden. Im zweiten Kapitel standen die Ethik und ihre Geschichte im Fokus. Unter dem Einfluss des Christentums wandelte sich die Ethik zu einer externen, außerhalb des Menschen liegenden Instanz, von der die Botschaft ausgeht, dass wir *von Grund auf schlecht* sind und das Gute erst im Jenseits erlangen können. Dafür müssen wir unser Bestes geben. Außerdem unterliegt der Mensch einer ständigen Beurteilung – Gott ist überall, und man kann nie sicher sein, ob man wirklich gut genug ist. Im dritten Kapitel kam das Thema Wissenschaft hinzu. Während der Aufklärung entwickelte sich eine wichtige neue Auffassung: Veränderung ist möglich, die Gesellschaft ist formbar, doch auch diese Prozesse verlangen dem Menschen große Anstrengungen ab. In der postmodernen Zeit tritt die Auffassung von der Machbarkeit des Individuums in den Vordergrund, als Kriterium hierfür gilt ökonomischer Erfolg. Gegenwärtig sind wir nach verschiedenen Umwegen wieder bei der Überzeugung angelangt, dass Biologie und Genetik allesbestimmend sind, ein Gedanke, den wir besser nicht infrage stellen sollten. Heute ist unser Credo: Identität steckt in unseren Genen und sorgt dafür, dass der Stärkste triumphiert.

Nature or nurture?

Damit sind wir wieder mitten in der klassischen Debatte: Ist für unsere Identitätsentwicklung die Vererbung (*nature*) oder das Milieu und damit die Erziehung (*nurture*) ausschlaggebend? Drastischer ausgedrückt: Besitzt der Mensch eigentlich eine wesenhafte Identität, eine Essenz, oder beginnt er als unbeschriebenes Blatt, als Tabula rasa, wobei das Umfeld für den Inhalt sorgt? Und unmittelbar daran anknüpfend: Sind wir im Kern gut, und bekommt dann die Umgebung die Schuld zugewiesen, wenn wir irgendwann doch auf die schiefe Bahn geraten (angefangen bei schlechten Freunden bis hin zu einem Übermaß an Farb- und Konservierungsstoffen in der Babynahrung)? Oder ist der Mensch durch und durch schlecht, sodass ihn nur eine strenge, aber gerechte Erziehung dazu bringen kann, den rechten Weg einzuschlagen? Gibt es so etwas wie einen freien Willen und Wahlmöglichkeiten, oder ist von Anfang an bereits alles in unseren Genen und Gehirnen festgelegt (»Wir sind unser Gehirn«), um die neueste Variante der Prädestinationslehre zu erwähnen?

Die Implikationen dieser Debatte sind keineswegs unverbindlich. Wenn man davon ausgeht, dass Identität ein biologisch vorherbestimmter Tatbestand ist, dann ist Veränderung nicht oder zumindest nur sehr begrenzt möglich, und zwar auch im Hinblick auf die dazugehörenden sozialen Beziehungen. In diesem Fall können wir die Sozialhilfe getrost streichen, denn das ist nur rausgeschmissenes Geld. Folgt man dieser Argumentation, sind solche Maßnahmen buchstäblich widernatürlich: Die Natur hat bessere Lösungen zu bieten.

Ich vermute und hoffe, dass vielen Lesern solche Entweder-oder-Überlegungen nicht differenziert genug erscheinen und sie sich achselzuckend fragen, wer sich eigentlich noch damit beschäftigt. Die Antwort lautet: leider sehr viele Menschen, und ihre Zahl wächst. Das rührt vielleicht daher, dass Aussagen dieser Art meist bei Diskussionen gemacht werden, die viele Themen berühren, sodass man am Schluss gar nicht mehr weiß, wie sie überhaupt zustande kamen. Immer öfter wedelt man dabei mit wissenschaftlichen Untersuchungsergebnissen herum. »Studien zeigen, dass …« ist zweifellos die abgedroschenste Phrase der letzten zehn Jahre. Wie sehen die jeweiligen Argumente pro Vererbung bzw. pro Umfeld denn nun aus?

Geht es nach den Befürwortern der Vererbung, hat der Mensch eine wesenhafte Identität, die in den Genen und Gehirnen festgelegt ist. Der Ursprung dieses biologischen Ansatzes lässt sich bis zu Aristoteles zurückverfolgen. Heranwachsen bedeutet danach Selbstverwirklichung, wodurch wir so werden, wie wir es im Keim schon seit unserer Geburt sind. Wir können, je nachdem, wie gut wir uns selbst kennen und welche Schlüsse wir aus dieser Selbsterkenntnis für unsere Selbstverwirklichung ziehen, besser oder schlechter abschneiden.

Die Verbindung zu Aristoteles mag zwar auf den ersten Blick verführerisch erscheinen, doch stößt der moderne Wissenschaftler schnell auf ein Problem. Für Aristoteles bilden Biologie und Ethik eine untrennbare Einheit, was heutzutage leider sehr verdächtig klingt. Die herrschende, von Darwin inspirierte Denkungsart lässt diese Auffassung nicht zu – ganz im Gegenteil. Lebewesen, darunter der Mensch, sind das Resultat einer zeitlosen, evolutionären Selektion, die sich auf Selbsterhaltung und Fortpflanzung gründet, Punkt. Normen und Werte kommen in dieser Sichtweise nicht vor und werden als kulturelle Phänomene abgetan. Diese so wunderbar klare Definition verliert jedoch schnell einiges an Eindeutigkeit, wenn wir uns fragen, was dieses »Selbst« in Selbsterhaltung genau bedeutet. Ist damit die Gattung gemeint? Das Individuum? Oder vielleicht sogar die Gene? Die Antwort hat weitreichende Folgen, denn wenn man die Bedeutung des Individuums hervorhebt, sagt man damit aus, dass die evolutionsbedingte Selektion aufgrund von Kriterien wie Individualismus und damit Egoismus erfolgt. Und umgekehrt: Betont man die Bedeutung der Gruppe, verschiebt sich der Auslesedruck in Richtung Sozialverhalten und Altruismus. Egoismus, Altruismus? Auf diese Weise sind wir über die Evolutionsbiologie unmerklich doch wieder bei ethischen Fragen gelandet.

Der gegensätzliche Standpunkt, wonach wir unser Leben als eine Art unbeschriebenes Blatt Papier beginnen, beruht auf einer psychologischen Sichtweise, die mit unserem enormen Anpassungsvermögen und den sich daraus ergebenden Unterschieden auf der Ebene von Identitäten, Normen und Werten argumentiert. Es bedarf sogar einer eigenen Wissenschaft – der Anthropologie –, um all diese Unterschiede aufzuzeigen. Während der Aufklärung wurden sowohl das Anpassungsvermögen als auch die Verschiedenheit mit einer typisch menschlichen Fähigkeit erklärt, nämlich der Vernunft, die bewusste Entscheidungen und gezielte Veränderungen ermöglichte. Der Glaube an die Macht der Erziehung – »Unterrichte mich und ich verändere die Welt« – war Anfang des 20. Jahrhunderts ein Grundsatz von zentraler pädagogischer Bedeutung. Wenig später erhielt diese Auffassung mit der frühen Verhaltenspsychologie eine wissenschaftliche Basis. Der spätere Kognitivismus schließt daran an: Konditionierung und Lernprozesse ermöglichen eine gezielte Formung von Mensch und Gesellschaft. Im nächsten Kapitel werde ich zeigen, dass dieser pädagogische Ansatz noch immer Bestand hat, sogar mehr als wir vermuten.

Beide Richtungen finden begeisterte Anhänger in völlig unterschiedlichen ideologischen Lagern und erhalten dadurch eine extreme Prägung. Als geradezu klassisch kann man die Übereinstimmung der psychologischen Richtung der Tabula-rasa-Überzeugung mit progressiven Denkmodellen bezeichnen: Der Mensch ist machbar, also veränderbar. Dasselbe gilt auch für die Gesellschaft, wobei die Veränderung lieber schnell als langsam vonstattengehen soll. Nach dem Vorbild der amerikanischen und der französischen Revolutionäre predigten die späteren Sozialisten und Kommunisten ebenfalls die Revolution: Es ging darum, möglichst rasch den idealen Menschen in der idealen Gesellschaft verwirklicht zu sehen. Ganz anders die konservativen Ideologien, nach deren Auffassung die menschliche Flexibilität und Vernunft nicht mehr bedeuten als die dünne Schale um einen unveränderlichen leidenschaftlichen Kern, den wir durch eine strenge Erziehung tunlichst im Zaum zu halten haben. Sollten Veränderungen tatsächlich unumgänglich sein, dann bitte nur ganz sachte, denn jegliche Form von Revolution ist von Übel. Es ist kein Zufall, dass die erste politische Partei in den Niederlanden »Antirevolutionäre Partei« hieß und sich als Reaktion auf die Ideen der Französischen Revolution verstand.

Bei näherer Betrachtung zeigt sich, dass der ideologische Umgang mit diesen beiden gegensätzlichen Auffassungen wohlweislich jene Aspekte auslässt, die die eigene zentrale Position widerlegen würden. Der Sozialdarwinismus schwört auf den Überlebenskampf als biologisch bestimmte Essenz des Lebens und ist daher blind für jede Form von Zusammenarbeit – er hält so etwas günstigstenfalls für eine latente Variante des Egoismus, die seine Grundüberzeugung nicht ins Wanken bringt. Das Merkwürdige daran ist, dass man dieselben wissenschaftlichen Fakten genauso gut als Argument für die gegenteilige Meinung interpretieren kann. Mit ein bisschen Intelligenz kann man *Das egoistische Gen* von Dawkins umschreiben und *Das kooperative Gen* nennen, wobei das Ergebnis der Wahrheit genauso viel oder wenig Gewalt antut wie das Original.* Demgegenüber stehen die progressiven Ideologien, die auf die Ratio (das Kognitive) schwören und sich weigern, Irrationalität und Leidenschaft zur Kenntnis zu nehmen – das seien primitive, der weiblichen Wesensart zuzuordnende Eigenschaften, was zeigt, dass die Wissenschaft ganz in der Nachfolge der Religion steht und genauso wenig von Frauen hält. Dass die internationalen Beziehungen auf Emotionen beruhen, wie der französische Politologe Dominique Moïsi in seinem Buch *Kampf der Emotionen* darlegt, weisen sie von sich, und genauso glauben sie nach wie vor, dass Ökonomie etwas mit rationalem Kalkül zu tun hätte, ungeachtet der Feststellung, dass Börsenschwankungen deutlich mehr Übereinstimmungen mit dem hormonellen Gefühlschaos eines Pubertierenden aufweisen (»sie liebt mich, sie liebt mich nicht«) als mit den Operationen einer Rechenmaschine.**

* Diesen Absatz habe ich im Sommer 2011 geschrieben. Sechs Monate später (7. Januar 2012) wurde Dawkins von der belgischen Tageszeitung *De Morgen* interviewt. In diesem Interview sagte er unter anderem, dass der Titel seines Buches genauso gut *Das altruistische Individuum* hätte lauten können. Doch so ist nun eine ganze Generation in der Überzeugung aufgewachsen, dass Egoismus in den Genen und somit im Menschen steckt. Wissenschaftliche Studien mögen vielleicht auf methodischem Gebiet objektiv sein, sobald aber ein Wissenschaftler die Ergebnisse in Worte fasst, verliert er seine Objektivität.

** Wir haben nicht erst auf die moderne Neurologie warten müssen, um zu begreifen, dass ein eindeutiger Zusammenhang zwischen Sex, risikofreudigem Verhalten und Ökonomie besteht, aber es tut gut zu wissen, dass die aktuelle Hirnforschung es bestätigt: Beim Betrachten von Pornofilmen leuchten dieselben Hirnzonen auf wie beim Eingehen finanzieller Risiken. Außerdem verspielen Männer viel mehr Geld, wenn sie sexuell erregt sind – was die Anwesenheit schöner Frauen in Casinos und ähnlichen Etablissements erklärt. *Ökonomie und Vernunft?* (Knutson, B., u. a., 2008). Diese Untersuchung wird noch ausführlicher besprochen in Akerlof, G. & R. Shiller, (2009).

Beide Argumentationen »vergessen« dabei nicht nur jene Zahlen und Fakten, die der eigenen Überzeugung widersprechen, sie müssen obendrein auf die zentrale These der Gegenseite zurückgreifen, um die eigene aufrechtzuerhalten. So kann die unterstellte Wesenheit des Menschen (*nature*) nur mithilfe des Umfelds (*nurture*) realisiert werden. Ein schönes Beispiel hierfür ist die Sprache. Sprache hat zweifellos eine genetische Basis, doch kein Genetiker wird behaupten, dass es ein Gen für Englisch, Französisch oder Deutsch gibt. Ein Kind, das nicht unter Menschen aufwächst, lernt niemals sprechen. Wesensmerkmale können offenbar völlig verschiedene Erscheinungsformen annehmen, abhängig von der Umgebung, in der sie zur Entfaltung kommen. Überall findet Erziehung statt, das wird also genetisch bedingt sein, aber die Art der Erziehung ist von Kultur zu Kultur extrem verschieden. Die unvermeidliche Schlussfolgerung lautet also: Das Wesen kann in vielerlei Gestalt auftreten.

Derselben Nuancierung bedarf auch der Tabula-rasa-Standpunkt, der grundsätzlich davon ausgeht, dass »alles« aus der Umgebung kommt und nichts im Vorhinein festgelegt ist, sodass aus jedem Menschen, auf welche Weise auch immer, etwas werden kann und er dabei auch noch die Wahl hat. Dabei übersieht man, dass freie Wahl und Veränderung ohne den für den Menschen typischen präfrontalen Kortex buchstäblich undenkbar sind, und dieser ist nichts weniger als das wichtigste Produkt einer langsamen Evolution.

Mit anderen Worten: Die Wirklichkeit ist ein gutes Stück komplizierter, nuancierter, aber auch verständlicher als die Theorie. Mit gesundem Menschenverstand und offenem Blick kommen wir da schon einen großen Schritt weiter. Und daher ist es jetzt an der Zeit, einen echten Experten für Verhaltensbiologie zu Wort kommen zu lassen. Dass er aus Benelux stammt, lässt meine Brust vor Stolz schwellen (»Was für ein famoser Bursche! Aus Benelux, dieser Wiege der Wissenschaft!«). Dass er in die USA emigrierte, um seine Karriere fortsetzen zu können, ist allerdings ein weiterer Beweis für die Notwendigkeit einer stimulierenden Umgebung. Ich spreche von Frans de Waal.

Ethik und Biologie

Ein Universitätsseminar zum Thema »Einführung in die biologischen Grundlagen der Ethik als Teil der Gesellschaftsordnung« wäre heutzutage undenkbar. Die Begriffe *Herrenrasse* und Sklavenmoral sind noch zu frisch im Gedächtnis. Wir neigen dazu, im Nationalsozialismus das letzte Kapitel des Sozialdarwinismus zu sehen, und verlieren dadurch die neueste Ausprägung aus den Augen. Es ist jedoch nicht allzu schwer, den Neoliberalismus als eine solche anzusehen. In seinem letzten Buch, *Das Prinzip Empathie,* wettert Frans de Waal gegen die einseitige Fokussierung des Neoliberalismus auf die Biologie. Nach seiner Meinung müssen wir vielmehr versuchen, das Gesamtbild zu sehen, in dem Empathie eine zentrale Stellung einnimmt.

Als Verhaltensforscher geht de Waal von graduellen Veränderungen und Unterschieden zwischen den verschiedenen Tierarten im Allgemeinen sowie zwischen Mensch und Menschenaffe im Besonderen aus. Im Gegensatz zu dem, was das Christentum und die tonangebenden Philosophen während der Aufklärung denken, ist bei ihm keine Rede von einer strikten Trennung. Evolutionär betrachtet, gleicht ein Säugetier einer russischen Puppe, in der eine kleinere Puppe steckt, in der wiederum eine noch kleinere Puppe steckt usw. Dabei bleiben die älteren Merkmale (die jeweils kleinere Puppe) zwar erhalten, sie können aber oft durch neuere Merkmale (die jeweils größere Puppe) eine Veränderung erfahren. Ich verstehe das so: Was für die Primaten als engste Verwandte des Menschen charakteristisch ist, trifft in manchen Fällen auch auf den Menschen zu. Gleichzeitig aber haben sich bei den Menschen bestimmte Merkmale entwickelt, die unseren Artgenossen fehlen. Dabei denke ich in erster Linie an die Sprache des Menschen in Verbindung mit seinem Denkvermögen, dem Bewusstsein und der sich daraus ergebenden Wahlfreiheit.*

* Mehrere Tierarten verfügen über komplexe Kommunikationssysteme, die sich jedoch strukturell von unserer Sprache unterscheiden. Verallgemeinert gesagt, handelt es sich um Zeichensysteme, bei denen ein Signal einer bestimmten Bedeutung zugeordnet ist. →

Die Unterschiede sind beträchtlich und zeigen, wie wenig naheliegend die Erforschung von Menschenaffen ist, um Antworten auf die Frage nach unserer Identität zu finden. Die Wahrscheinlichkeit, dass der eine oder andere Primat morgens mit der quälenden Frage nach seiner Identität oder nach dem Sinn des Lebens aufwacht, schätze ich als äußerst gering ein – demzufolge sind auf diesem Gebiet eher keine Antworten zu erwarten. Ich kehre kurz zur Ausgangsthese dieses Kapitels zurück: Unsere Identität entwickelt sich über die Beziehung zu anderen; solche Beziehungen sind sogar eine notwendige Voraussetzung für die Entwicklung einer Identität. Wenn uns die Erforschung von Primaten von Nutzen sein soll, dann müssen wir uns in diesem Bereich umsehen: Lassen sich dort im Rahmen bestimmter Gegebenheiten charakteristische Beziehungsmuster erkennen? Muster, das heißt in diesem Fall so viel wie Gewohnheiten, was uns wieder zur Ethik in ihrer ursprünglichen Bedeutung zurückführt, wie im zweiten Kapitel beschrieben: Gewohnheit und Charakter, die sich nach und nach zu einem System von Regeln entwickeln können.

Sobald wir uns auf diese Aspekte konzentrieren, springt ein zentrales Merkmal ins Auge. Der Mensch ist ein soziales Wesen. Das wusste schon Aristoteles (*zoon politikon*), aber Hobbes, Thatcher (*There is no such thing as society*) und die sogenannten Vertragstheoretiker offenbar nicht mehr. Ihre Auffassungen wurden im 18. Jahrhundert entwickelt, mit dem Denkansatz, dass der Mensch in seinem Naturzustand – schon wieder die Natur! – sowohl ein Einzelgänger als auch ein freies Wesen ist. Nur aufgrund der Vernunft würden sich all die solitären Wesen bereit erklären, ihre individuelle Freiheit aufzugeben, und sich für die Gruppe entscheiden, wobei sie allerdings Bedingungen stellen. Diese erhalten die Form eines Vertrags (Stichwort Gesellschaftsvertrag), aus dem

In der menschlichen Sprache kann ein und dasselbe Wort viele Bedeutungen haben, außerdem übernimmt sie neben ihrer kommunikativen Funktion auch die Aufgabe der Wissensvermittlung und wirkt überdies identitätsstiftend. Des Weiteren setzt das dem Menschen eigene Bewusstsein die Fähigkeit voraus, Wörter zu gebrauchen (»Was du nicht sagen kannst, weißt du nicht«), und es unterscheidet sich auf diesem Gebiet von der Wahrnehmung, die auf eine affektive Erfahrung beschränkt bleiben kann.

die Vorteile, die eine bestimmte Gesellschaftsordnung bietet, für das Individuum klar ersichtlich sein müssen – bei Nichtgefallen kann der Vertrag gekündigt werden.

Eine solche Sicht auf den Menschen ist wissenschaftlich unhaltbar, da sie sich auf den falschen Ausgangspunkt stützt. Die Biologie hat nachgewiesen, dass wir Herdentiere sind, und innerhalb unserer Gattung ist ein einzeln lebendes Individuum entweder krank oder ausgestoßen worden. Ausschluss ist weltweit noch immer die allererste Strafe (»Ab in die Ecke mit dir«), und Verbannung war irgendwann einmal gleichbedeutend mit Tod. Das romantische Bild vom einsam in den Wäldern lebenden edlen Wilden ist tatsächlich nicht mehr als ein romantisches Bild. Primaten leben stets in einer hierarchisch organisierten Gruppe, in der soziale Beziehungen von entscheidender Bedeutung für das Überleben und die Fortpflanzung sind.

Hier rückt nun ein weiteres Merkmal in den Vordergrund, nämlich dass die affektive Basis (das »Bauchgefühl«) auch beim Menschen für die sozialen Beziehungen sehr viel wichtiger ist als der rational-kognitive Überbau. In gefährlichen Situationen bleibt für bewusstes Nachdenken kaum Zeit, und in den meisten Fällen liefert uns der Verstand erst im Nachhinein eine »passende« Erklärung für unsere größtenteils automatischen Reaktionen, für die in Wirklichkeit der affektive Unterbau verantwortlich gewesen ist. Rationalisierung – also die nachträgliche Rechtfertigung für etwas, das wir nicht wirklich verstehen und wofür wir uns oft sogar schämen – hat nicht zufällig »Ratio« als Wortstamm. Eine ausschließlich auf Vernunft beruhende Ethik, die das Bauchgefühl übergeht, funktioniert nur auf dem Papier – und oft ist es das gleiche Papier wie das der erwähnten Vertragstheoretiker.

Wie diese affektive Basis funktioniert und was man sich darunter vorzustellen hat, erläutert Henri Bergson, Begründer des heute in Vergessenheit geratenen Vitalismus, der eine Form von Intelligenz erwähnt, die der Mensch mit den ihm verwandten Tierarten teilt. Das dazugehörende Wissen ist nicht angelernt, sondern wird größtenteils unbewusst eingesetzt und funktioniert aus einer Art kollektivem Gedächtnis, einem kollektiven Unterbewusstsein heraus, das hilft, unser Verhalten zu steuern. Das »Unterbewusstsein« ist heute nicht mehr in Mode. Im modernen, von der Evolution geprägten Jargon werden bestimmte Reaktionen als *pre-wired,* »vorverdrahtet«, bezeichnet. Wir sind also bereits vor Beginn unseres ersten Auftritts verkabelt und verhalten uns sozusagen programmgemäß. So etwas klingt wunderbar nach Wissenschaft und Technik und damit überzeugend.

Eigentlich sind beide Ansätze (unbewusste Intelligenz und vorprogrammiertes Verhalten) lediglich Metaphern für etwas, das wir nicht wirklich verstehen. Wiederkehrende Verhaltensmuster können wir erkennen, und wir wissen auch, dass sie nicht das Ergebnis bewusster Entscheidungen sind. Und für diejenigen, die glauben, dass »es« in den Genen steckt: Gene kodieren in erster Linie Proteine, und das ist es dann sozusagen auch schon. Der Abstand zwischen Proteinen und Verhalten ist immens, und vorläufig haben wir keinen blassen Schimmer, welcher Zusammenhang sich zwischen beiden herstellen lässt. Die bildhaften »Erklärungen« (kollektives Unbewusstes; »Vorverdrahtetsein«), die wir für bare Münze nehmen, belegen einzig, dass sich eine bestimmte wissenschaftliche Überzeugung vorübergehend gegen alle anderen durchsetzen konnte, mehr nicht. Um es mit dem geflügelten Wort des Physikers und Nobelpreisträgers Richard Feynman auszudrücken: Dinge benennen bedeutet noch lange nicht, sie auch zu verstehen.

Wie so oft im Leben, ist es einfacher zu erklären, was etwas *nicht* ist. Entscheidungen werden aus dem Bauch heraus getroffen, doch wie sie zustande kommen, hat nichts mit Schwarz-Weiß-Denken nach dem Motto »wenn dies, dann immer jenes« zu tun. Wäre dem so, ließe sich unser Verhalten prima vorhersehen, und das ist eindeutig nicht der Fall. Außerdem lässt ein solches Denkmuster die enorme Anpassungsfähigkeit des Menschen völlig außer Acht. Wenn wir unsere affektive Basis verstehen wollen, müssen wir uns daher mit der Erläuterung des Begriffs Veranlagung im weiteren Sinne und der Korrektur von Missverständnissen zufriedengeben. Doch zurück zu Frans de Waal – was lehrt uns sein Werk in Bezug auf die sozialen Bindungen innerhalb unserer Gattung?

»Do ut des« und »Auge um Auge«

Die am weitesten verbreitete Auffassung über das Verhalten von Primaten stützt sich auf die Idee des Überlebenskampfs: Menschenaffen sind sehr aggressiv, sie führen Krieg, betreiben Kindstötung und Kannibalismus usw. Der Killeraffe als Idee ist mittlerweile Teil unseres kulturellen Rüstzeugs geworden. Immer wenn ich mir die zum besten Schnitt der Filmgeschichte gekürte Eröffnungssequenz von Stanley Kubricks *2001: Odyssee im Weltraum* ansehe, bekomme ich eine Gänsehaut. Der Affenmensch entdeckt, wie er einen Schädel mit einem Knochen zertrümmern kann, im Hintergrund dazu die stetig anschwellende, militärisch klingende Musik von Richard Strauss – *Also sprach Zarathustra* –, der Knochen, der in den stahlblauen Himmel geschleudert wird und sich zu den sanften Klängen des *Donauwalzers* von Johann Strauss wirbelnd in ein Raumschiff verwandelt … Genial!

Es gibt tatsächlich genügend wissenschaftliches Beweismaterial für eine stark hierarchische Struktur unter den Primaten, in der Dominanz und Aggression deutlich vorherrschen. Die nette Vorstellung »Alle sind gleich« findet hier keine Bestätigung, im Gegenteil. Wie einschlägige Untersuchungen nachweisen, sorgt Hierarchie in Kombination mit einer stabilen Autorität für Ruhe; Unruhe und Aggression treten unter anderem dann auf, wenn die Autorität verschwunden ist, zum Beispiel wenn das Alphatier (»der Chef«) von den Forschern aus dem Versuch genommen wurde.

Frans de Waal wäre wohl der Letzte, der Aggression bei Primaten bestreiten würde. Bahnbrechend bei seinen Studien ist aber, dass er auch die andere Seite erforscht hat und seine Ergebnisse deshalb ein viel differenzierteres Bild zeigen. Dass gegenseitige Hilfe bei Tierarten mit Sozialverhalten durchaus üblich ist, wird von der Evolutionsbiologie inzwischen allgemein anerkannt. Es gibt unglaublich viel Beweismaterial für altruistisches Verhalten der Primaten untereinander und auch – wenngleich in eher anekdotischer Form – gegenüber artfremden Wesen. Das reicht von der Zusammenarbeit bei der Nahrungssuche über das

Hüten der Jungtiere und die Gewährleistung von Sicherheit bis zur spontanen Hilfe für andere, die in Not sind.

So teilen Primaten, die in ihrer natürlichen Umgebung leben, überschüssige Nahrungsmittel stets mit Verwandten und Freunden, wobei die Empfänger ihrerseits noch einen Teil weitergeben. Die Verteilung der Beute steht sehr oft in direktem Verhältnis zur geleisteten Mithilfe und basiert also nicht ausschließlich auf der Hierarchie – auch von Alphamann oder Alphaweibchen wird erwartet, dass sie sich an der Arbeit beteiligen. Hierarchie ja, aber mit einer evolutionär begründeten Präferenz für Gerechtigkeit, wobei Unterschiede bei Status und Nahrungsverteilung nur innerhalb gewisser Grenzen akzeptiert werden. Es wird noch interessanter, wenn die Forscher eingreifen und bestimmte Versuchsanordnungen einrichten oder diese gar variieren. Ausgangspunkt ist dabei folgende Situation: Den Affen wird beigebracht, dass sie eine Belohnung in Form von Nahrung bekommen, wenn sie eine bestimmte Aufgabe ausgeführt haben. Dabei bringen die Forscher mehrere Varianten ins Spiel.

Wenn zwei Affen dieselbe Aufgabe erfüllen und dafür denselben »Lohn« erhalten (Gurke), läuft alles reibungslos. Bekommt einer der beiden eine fürstlichere und begehrtere Belohnung (Trauben) und der andere nach wie vor ein Stück Gurke, verweigert dieser nicht nur die weitere Mitarbeit, sondern auch die Gurke, und das mit einem Gesichtsausdruck, der in der Welt der Affen in etwa bedeutet: »Steck dir die Gurke doch sonst wohin!« Dieser Versuch wurde mittlerweile in zahlreichen Varianten wiederholt und führt zu immer derselben Schlussfolgerung – eine unehrliche Verteilung wird abgelehnt. Die Tiere nehmen lieber gar nichts an, als sich damit abfinden zu müssen, für dieselbe Arbeit weniger zu bekommen als die anderen.

In einem weiteren Versuch erhalten die Affen als Belohnung für einen ausgeführten Auftrag einen Plastikjeton, mit dem sie Nahrung »kaufen« können. Sie können dabei zwischen zwei verschiedenen Jetons wählen, einem, mit dem nur sie allein Nahrung »erwerben«, und einem, von dem auch noch ein anderes Gruppenmitglied profitieren kann – die

Affen entscheiden sich ziemlich systematisch für den zweiten Jeton. Ist ihnen der andere Affe jedoch unbekannt, fällt die Entscheidung weniger eindeutig aus. Ist der andere Affe ihnen zwar bekannt, aber aufgrund des Versuchsaufbaus kaum sichtbar, wird ebenfalls nicht so häufig geteilt. Verhilft ein bestimmter Jeton einem anderen Affen zu mehr und besserer Nahrung, entscheidet sich der Affe, der die Aufgabe erfüllt hat, eher für den Jeton, der nur ihn belohnt. Teilen ja, verschenken auch, aber die Großzügigkeit hat ihre Grenzen.

Randbemerkung: Diese Versuche zeigen sehr deutlich, wie wichtig der Blickkontakt ist – sobald ein anderes Individuum aus dem Blickfeld verschwindet, nimmt der Wille zum Austausch ab. Bei einer ähnlichen Versuchsvariante für Menschen ging es um computergesteuerte Entscheidungen, die von anonymen Aktionären getroffen werden und äußerst negative Folgen für die unsichtbaren Arbeiter haben. Dies gilt noch mehr für unsere moderne Kriegsführung – das Töten von einem Bildschirm aus unterscheidet sich nicht sehr von einem Computerspiel; selbst die Konsolen gleichen sich.

Es wird manchen freuen, zu erfahren, dass die beschriebenen Affenversuche von einem Experiment mit Menschen abgeleitet wurden, dem sogenannten »Ultimatumspiel«. Dabei gibt es zwei Versuchspersonen. Einer von beiden darf über die Verteilung einer Geldsumme entscheiden, der andere kann das Angebot annehmen oder ablehnen. Lehnt er ab, gehen beide leer aus. Hierzu ist anzumerken, dass die Betreffenden für das Geld keinerlei Leistung erbringen müssen, es geht nur darum, die Summe aufzuteilen. Bei diesem Versuch zeigt sich immer wieder, dass der zweite Spieler lieber nichts annimmt, als ein Angebot zu akzeptieren, bei dem er deutlich weniger als der andere bekommt, »denn das ist nicht fair«. Das Ganze ist vollkommen irrational – man erhält fünf Euro, für die man gar nichts tun muss –, und doch ist es absolut nachvollziehbar. Ein kleiner Vorteil für den ersten Spieler (zehn Euro für mich, acht für dich) wird meist hingenommen. Übrigens ist eine gerechte Verteilung mit der Tendenz zu Gleichmäßigkeit ziemlich universal. Anthropologische Studien in verschiedenen Kulturen haben gezeigt, dass die Verteilung umso gerechter ist, je mehr eine Kultur auf Zusammenarbeit ausgerichtet ist, und umgekehrt[1].

Soweit das Experiment über das Miteinander-Teilen, die gute Seite der Primaten. Wie aber sieht es mit der anderen Seite aus, mit Schadenfreude, dem Sichergötzen an der Not und dem Elend anderer? Der Anblick eines Artgenossen, dem etwas wehtut, hat überraschende Folgen, selbst bei einer so kleinen Tierart wie den Mäusen. Hat eine Maus aus dem eigenen Nest Schmerzen, reagieren Mäuse, als würden sie diese Schmerzen selbst empfinden. Bei einer unbekannten Maus aber ist das viel weniger oder gar nicht der Fall.[2] Mittlerweile hat man dies auch beim Menschen untersucht. Mithilfe moderner medizinischer Technologie, die es uns erlaubt, »in« das Gehirn zu sehen, kommen wir zu noch spezifischeren Resultaten. In einer normalen Versuchssituation fühlt man den Schmerz eines anderen buchstäblich mit: Im Gehirn der Versuchsperson leuchten die gleichen Regionen auf, wenn auch nicht ganz so stark. Ist der Versuch aber so aufgebaut, dass die Person Schmerzen leidet, die uns gerade beim Spiel betrogen hat (das Spiel ist Bestandteil des Experiments), dann leuchtet das sogenannte *Genusszentrum* in unserem Gehirn auf – als neurologisches Zeichen für Schadenfreude. Übrigens ist diese Reaktion fast nur bei Männern anzutreffen[3].

Frans de Waal bedient sich Dutzender solcher Studien, um zu zeigen, dass das Sozialverhalten bei Herdentieren sowohl vorprogrammiert ist als auch kontextabhängig. Im Fall der Primaten ist dabei gewiss auch Empathie im Spiel: fühlen können, was der andere fühlt. De Waal legt darauf sehr viel Wert, auch weil dies lange Zeit als eine ausschließlich menschliche Eigenschaft galt. Empathie hebt soziale Beziehungen tatsächlich auf eine vollkommene andere Ebene. De Waal selbst stellt diesen Zusammenhang nicht her, aber Schopenhauer sieht beispielsweise gerade darin das Fundament der Ethik, ganz im Gegensatz zu seinen Philosophenkollegen, die es in der Vernunft suchen. Was du nicht willst, das man dir tu, das füg keinem andern zu. Man verknüpfe dies mit der menschlichen Fähigkeit zur Reflexion, dem Vermögen, über sich und das eigene Verhalten nachdenken zu können, dann gelangt man schnell in die Nähe des Gewissens – wir wissen, was wir fühlen, wir können empfinden, was der andere fühlt. Eine Mein-Name-ist-Hase-Mentalität (»Wir haben es nicht gewusst«) ist vielmehr ein Nicht-hinsehen-Wollen, ein Nicht-wissen-Wollen, gepaart mit den notwendigen Rechtfertigungen.

Die Primatenforschung gibt keine Antwort auf die Frage nach unserer Identität, sie lässt aber sehr wohl ein paar handfeste Schlussfolgerungen zu. Der Mensch ist ein Herdentier, das eine soziale Rangordnung benötigt, die für Ruhe und Zusammenarbeit sorgt. Auch bei den Primaten dient die Führerschaft der Friedenssicherung. Mit einigem Wohlwollen können wir in den Forschungsergebnissen einen Trend zu Gerechtigkeit und Solidarität erkennen, auch wenn dies hauptsächlich auf Bekannte gemünzt ist. Die Resultate zeigen auch Aggression und Verweigerung, und dank der modernen Medizintechnik können wir heute sogar Schadenfreude sichtbar machen. Die Experimente verdeutlichen außerdem, dass sowohl Mitleid als auch Schadenfreude weniger als individuelles Merkmal eines bestimmten Affen zu betrachten sind (eine Störung!) denn als Bestandteil einer längeren Sequenz: »Du hast mich betrogen, da geschieht es dir ganz recht, wenn dir jetzt auch mal eine Lektion erteilt wird.« Unsere nächsten Verwandten kennen sowohl das *Do ut des* (ich gebe, damit du gibst), als auch *An eye for an eye* (Auge um Auge, Zahn um Zahn). In beiden Fällen wird die soziale Struktur oder ihr Fehlen in Verbindung mit dem entsprechenden Blickkontakt solche Reaktionen fördern bzw. bremsen. Anders gesagt: Primaten sind nicht grundlegend gut oder schlecht, die Umstände bestimmen, in welche Richtung ihr Verhalten tendiert.

Abschließend möchte ich noch auf etwas hinweisen, dem ich anfangs selbst nur wenig Aufmerksamkeit geschenkt habe. Tauschverhalten konzentriert sich immer auf eine konkrete Sachlage, es geht entweder ums Fressen, ums gegenseitige Lausen oder auch nur Kratzen. Die Bedeutung dieses Verhaltens war mir anfangs nicht klar, bis mir Marcel Mauss einfiel. Mit seinem Essay *Die Gabe. Form und Funktion des Austauschs in archaischen Gesellschaften* schuf er 1923 die Grundlage für die moderne Anthropologie. Eine Gemeinschaft *existiert* durch die Gunst der Gabe – sonst gibt es schlichtweg keine Gemeinschaft –, und jede Kultur lässt sich unter anderem anhand der Art und Weise charakterisieren, wie dieser Austausch stattfindet. Somit kann ich eine These aus dem ersten Kapitel erweitern: Jede Identität wird durch die Gemeinschaft geprägt, in der sie sich entwickelt, *und demnach auch durch die typische Art des Austauschs innerhalb dieser bestimmten Gesellschaft*. Im zweiten Teil des Buchs werde ich mich besonders auf diesen Gedanken stützen. Primaten tauschen vor allem Nahrung und Sex aus, und auch unsere Ökonomie lässt sich letztlich darauf reduzieren. Unterschiedliche Wirtschaftssysteme prägen unterschiedliche Formen des Tauschverhaltens und somit unterschiedliche Identitäten innerhalb anderer sozialer Bindungen.

Freud: Der Mensch als Spannungsfeld

Die Forschungsarbeiten von de Waal zeigen, dass das Sozialverhalten von Primaten empathisch und altruistisch oder egoistisch und aggressiv sein kann. Dies ist der Gattung offenbar inhärent (*pre-wired*), wobei das Umfeld bestimmt, welches Verhalten stärker in den Vordergrund rückt. Dass bei den sozialen Beziehungen neben Nahrung auch Sex im Mittelpunkt steht, bringt mich auf Freud. In seinen Theorien geht es meist um das Individuum, was ihn aber nicht davon abgehalten hat, einige sehr lesenswerte Essays über die Beziehung zwischen Individuum und Gesellschaft zu schreiben.

Wie Bergson geht auch Freud von der Idee aus, dass wir uns, durch die Evolution hindurch, als Gattung bestimmte Orientierungen und Reaktionen angeeignet haben, die in einer Art kollektivem Gedächtnis, einem gemeinschaftlichen Teil des Unbewussten, gespeichert sind und von hier aus auch das Verhalten der heutigen Individuen bestimmen. In diesem kollektiven Unbewussten erkennt Freud zwei gegensätzliche Grundtriebe, die uns in zwei verschiedene Richtungen lenken: Eros, der Lebenstrieb, und Thanatos, der Todestrieb.

Der Lebenstrieb lenkt den Menschen in Richtung Vereinigung mit anderen. Freud bezeichnet dies als Eros, weil er die sexuelle Verschmelzung zum Vorbild nimmt, auch wenn der Lebenstrieb mehr umfasst als das rein Geschlechtliche. Es geht nicht notwendigerweise, jedenfalls nicht nur, um die Vereinigung zweier Körper, es geht auch und vielleicht vor allem um die Verschmelzung mehrerer Energien in einem immer stärker werdenden Spannungsfeld. Leben bedeutet buchstäblich energetische Spannung, daher auch die Bezeichnung »Lebenstrieb«. Dem steht der andere Trieb, Thanatos, entgegen, der Paare und Gruppen auseinandertreibt und Individuen auf sich selbst zurückwirft. Freud deutet auch diese Tendenz viel umfassender, wobei die Trennung von einer manchmal massiven und abrupten Entladung von Energie begleitet wird, sodass die gesamte Spannung wegebbt. Dies bedeutet für alles Lebende den Tod, daher auch die düstere Bezeichnung »Todestrieb«.

Freud schrieb diese spekulativen Betrachtungen nieder, ohne die geringste Kenntnis von Dingen wie Atomspaltung oder Kernfusion, *Big Bang* oder *Big Crunch* zu haben, und ich wage keine eigenen Vermutungen zu diesen Themen anzustellen. Auf den Menschen übertragen, ist es allerdings nicht allzu schwierig, die auseinanderdriftenden Bewegungen in unserem alltäglichen Leben zu beobachten. Die naheliegendste Übertragung bezieht sich auf die Sexualität als solche. Die Vereinigung zweier Körper lässt die Spannung steigen, bis zu dem Punkt, an dem die orgastische Entladung erfolgt – *la petite mort,* der kleine Tod. Danach lassen die beiden voneinander ab und werden wieder zu zwei Einzelwesen. Eine etwas weniger spektakuläre Übertragung findet sich in unserer Identitätsentwicklung. In ihr durchleben wir Phasen, in denen wir bei anderen möglichst viel Anschluss suchen, was in der heutigen Psychologie als »Bindung« bezeichnet wird, und jeder Erwachsene erlebt Momente, in denen er sich sozusagen »im« anderen verkriechen möchte. Ist die Bindung fest genug, schlagen wir oftmals die andere Richtung ein und wollen unbedingt unabhängig sein, unser eigenes Ding tun – dies ist die Separation. Im Sprechzimmer des Psychotherapeuten geht es um die damit verbundenen Ängste: die Trennungsangst (»nein, bitte lass mich nicht allein, ich brauche dich«) und als Gegenstück dazu die Intrusionsangst (»du frisst mich auf mit Haut und Haaren, lass mich in Ruhe, ich will weg«). Die gleichen widerstrebenden Tendenzen sind auch innerhalb von Gruppen anzutreffen, wobei eine ständig wachsende Zahl von Vereinigungen zwangsläufig irgendwann einen Punkt erreicht, an dem das Pendel in die andere Richtung umschlägt. Jede Fusion, ob es sich nun um Institutionen, Unternehmen oder Staaten handelt, beschwört das Verlangen nach Unabhängigkeit herauf.

Eine der Fragen, mit der Freud sich konfrontiert sah, war, wie man mit den Grundtrieben leben kann. Ewiger Eros klingt zwar schön, ist aber genauso unerträglich wie immerwährender Thanatos. Da es um Nähe und Distanz geht, obendrein in Kombination mit Genuss, sind wir ein weiteres Mal bei der Frage nach der Ethik gelandet. Freuds Antwort ist ungemein interessant, weil er einen Zusammenhang zwischen drei auf den ersten Blick voneinander unabhängigen Dingen herstellt: den kollektiven ethischen Regeln, der individuellen Regulierung des körperlichen Spannungszustands und den sozialen Beziehungen (Vereinigung versus Abspaltung). Soweit ich weiß, ist Freud der Einzige, der das so formuliert hat.

Genuss

Organisch funktioniert unser Körper aufgrund von energetischen Spannungen. Die subjektive Erfahrung, die durch diese Spannungen ausgelöst wird, kommt sowohl durch das Angst- als auch durch das Lustempfinden zustande. Wie aber lässt sich dies in Worte fassen? »Lust« ist ein so altmodisches Wort, »geil« ist zu spezifisch, und »erregt« klingt recht mechanisch. Es handelt sich hierbei aber nicht nur um ein semantisches Problem, und es ist auch kein Zufall, dass Freud am Ende seines Lebens die Frage von Lust und Unlust als die schwierigste der gesamten Psychologie bezeichnet. Zuerst und vor allem ist nicht von vornherein klar, was unter »Genuss« zu verstehen ist. Das zweite Problem hat mit einer bestimmten Erwartungshaltung zu tun:

Jeder Mensch frönt nur allzu gern dem Genuss, aber wie lässt sich der regulieren?

Freuds erste Antwort darauf ist typisch männlich: Genuss ist Spannungsentladung, und der Orgasmus das stärkste Beispiel dafür. Das Ansteigen der Spannung (»Stress«) dagegen ist höchst unangenehm, abreagieren lautet daher die Devise. Eine von Freuds renommierten Kolleginnen, Lou Andreas-Salomé, wies ihn zurecht. Ihrer Ansicht nach kann Spannungsaufbau sehr wohl angenehm sein, und eine Entladung ist nicht immer schön. Je geringer die Spannung, desto näher ist man überdies dem Tod. Was Genuss ist und was nicht, lässt sich offenbar nicht so leicht definieren. Lust und Unlust können sich sogar in die Quere kommen. In seinem Sprechzimmer sollte Freud noch etwas anderes feststellen: Menschen reagieren auf die Erfahrung von Genuss äußerst ambivalent, da bei diesem Thema jede Menge Schuldgefühle und selbst auferlegte Verbote im Spiel sind.

Was Freuds Lebzeiten betrifft, fällt eine Erklärung dafür nicht schwer. Im viktorianischen Zeitalter war fast alles verboten und das Bürgertum dementsprechend verklemmt. Der Abbau sexueller Spannungen war von großen Schamgefühlen begleitet. Diese Feststellung könnte dazu verleiten, einer schlechten, weil frustrierten Gesellschaft naiv den guten, weil unverdorbenen Naturmenschen gegenüberzustellen. Bei Freud ist von einer solchen Dualität jedoch nirgends die Rede. Seine Sichtweise ist viel komplexer und untersucht die Bedeutung der Beziehung zwischen Individuum und Kultur.

Meiner Meinung nach ist diese Position genau das Gegenteil dessen, was Freud in verschiedenen populären Interpretationen zugeschrieben wird. Dort liest es sich oftmals so, als ob Freud jede Form der gesellschaftlichen Unterdrückung von Sexualität als ungesund betrachtet hätte, als widernatürlich. In seinen Texten findet sich jedoch eine vollkommen andere Auffassung. Die Hemmung, die das Triebverhalten im Zaum hält, ist unserem Organismus inhärent; der Mensch strebt jedoch danach, ihr eine externe, gesellschaftliche Form zu geben. Im biederen Wien Ende des 19. Jahrhunderts war diese gesellschaftliche Triebzügelung durch und durch scheinheilig und krank machend, während Freud eine explizit ethische Position einnahm – was aber nicht bedeutete, dass er völlige Freiheit predigte. Das Ziel, das er sich bei der Behandlung seiner Patienten setzte, klingt so nüchtern wie moralisch: »[…] die Triebe, die damals unterdrückt wurden, bleiben die unterdrückten, aber sie [die Behandlung] erreicht diesen Erfolg auf anderem Weg, ersetzt den Prozess der Verdrängung, der ein automatischer und exzessiver ist, durch die maß- und zielvolle Bewältigung mit Hilfe der höchsten seelischen Instanzen, mit einem Worte: sie ersetzt die Verdrängung durch die Verurteilung«.[4] Aus diesem Zitat geht hervor, dass Freud eine Beherrschung unseres Triebverhaltens als notwendig erachtet hat. Die aristotelische Verknüpfung von Selbsterkenntnis und Selbstbeherrschung ist hier ebenfalls leicht wiederzuerkennen.

Am Ende seines Arbeitslebens hat Freud die innere Hemmung als Folge einer, wie er meinte, immer vorhandenen Vermischung von Lebens- und Todestrieb verstanden. Der eine Trieb hält den anderen im Zaum, und beide zusammen bestimmen das Leben auf allen Ebenen, der individuellen genauso wie der gesellschaftlichen. Diese Verquickung betrachtet er als Tatsache, als etwas, das unserem Wesen inhärent ist. Der französische Psychoanalytiker Jacques Lacan hat Freuds Schlussfolgerung – seltsamerweise ebenfalls am Ende seiner Laufbahn – fortgeführt und ihr mehr Schärfe verliehen. Die Schwierigkeit, Genuss zu definieren, umgeht er durch einen Kniff, indem er sich des doppelsinnigen Begriffs *jouissance* bedient, der sowohl Genuss als auch Schmerz bedeutet. Jeder Organismus verfügt über eine instinktive Bremse für diese *jouissance*, sonst würde er rasch zugrunde gehen. Der Mensch trägt die ursprünglich innere Hemmung nach außen und gibt ihr innerhalb seiner Gesellschaftsordnung eine kollektive Form. Diese Ordnung kann stark variieren, aber sie unterliegt stets der Bedingung, dass eine Autorität existiert, die den Genuss beschränkt und zuteilt. Traditionell liegt diese Autorität beim Vater, der dabei als Vertreter des gesellschaftlichen Regelwerks auftritt, dem er selbst ebenfalls unterworfen ist.

Was den Genuss angeht, so verhält es sich keineswegs so, dass ein allzeit lüsternes Individuum der ihn ständig einengenden Gesellschaft gegenüberstünde. Aufgrund ihrer klinischen Praxis gelangten sowohl Freud als auch Lacan zu der Erkenntnis, dass beim Menschen ein Bedürfnis nach Regulierung seiner Triebspannung besteht und dass die gesellschaftlichen Verhältnisse Auswirkungen auf dieses Bedürfnis haben. Der spezifische Charakter der damit verbundenen Regeln bestimmt das spezifische Wesen einer Gesellschaft. Die Idee vom freien »Naturmenschen« im »Naturzustand« ist Unsinn, das belegen übrigens alle anthropologischen Studien. So etwas wie eine Gemeinschaft ohne feste Regeln gibt es nicht, und eine sogenannte primitive Gesellschaft unterliegt einer viel strengeren Regulierung als eine postmoderne westliche Gemeinschaft. Die Anthropologie lehrt uns noch etwas anderes: Eine Gesellschaft ist gerade aufgrund ihrer *Dos-and-Don'ts* eine Gemeinschaft. Auf der Basis von Zusammenarbeit und Familienzugehörigkeit bestimmen die gesellschaftlichen Regeln die Verteilung von Nahrung und Sex. Und aus dieser Verteilung ergeben sich so ziemlich alle anderen Normen und Werte. In einer postmodernen Gesellschaft hat sich das verschoben. Hier geht es um die Verteilung von Geld, doch man muss kein Ökonom sein, um zu erkennen, dass auch das mit Nahrung und Sex zu tun hat.

Aus psychoanalytischer Perspektive lässt dies eine wichtige Schlussfolgerung zu: Der Mensch kann sich niemals naiv für das Individuum und gegen die Gesellschaft entscheiden, oder umgekehrt. Wir sind dazu nicht in der Lage, weil wir wissen, dass sich hinter dem scheinbaren Gegensatz eine wechselseitige Abhängigkeit verbirgt. Das hindert uns aber nicht daran, genau wie Freud klare ethische Standpunkte zu bestimmten Beziehungen zwischen Gesellschaft und Bürgern einzunehmen. Auf dieses Thema komme ich im zweiten Teil des Buchs zurück.

Und die Quintessenz?

Der Anfang dieses Kapitels handelte von der heutzutage weitverbreiteten Überzeugung, dass unsere Identität in unseren Genen steckt, Menschen kompetitive Individuen sind und der Stärkste gewinnt, ganz im

Sinne der neuesten Variante des Sozialdarwinismus. Diese Überzeugung ist falsch. Identität wird größtenteils von der Umwelt geprägt, der Mensch ist im Wesentlichen ein Gemeinschaftstier, dessen evolutionäres Erbe sowohl die Neigung zur Solidarität als auch zum Egoismus beinhaltet. Welche Seite die Oberhand erhält, hängt von der Umgebung ab. In jeder Gesellschaft geht es um Austausch, wobei Nahrung und Sex die wichtigsten Tauschobjekte sind. Die gesellschaftlichen Regeln für diesen Austausch basieren auf der körpereigenen Regulierung, die ein Gleichgewicht zwischen Spannungsaufbau und Entladung herstellt. Freud zufolge handelt es sich dabei um dasselbe Gleichgewicht wie das, was bei der Verschmelzung mit und der Trennung von einem anderen sichtbar wird – beides sind Mechanismen, die das Fundament unserer Identität bilden.

INTERMEZZO
GESELLSCHAFT UND PSYCHOSOZIALE STÖRUNGEN

Unsere Identität entsteht durch Identifikation mit und Distanzierung von anderen innerhalb gesellschaftlich definierter Beziehungen. Einige Verhaltensmuster sind evolutionär bedingt und können – abhängig von den Einflüssen der Umgebung – hervortreten oder verborgen bleiben. Oberstes Ziel ist das Überleben, gefolgt von Sex. Bei beiden sind sowohl Getriebenheit als auch innere Hemmungen am Werk, die beim Menschen Form und Ausdruck in der gesellschaftlichen Organisation finden. Diese Form steht für die Moral oder Ethik einer bestimmten Gesellschaft und ist fester Bestandteil der Identitätsentwicklung ihrer Mitglieder.

Der gesellschaftliche Ausdruck der inneren Hemmung kann äußerst verschieden ausfallen und ist stets offen für Veränderungen. Es gibt keine absoluten Regeln, abgesehen vom universellen Inzestverbot. Die meisten übrigen Normen sind willkürlich – die meisten, weil wir die wichtigste Tatsache nicht aus den Augen verlieren dürfen, nämlich dass überall Regeln existieren. Ihr willkürlicher Charakter – Warum soll ich vierzig Tage fasten? Warum muss ich mit dem Sex warten, bis ich verheiratet bin? Warum darf ich nicht kiffen, wohl aber Alkohol trinken, oder umgekehrt? – hat bei zahlreichen Menschen zu der Ansicht geführt, dass wir genauso gut ohne Regeln auskommen können. Unsere Vernunft wird schon dafür sorgen, dass wir die richtigen Entscheidungen treffen. In Wirklichkeit führt ein radikaler Wandel der traditionellen Normen und Werte mitnichten zu vollkommener Freiheit und vernunftgesteuerten Beziehungen, sondern zu Chaos und Angst.

Damit habe ich implizit eine Schlussfolgerung formuliert, die der Idee der wesenhaften Identität entgegentritt. Wenn Gesellschaften bei der Organisation ihrer sozialen Beziehungen und den dazugehörenden

Normen und Werten grundlegend voneinander abweichen können, dann können sie auch zahlreiche unterschiedliche Identitäten hervorbringen. Die unterschiedlichen Kulturen und damit auch Identitäten führen automatisch zu einer Wir-gegen-sie-Mentalität, wobei wir die Veränderungen, die wir selbst erlebt haben, gern außer Acht lassen. Ein Vergleich unserer heutigen Identität mit der zwei Generationen zuvor macht jedoch radikale Veränderungen in wichtigen Bereichen wie Autorität, Sexualität, Erziehung, Arbeitsalltag deutlich. Diese einschneidenden Veränderungen haben zweifellos auch zu einer anderen Identität geführt. Wir sind uns dessen nicht bewusst und denken weiterhin, dass der »echte« Westeuropäer sich nicht verändert hat.

Ich drücke es jetzt zur Verdeutlichung einmal recht drastisch aus: Der durchschnittliche Flame oder Niederländer von damals hat mehr Ähnlichkeit mit einem heutigen Muslim als mit einem heutigen Flamen oder Niederländer. Das aktuelle Gejammer über den Niedergang von Normen und Werten und den Verlust »der« Identität zeigt sehr anschaulich, wie sehr wir uns weigern einzusehen, dass sich Normen und Werte *verändert* haben, und mit ihnen die Identität.

Damit komme ich zu meinem Fachgebiet, der heute fast allgegenwärtigen »Psychowelt«. Wenn eine Gesellschaft für die sozialen Bindungen und die dazugehörenden Normen und Werte bestimmend ist, dann bestimmt diese Gesellschaft nicht nur »die« normale Identität, sondern auch die Störungen und Abweichungen. Dies läuft auf eine Erweiterung einer altmodischen Freud'schen Fragestellung hinaus, und ich kann mir lebhaft vorstellen, dass viele Leser darauf mit einem medizinischen Argument reagieren. Psychische Störungen sind doch Krankheiten, die in den Genen und im Gehirn stecken, oder etwa nicht? Damit geben sie die gegenwärtig vorherrschende Auffassung wieder. Dass bei einer gewissen Zahl von psychischen Störungen genetische Faktoren eine Rolle spielen, ist mehr oder weniger nachgewiesen. Bei allen übrigen muss man den Kaffeesatz bemühen. Außerdem bezieht sich der Unterschied zwischen psychisch normal und psychisch abnormal immer auf die wörtliche Bedeutung von »abnormal«: Gemeint ist die Abweichung von der Norm, und zwar der sozialen Norm. Bis zum heutigen Tag ist es noch keinem einzigen wissenschaftlichen Experiment gelungen, den Unterschied zwischen psychisch normal und psychisch abnormal unabhängig von sozialen Kriterien zu formulieren. Im Fachjargon: Es gibt keine biologischen »Marker«. Der gegenwärtige Hype um Neurobiologie und Gehirne klammert diesen Misserfolg aus, und der allgemeine Glaube an die Neurobiologie sagt vor allem viel über unser Bedürfnis aus, eine Entschuldigung parat zu haben: Ich kann nichts dagegen tun, es liegt an meinen Genen, an meinem Gehirn. Das deutliche Verlangen nach solchen Entschuldigungen offenbart, wie sehr wir uns unter Druck gesetzt fühlen.

Also: Eine andere Gesellschaft wendet andere Normen an und bestimmt demnach andere Abweichungen. Womit wir wieder bei Freud wären. Psychische Störungen werden auch und vielleicht sogar in erster Linie als *moralische* Störungen gesehen. Die »Patienten« entsprechen nicht den vorherrschenden Normen und Werten ihrer Gesellschaft und leiden darunter oder lassen andere darunter leiden. Die Störungen, die Freud beschrieben hat, waren für die damalige Gesellschaft Ende des 19. Jahrhunderts typisch und sind inzwischen zusammen mit ihrer Epoche größtenteils verschwunden.

Die Gesellschaft war zu Freuds Zeiten durch und durch patriarchalisch, wobei der Akzent auf den Pflichten des Bürgers und seiner Verantwortung gegenüber der Gruppe lag. Die Gegenreaktion kam in der zweiten Hälfte des 20. Jahrhunderts und brachte die Befreiung des Individuums sowie ein sinkendes Interesse an der Gruppe mit sich. Dies lässt sich wunderbar an der Entwicklung auf dem Gebiet der Rechte ablesen. Die Allgemeine Erklärung der Menschenrechte (1948) zielte vor allem auf Angehörige bestimmter Gruppen ab (Frauen, Kinder, Arbeiter), aber auch auf das Gemeinwohl (Recht auf Bildung, medizinische Versorgung usw.). Ab den Sechzigerjahren zog die Bürgerrechtsbewegung immer massiver gegen so ziemlich jede Form von Autorität zu Felde, wobei vor allem die Freiheit des Individuums und nicht so sehr die bestimmter Gruppen im Vordergrund stand. Es war die Zeit des autonomen Ichs und der authentischen Persönlichkeit, die mit möglichst vielen Rechten ausgestattet werden wollte. Die Pflichten wurden auf die Gemeinschaft abgewälzt.

Die Probleme, derentwegen man damals in Therapie ging, unterschieden sich nicht wesentlich von denen zu Freuds Zeit, auch wenn man andere Antworten erwartete und diese auch erhielt. Es war die Blütezeit der Flowerpowerhysterie und der Gurus. Alles sollte befreit werden, auch und gerade die Psychotherapie. Innerhalb relativ kurzer Zeit wurde die patriarchalische Betonung der Pflichten durch etwas ersetzt, was Peter Sloterdijk »den großen Verwöhnungsraum« genannt hat. Die Auswirkungen wurden vor allem in den Siebzigerjahren deutlich, als der westeuropäische Sozialstaat aus einer Horde von Individuen bestand, die ihre persönlichen Rechte als Selbstverständlichkeit ansahen.

Heutzutage gehört es zum guten Ton, sich davon zu distanzieren, und man zeigt mit dem Finger auf die »68er«: »Die haben es wirklich übertrieben, wir müssen unbedingt wieder zurück zu Normen und Werten, so kann es nicht weitergehen«, usw. Der linke Sozialstaat ist die Ursache allen Übels, und bis vor Kurzem erhielten rechte bis rechtsextremistische Parteien mit solchen Parolen überall in Westeuropa großen Zuspruch.

Meine Einschätzung ist eine andere. Was wir heute durchmachen, sind die Folgen eines neuen Gesellschaftsmodells, das eine neue Identität mit anderen Normen und Werten hervorgebracht hat. Ich nenne es bewusst provozierend die »Enron-Gesellschaft«. Ihr hervorstechendstes Merkmal: depressiver Genuss auf Kredit.

5 DIE ENRON-GESELLSCHAFT

»*Mögest du in interessanten Zeiten leben!*« – der Doppelsinn dieses chinesischen Sprichworts passt perfekt zur aktuellen Lage. Rezession, steigende Arbeitslosigkeit, Bankenkrise, Staaten, die vor dem Bankrott stehen, die Reihe ließe sich beliebig fortsetzen. Die typische politische Reaktion besteht darin, Sparpakete, Einschnitte in das soziale Netz und Maßnahmen gegen die sogenannte »Abzockermentalität« zu verabschieden. Was sofort den Eindruck vermittelt, unwillige Arbeitslose, zu hohe Löhne und Frühpensionierungen seien die Ursache der Krise. Die Nordeuropäer zeigen mit dem Finger auf die Südeuropäer und alle miteinander auf Ausländer und Asylsuchende, junge Menschen auf die Babyboomer, und ein Taxifahrer in Dublin setzte mir haarklein auseinander, dass Frauen an allem schuld sind. Außerdem sind alle einhellig der Meinung, dass die anderen zurückstecken müssen.

Der wirtschaftliche Wahnsinn lässt in Vergessenheit geraten, dass wir vor nicht allzu langer Zeit mit anderen Problemen beschäftigt waren. Beispielsweise mit der enormen Zunahme psychischer Störungen, die fast ausnahmslos mit dem ebenso enormen Anstieg der Scheidungsquote und einem gewandelten Erziehungsmodell in Zusammenhang gebracht wurde. Im selben Atemzug folgte dann der Hinweis auf das Mobben an Schulen und am Arbeitsplatz, den ständig wachsenden Drogenmissbrauch und die plündernden Jugendlichen in London. In allen Fällen geht es also um Normen und Werte, wobei im Hintergrund stets die Frage nach der eigenen Identität steht.

Unterdessen wird unsere Welt immer virtueller, und nach Ansicht einiger Zeitgenossen hat auch die Wirtschaftskrise mehr virtuelle als reale Ursachen. Andererseits lässt sich nicht leugnen, dass wir hier im

Westen bereits seit einem halben Jahrhundert in der »besten aller denkbaren Welten« leben. Das ist zweifellos das größte Paradox unserer Zeit. Ich gehe mal eben alle Argumente der Reihe nach durch, wobei ich jeweils den Vergleich zur ersten Hälfte des vorigen Jahrhunderts ziehe. Unser Unterricht steht jedem offen, ist erschwinglich und qualitativ hochstehend. Unsere Zeitungen mögen schreiben, was sie wollen, eine Zensur findet so gut wie nicht statt. Unsere medizinische und soziale Versorgung gehört zu den besten der Welt, wir sind sehr gut ausgebildet, wir leben viel länger und das bei ausgezeichneter Gesundheit, wir können unsere Meinung frei äußern und verfügen über einen ungeheuren materiellen Komfort. Zur Erläuterung: Krankheiten, die früher das Privileg der Oberklasse waren, wie Diabetes, Fettleibigkeit oder Herz-Kreislauf-Krankheiten, sind heute in den unteren gesellschaftlichen Schichten anzutreffen – man nennt das Wohlfahrtsparadox.

Kurz zusammengefasst: Nie ging es dem westlichen Menschen so gut, und nie fühlte er sich so schlecht. Dies erfordert eine Erklärung, und der Einfachheit halber münzen wir diese Erklärung um in Beschuldigungen. Unser Gejammer zeigt vor allem, dass der postmoderne Mensch überhaupt nicht mehr belastbar ist. »Verwöhnte Kinder, eingebildete Kranke, überall nur Schmarotzer«, hört man am Stammtisch, wo sich betagte Thekengänger immer wieder auf den Krieg (»zu unserer Zeit«) berufen, als es wenigstens noch echte Probleme gab. Dann kommt man auf die Verlotterung der Sitten und die Notwendigkeit zu sprechen, damit so schnell wie möglich Schluss zu machen. Mai '68 war ein großer Irrtum, wir müssen zurück zur guten alten Zeit.

Dergleichen Parolen gehen weg wie geschnitten Brot, und zwar auch in Intellektuellenkreisen – für mich der x-te Beweis dafür, dass die menschliche Ratio nur als hauchdünne Tünche über dem ängstlichen Bauchgefühl existiert, erst recht in Zeiten der Unsicherheit. Dies erklärt den Erfolg von Figuren wie Theodore Dalrymple in England – eigentlich heißt der Mann Anthony Daniels, aber offenbar hat auch er ein Identitätsproblem. In seinen gut besuchten Vorträgen und vielen Publikationen zieht Dalrymple mit donnernder Rhetorik gegen unseren Sozialstaat vom Leder. Seine These ist äußerst simpel, in mehrerlei Hinsicht. Die Flut von Problemen sei eine Folge unserer Verwöhngesellschaft, vor allem eines Gesundheitssektors, der Menschen in die Rolle von Patienten dränge, weshalb sie sich nie darum bemühten, ihr Schicksal selbst in die Hand zu nehmen. »Lass das Jammern und tu was«, so lautet seine Botschaft.

In Krisenzeiten finden Aufrufe wie dieser stets dankbares Gehör, insbesondere, wenn sie aus dem Mund eines gewandten Redners kommen, der seine Darlegungen mit anekdotischen Beweisführungen spickt. Dennoch lässt sich seine These sehr einfach widerlegen. Der Sozialstaat, für Autoren wie Dalrymple/Daniels die Ursache allen Übels, hat sich in seinem eigenen Herkunftsland Großbritannien ja schon in den Neunzigerjahren in Luft aufgelöst, und die aktuelle Situation des Pflegesektors ist äußerst prekär.* Der westliche Industriestaat, der Dalrymples Ideal, also dem Gegenteil eines Sozialstaats, am nächsten kommt, nämlich die Vereinigten Staaten, ist auch das Land mit den meisten medizinischen, psychosozialen und mentalen Störungen sowie der größten Gefängnispopulation.[1] Dass unser medizinisches und soziales Netz missbraucht wird, stimmt zweifellos, jeder kennt Beispiele dafür. Es scheint mir gleichwohl mehr als problematisch, die steigende Selbstmordrate bei Erwachsenen und die sogenannten Verhaltensstörungen bei Kindern mit Simulanten- und Schmarotzertum zu erklären.

Eine zweite Erklärung vermutet die Ursache in der etwas ferneren Vergangenheit. Jean-François Lyotard – selbst Ikone des Mai ’68 – spricht vom Verschwinden der Großen Erzählung. Religion und Ideologie bildeten jahrhundertelang das Fundament einer gemeinschaftlichen Identität, für die Ethik und Sinngebung von zentraler Bedeutung waren. Dieser Argumentationslinie folgend, weisen Moralphilosophen

* Zur Erläuterung: »Laut der [britischen] Qualitätsüberwachung im Pflegesektor (Care Quality Commission, CQC) sorgt jedes zehnte Krankenhaus so schlecht für ältere Patienten, dass es sich strafbar macht. Die Grundpflege – Hilfe beim Essen oder Trinken, Schmerzlinderung, Hilfe bei der Benutzung der Bettpfanne oder dem Toilettengang – fehlt dort ›systematisch‹.«(Quelle: NRC Handelsblad, 2. Februar 2012)

der Aufklärung und der aus ihr folgenden entseelten instrumentellen Rationalität die Schuld zu. Es gibt nichts mehr, woran der moderne Mensch noch glauben kann, so Lyotards Schlussfolgerung. Daher fehlt der Identität jeglicher Halt. Dass dadurch viele Probleme entstehen, ist also nicht weiter verwunderlich. Die Lösung besteht in der Konzeption einer neuen Großen Erzählung, an die wir gemeinsam glauben und aus der wir eine neue Identität schöpfen können (»Gandalf for president!«). Dummerweise wissen wir nicht genau, wie wir eine solche tragfähige Erzählung zustande bringen sollen, von ihrer Umsetzung ganz zu schweigen.

Die neue Erzählung: Neoliberalismus

Die zweite Erklärung ist fundierter als die erste, und ehrlicherweise muss ich zugeben, dass ich eine Zeit lang selbst daran geglaubt habe. Das änderte sich, als ich entdeckte, dass beide Erklärungen auf dieselbe Schlussfolgerung hinauslaufen: Früher war es besser. Die Tatsache, dass diese Vorstellung heute so weit verbreitet ist, macht uns schmerzlich bewusst, wie wenig Verlass auf unser Gedächtnis ist, vor allem im Verein mit einer falsch verstandenen Romantik. Inzwischen habe ich eine einleuchtendere Erklärung gefunden – einleuchtender, weil sie sehr schön mit der Art und Weise unserer Identitätsbildung harmoniert, wie im ersten Kapitel beschrieben. Sozusagen als Sahnehäubchen liefert uns diese Erklärung auch gleich den Grund dafür, weshalb wir nicht schneller draufgekommen sind.

Wenn viele Menschen extrem unzufrieden mit der Identität ihrer Mitmenschen sind und für die Rückkehr zur früheren Identität plädieren, kann dies nur eins bedeuten: Heute gibt eine neue Identität den Ton an. Es bedeutet außerdem, dass sehr wohl eine neue, dominante Erzählung maßgebend ist, an der sich die neue Identität orientiert. Das Sahnehäubchen besteht darin, dass eben diese Dominanz uns daran hindert zu begreifen, was vor sich geht. Eine identitätsstiftende Erzählung wird erst als solche sichtbar, wenn sie ihren Zwangscharakter verloren hat. Im

Westen haben wir das vor Kurzem auf der Ebene der Religion erlebt: Solange die christliche Erzählung zwingend war, waren Erzählung und Wirklichkeit identisch. Erst nachdem die Religion ihren Zwangscharakter verloren hatte, wurde sie als Erzählung sichtbar, weshalb sich die ältere Generation betrogen fühlt: »Was hat man uns bloß weisgemacht?« Solange Erzählung und Wirklichkeit zusammenfallen, glaubt die Mehrheit, es handle sich um die Realität. »*Get real*«, also immer schön auf dem Teppich bleiben, bedeutet dann so viel wie: Beuge dich der neuen Norm der neuen Erzählung, denn das ist nun einmal die Wirklichkeit.

Haben wir das erst verstanden, passen auf einmal viele Puzzlestücke zusammen und wir sehen auch den Unterschied zu früher. Vor nicht allzu langer Zeit stützte sich unsere Kultur und damit unsere Identität auf die Wechselwirkung von vier zentralen Aspekten: Politik, Religion, Wirtschaft und Kunst, wobei Politik und Religion um die Macht wetteiferten. Gegenwärtig sind Politiker nur noch Kabarettistenfutter, Religion wird mit Selbstmordattentätern oder sexuellem Missbrauch assoziiert, und jeder Mensch ist ein Künstler. Außer der Wirtschaft zählt gar nichts mehr, und die neoliberale Erzählung determiniert alles. In seinem Buch über die Utopie des freien Marktes legt der Philosoph Hans Achterhuis nüchtern – und daher umso überzeugender – dar, wie wir heutzutage die moderne Utopie für bare Münze nehmen und sie gerade dadurch verwirklichen. Der Glaube an ein bestimmtes Menschenbild und eine bestimmte Weltanschauung beeinflusst das eigene Verhalten und löst bestimmte Prozesse aus, auf die man mit einem »Hab ich's nicht gesagt!« reagiert. Ich will versuchen, das daraus resultierende Menschenbild, den Spiegel, der uns umgibt, in Worte zu fassen:

> *Menschen sind konkurrierende Wesen, die vor allem auf den eigenen Profit aus sind. Auf gesellschaftlicher Ebene ist das ein Vorteil für uns alle, weil jeder im Wettbewerb sein Bestes geben wird, um an die Spitze zu gelangen. Dadurch bekommen wir bessere und billigere Produkte sowie effizientere Dienstleistungen innerhalb eines gemeinschaftlichen freien Marktes ohne staatliche Einmischung. Das ist ethisch kor-*

rekt, denn der Erfolg oder Misserfolg eines Individuums bei diesem Wettbewerb hängt ganz und gar von der eigenen Anstrengung ab. Jeder ist also selbst verantwortlich für den eigenen Erfolg oder Misserfolg. Daher die Bedeutung der Bildung, denn unsere Welt ist eine sich rasant entwickelnde Wissensökonomie, die gut ausgebildete Menschen mit flexiblen Fähigkeiten braucht. Ein Hochschuldiplom ist gut, zwei sind besser und lebenslanges Lernen Pflicht. Jeder muss unaufhörlich wachsen. Die Konkurrenz ist allerdings gnadenlos. Deshalb auch die zwingende Notwendigkeit von Mitarbeitergesprächen und ständiger Evaluierung, und zwar von unsichtbarer Hand aus einem zentralen Management heraus gelenkt.

Soweit die kurze Zusammenfassung der Großen Erzählung, die heute unsere Kultur beherrscht und damit unsere Identität formt. Kultur ist dabei vorzugsweise im umfassenden Sinn zu verstehen, da diese Erzählung inzwischen sämtliche Bereiche erfasst hat, von der Wissenschaft über das Bildungswesen bis hin zum Pflegesektor und den Medien. Ich erinnere noch einmal kurz daran, dass Identität unter anderem unsere Normen und Werte beinhaltet und dadurch auch das Verhältnis zu anderen bestimmt.

Auf den historischen Hintergrund des Neoliberalismus gehe ich nicht näher ein.* Hans Achterhuis hat das sehr schön beschrieben, und wenn man das neueste Buch des niederländischen Historikers und Amerikakenners Maarten van Rossem über den ungebremsten Kapita-

* Manchen Leser wird es wundern: Beim Neoliberalismus handelt es sich um eine progressive Bewegung, die wie andere progressive Ideologien (Kommunismus, Nationalsozialismus) mittels revolutionärer Eingriffe eine rasche Veränderung erreichen will, in dem vollen Bewusstsein, dass dafür eine ganze Generation von Menschen buchstäblich geopfert werden muss. Genau das haben die Chicago Boys, eine Gruppe von Wirtschaftswissenschaftlern unter Leitung von Milton Friedman, in Chile getan. Um dieselbe Erzählung geht es in dem Buch, das Achterhuis zu Recht als Bibel des Neoliberalismus bezeichnet, *Atlas Shrugged* von Ayn Rand (aus dem Jahr 1958, in Deutschland 2012 neu aufgelegt unter dem Titel *Der Streik,* A.d.Ü.). Das Buch endet mit dem Triumphflug der Hauptfigur über die zerstörte Landschaft: *»Die Bahn ist frei«, sagte Galt. »Wir kehren zur Welt zurück. Er hob die Hand und schrieb in den Raum über der verwüsteten Erde das Zeichen des Dollars.«* (S. 1259)

lismus mit dem Untertitel *Aufstieg und Untergang des Marktfundamentalismus* danebenlegt, wird der Zusammenhang mit der heutigen Wirtschaftskrise klarer. Aus der Analyse der beiden Autoren springen einige wichtige Überlegungen ins Auge: In der Vergangenheit war die Wirtschaft eingebettet in ein ganzheitliches Gebilde, das sich aus religiösen, ethischen und gesellschaftlichen Strukturen zusammensetzte. Beim Neoliberalismus ist das nicht mehr der Fall. Im Gegenteil, Ethik und Gesellschaft werden »dem Markt« untergeordnet. In diesem Sinn ist der Neoliberalismus nicht länger eine Wirtschaftstheorie, sondern eine viel weiter gefasste Ideologie.

Achterhuis zeigt auf, dass sich der Neoliberalismus, genau wie jede andere Ideologie, als getreuestes Abbild »der Wirklichkeit« bezeichnet. Redliche Wissenschaftler muss es ganz besonders schmerzen zu sehen, wie Darwin vor den Karren dieser Argumentation gespannt wird, zusammen mit der »Ratio«. Der Unterschied zwischen dem, was ich an anderer Stelle Szientismus nenne, und dem »Objektivismus«, also der Philosophie der Gruppe um Ayn Rand, ist verschwindend gering. Achterhuis belegt außerdem, dass ein großer Unterschied zwischen dem klassischen Liberalismus und dem Neoliberalismus besteht. Ersterer strebt die strikte Trennung von Staat und Gesellschaft an, während der Neoliberalismus den Staat dem vermeintlich freien Markt unterwerfen will. Wo der Liberalismus auf die Exzesse des Sozialstaats reagieren will, strebt der Neoliberalismus danach, den Staat zum Versorger für Banken und Multis umzufunktionieren für den Fall, dass das Undenkbare geschieht, nämlich dass die angebliche Selbstregulierung des freien Marktes missglückt. Alles, was den privaten Bereich betrifft – Schule, Pflege, Sicherheit –, soll hingegen Privatsache bleiben, dafür soll der Staat kein Geld ausgeben.

Die wichtigste Frage im zweiten Teil des Buchs ist denn auch folgende: Wie wirken sich rund dreißig Jahre neoliberale Ideologie auf unsere Identität aus? Und auf welche Weise hat dieses System unser Denken kolonisiert, während es allen unseren privaten und kollektiven Bedürfnissen zuwiderläuft? Um diese letzte Frage zu beantworten, muss ich näher auf das eingehen, was ich das Feigenblatt des Neoliberalismus nenne: die Meritokratie.

Lohn nach Leistung im Namen der Freiheit

Der Begriff »Meritokratie« war bis vor Kurzem recht unbekannt, anders als der zugrunde liegende Gedanke, mit dem so ziemlich jeder von uns aufgewachsen ist: »Wie die Arbeit so der Lohn«, »Jeder bekommt, was er verdient«, »Undank ist der Welten Lohn«, »Wie man sät, so erntet man«, und so fort. Selbst in der Bibel begegnen wir dem meritokratischen Element, und zwar im Gleichnis von den Talenten, die sich verdoppeln, wenn man hart arbeitet und seine geistigen und körperlichen Fähigkeiten ausschöpft (Matthäus 25, 14:30). Macht (*kratos*) verdankt sich Einsatz oder Verdienst (*merit*). In Westeuropa wurde diese Idee nach dem Zweiten Weltkrieg in eine gesellschaftliche Form gegossen. Jedes Kind sollte optimale Entwicklungschancen erhalten. Jede Behinderung aufgrund der sozialen Schicht, der Rasse oder des Geschlechts sollte verschwinden. Die eigene Leistungsfähigkeit in Verbindung mit kontinuierlicher Anstrengung wurde zum neuen Kriterium für gesellschaftlichen Erfolg.

Der Gedanke der Aufklärung hat zweifellos für eine große soziale Mobilität gesorgt. Junge Leute, für die höhere Bildung früher undenkbar war (sofern sie nicht bereit waren, Priester oder Soldat zu werden), konnten nun erstmals studieren. Mädchen mussten sich allerdings noch ein bisschen gedulden. Ab den Sechzigerjahren wurden Grundschulkinder systematisch auf ihre geistigen Fähigkeiten hin getestet, und so bekamen beispielsweise meine Eltern, wie so viele andere, vom damaligen PMS (Psycho-Medizinisch-Soziales Zentrum) zu hören, dass ihr pickeliger Sohn eine weiterführende Schule besuchen sollte. Daraus wurde dann auch noch ein Internat, und da sich Talente nicht von allein entwickeln, bekamen wir jeden Tag vier Stunden und zwanzig Minuten Studienzeit aufgebrummt, volle sechs Jahre lang.

Meritokratie an sich ist nichts Schlimmes, und in gewissem Maß gilt das auch für den Leistungsdruck – der Nutzen hängt großenteils vom Umfeld ab, und das war damals gewiss positiv. In der zweiten Hälfte des vorigen Jahrhunderts wurde der statischen Gesellschaft dank der Öffnung der Schultore innerhalb relativ kurzer Zeit der Garaus gemacht. Darum sprechen wir von einer »Bildungsmeritokratie«, die mehr oder weniger gleichzeitig überall in Europa eingeführt wurde. Das amerikanische Gegenstück ist älter und von ganz anderer Art. Es ist der Mythos vom Tellerwäscher, der zum Millionär wird, vom Zeitungsjungen, der als Medientycoon endet und, als neueste Variante, der Garage von Silicon Valley als Wiege für einen Internetmulti. Kurz: der amerikanische Traum. Er ist die ökonomische Variante der Meritokratie, aufs Engste verflochten mit der Idee von der »negativen Freiheit«: Dem Individuum dürfen von anderen keinerlei Beschränkungen auferlegt werden, schon gar nicht von einem bevormundenden Staat. In der amerikanischen Tradition wird dies rein ökonomisch verstanden – keinerlei staatliche Einmischung ins *business* –, während der ursprüngliche europäische Ansatz vor allem ein politischer war. Die politische Autorität darf den Bürgern keine Weltanschauung aufzwingen.

Die Kombination dieser beiden Vorstellungen – Freiheit sowie Lohn nach Leistung – erklärt, weshalb die Meritokratie eine solche Anziehungskraft auf jeden von uns ausübt. Inzwischen sind Bildungsmeritokratie und ökonomische Meritokratie verschmolzen, wobei intellektuelle Verdienste, die keinen wirtschaftlichen Mehrwert bieten, kaum noch gewürdigt werden. Ein Beispiel: Das Wort »intellektuell« ist heute beinahe schon zum Schimpfwort geworden, und der Satz »If you are so smart, why aren't you rich?« (»Wenn Sie so clever sind, weshalb sind Sie dann nicht reich?«) wird von vielen keineswegs als der ironisch gemeinte Titel einer kritischen Studie verstanden.[2]

Gerade diese Verschmelzung aber hat dafür gesorgt, dass die ganze Sache ins Kippen geraten ist und wir nun am ehesten von einer »neoliberalen Meritokratie« sprechen können. Die Bedeutung dieses Kippmoments lässt sich an den Folgen ablesen. Innerhalb kürzester Zeit kommt die soziale Mobilität zum Stillstand, die Kluft zwischen Unter-

und Oberschicht wächst, und die Freiheit muss einer allgemeinen Paranoia weichen. Damit tritt genau das Gegenteil des ursprünglich Angestrebten ein. Der Grund für dieses Kippen ist ein zweifacher: Einerseits ist die Annahme, alle hätten die gleichen Startchancen, eine Illusion. Andererseits installiert das System mit der Zeit eine neue Elite, die die Tür vor denen, die nach ihnen kommen, sorgfältig verschließt.

Manche Menschen sind Visionäre. 1958 beschrieb Michael Young Ursachen und Folgen dieser Ideologie in seinem satirischen Roman *Es lebe die Ungleichheit. Auf dem Wege zur Meritokratie*. Das Buch handelt davon, wie eine utopische Gesellschaft, in der die Besten, also die mit der höchsten Intelligenz und Arbeitsleistung, belohnt und die anderen bestraft werden, innerhalb kürzester Zeit für ihre Bürger zum Albtraum wird und in Chaos und Aufstand versinkt. Als sozial orientierter Politiker schrieb Young diese Satire auf die seiner Meinung nach schrecklichen Folgen einer Entwicklung, die er bereits in der Mitte des letzten Jahrhunderts heraufziehen sah. Die Ironie an der Geschichte ist, dass einer seiner Parteigenossen, ein gewisser Tony Blair, etwa fünfzig Jahre später (!) dafür plädierte, das Vereinigte Königreich vollständig zu einer Meritokratie umzuwandeln, was ihm einen öffentlichen Verweis des hochbetagten Young einbrachte.[3] Der visionäre Charakter tritt noch schärfer hervor, wenn man weiß, dass Young in seinem Buch ausdrücklich hervorhebt, dass die Verbindungslinie zwischen Sozialismus und Meritokratie kein Zufall ist – was sich im folgenden Jahrzehnt in der westeuropäischen Politik bewahrheiten sollte: Der Weg in die Hölle ist stets mit den besten Absichten gepflastert.

Die Kombination von Wirtschafts- und Bildungsmeritokratie wirkt auf den ersten Blick sehr attraktiv und wohlfeil. Gleiche Chancen für alle, wer sich am meisten anstrengt, erhält die größte Belohnung – dagegen ist doch nichts einzuwenden? Die Praxis zeigt jedoch, dass die unterschiedlichen Startchancen das Endergebnis sehr stark beeinflussen. Bei der Bildungsmeritokratie lässt sich das teilweise durch massive Investitionen in den Grundschulunterricht auffangen, auch wenn sich das intellektuelle und moralische Gepäck, das die Kinder von zu Hause mitbringen, nur mühsam verändern lässt. Im Falle der ökonomischen Meritokratie ist es völlig unmöglich, Chancengleichheit herzustellen – in ein kapitalkräftiges Milieu hineingeboren zu werden stellt nun einmal die Ausnahme dar. Überdies fallen die beiden Ausgangssituationen meist zusammen: Wer aus einem kapitalkräftigen Milieu stammt, genießt üblicherweise auch eine gute Ausbildung. Insgesamt ist es also mit der freien Wahl nicht ganz so weit her wie erwartet, und Ad Verbrugge weist zu Recht darauf hin, dass die Idee vom sogenannten »freien« Individuum mit unbegrenzten Wahlmöglichkeiten aufgrund von Eigeninitiative einer der größten Irrtümer überhaupt ist.[4]

Selbst wenn wir die Ungleichheit am Start weitgehend ausschalten können, wird eine neoliberale Meritokratie am Ende dennoch sehr negative Auswirkungen haben – aber das wird erst deutlich, wenn wir diese Auswirkungen langfristig untersuchen. In der Anfangsphase erzielt die Meritokratie überwältigend positive Resultate, insbesondere, wenn es um eine Gesellschaft oder Einrichtung geht, die vorher auf der Grundlage von Tradition, Klientelismus und reinem Dienstalterprinzip funktioniert hat. Endlich gibt es Lohn nach Leistung, endlich kann man aus eigener Anstrengung aufsteigen. Dann folgt eine kurze Phase der Stabilität, und schließlich verkehrt sich das System in sein genaues Gegenteil. Ich habe das erst richtig begriffen, als mir die Analogie zu einer Theorie auffiel, die ich im dritten Kapitel unter die Lupe genommen habe: der Sozialdarwinismus.

Sozialdarwinismus im ökonomischen Gewand

Das hübsche Bild von der Meritokratie verliert einiges an Reiz, wenn uns die Verwandtschaft mit dem Sozialdarwinismus aus der zweiten Hälfte des vorigen Jahrhunderts bewusst wird. Im dritten Kapitel kam diese Theorie bereits als pseudowissenschaftliche Rechtfertigung für den Kolonialismus zur Sprache: Die weiße Rasse ist überlegen und muss alle primitiven Rassen auf ihr Niveau heben, darin bestand *Die Bürde des weißen Mannes*. Um diese Überlegenheit aufrechtzuerhalten, war es zweckmäßig, die schwachen Elemente innerhalb der eigenen Gruppe rechtzeitig zu eliminieren. Dieser medizinisch-wissenschaftliche Ansatz führte um 1900 sowohl in Europa als auch in den Vereinigten Staaten zu eugenischen Konzepten und Maßnahmen, die schließlich durch die Nazis in furchtbarer Weise umgesetzt wurden.

Die Analogie ist leicht herzustellen: Ziel des Sozialdarwinismus wie der neoliberalen Meritokratie ist das Überleben der bestangepassten Individuen (*survival of the fittest*), wobei den Besten der Vorrang gebührt und die Übrigen aussortiert werden. Man bedenke, dass der Sozialdarwinismus nicht mehr Gruppen (die weiße Rasse als die überlegene), sondern das Individuum in den Mittelpunkt rückte, eine Verschiebung hin zu egoistischen Genen. Eine weitere wichtige Analogie ist, dass auch im Sozialdarwinismus Dinge wie Bildung, soziale Schicht und, im weiteren Sinn, Umwelteinflüsse keinerlei Rolle spielen. Nur Vererbungsfaktoren zählen.[5] Man ersetze Gene durch Talent, und die Übereinstimmung wird deutlich: Ausschlaggebend ist das Individuum, jeder kann es schaffen, wenn er sich anstrengt und die richtigen Eigenschaften mitbringt.

Genau da liegt der Schwachpunkt dieser Argumentation. Sozialdarwinismus und Neoliberalismus erwecken den Anschein, als würde die *von Natur aus* beste Person bevorteilt. Er oder sie hätte es so oder so geschafft, aber wir helfen der Natur ein wenig dabei, die »Fittesten« schneller nach oben zu lassen. In Wirklichkeit verhält es sich jedoch ganz anders. Sowohl der sozialdarwinistische als auch der meritokratische Ansatz bestimmen selbst, was sie als *fittest* ansehen und – das ist sehr wichtig – wie sie das messen. In der Praxis rufen sie in zunehmendem Maße eine von ihnen selbst definierte, beschränkte Wirklichkeit ins Leben, behaupten aber, »natürliche« Gewinner zu fördern. Anschließend sorgen sie für die strukturelle Aufrechterhaltung dieser »Wirklichkeit«, indem sie die Gewinner systematisch bevorteilen, sodass diese an der Spitze bleiben. Obendrein betrachten die Anhänger dieses Systems die Feststellung, dass die Gewinner an der Spitze bleiben, als Beweis für die Richtigkeit ihrer Argumentation.

Ein klassisches Beispiel dafür ist der angeblich wissenschaftlich fundierte Glaube an eine »natürliche« Überlegenheit, erst der Männer über die Frauen, später der weißen Rasse (Europäer und WASPs, also weiße angelsächsische Protestanten) über den Rest der Welt. Die Folge: Frauen und nichtweiße Menschen hatten keine Möglichkeit, eine solide Bildung zu erhalten, geschweige denn einen soliden Arbeitsplatz – dem wären sie angeblich nicht gewachsen gewesen. Nur weiße Männer durften Führungspositionen übernehmen, was dann zu der Annahme führte, dass Frauen und Nichtweiße eben nicht dazu in der Lage wären. Außerdem konnte der weiße Mann diese Menschen aufgrund ihrer vermeintlichen Minderwertigkeit schamlos ausbeuten. Die konsequente Umsetzung eines solchen Systems führt zu einer statischen Gesellschaft, in der die Gruppe an der Spitze ihre Position und ihre Privilegien konsolidiert und nach unten hin abschottet.

Heutzutage muten solche rassistischen Auffassungen eher merkwürdig an, und wir sind davon überzeugt, solche Fehler nicht mehr zu begehen, auch weil uns die Ausgangsfrage des Sozialdarwinismus, nämlich wer oder welche Gruppe als *fittest* anzusehen ist, gar nicht mehr interessiert. Das ist erstaunlich, denn über diese Frage haben die Menschen jahrhundertelang gestritten und sich auch oft genug die Köpfe blutig geschlagen: Welche Gesellschaftsform ist die beste und wie können wir sie fördern? Diese Frage ist von einer aufgezwungenen Antwort als Folge einer aufgezwungenen Realität beiseitegedrängt worden. Früher wurde die Auseinandersetzung innerhalb einer Gesellschaft geführt, in der Politik, Religion, Kultur und Wirtschaft mehr oder weniger gleichrangig nebeneinander bestanden. Gegenwärtig werden sämtliche Facetten des Menschseins einer einzigen aufgezwungenen Realität untergeordnet, nämlich der neoliberalen Marktwirtschaft. Diese definiert auch gleich die Beschaffenheit des idealen Menschen: Es ist der Mann oder die Frau mit der höchsten Produktivität – auch das hatte Young 1958 bereits vorausgesagt. Noch ein paar Jahrhunderte früher schrieb David Hume, einer der wichtigsten Philosophen der Aufklärung, dass sich eine auf »Verdienst« gegründete Gesellschaft unvermeidlich auflöst. Es sieht ganz so aus, als würde er recht behalten.[6]

Nun möchten wir natürlich gern wissen, auf welche Weise der Neoliberalismus zu Humes »Auflösung der Gesellschaft« führt, vor allem angesichts der zunächst doch recht vielversprechenden Anfänge. Solange sich die Meritokratie darauf beschränkt, dem oder der Klassenbesten ein Stipendium zu verschaffen, ist alles in Ordnung. Heutzutage ist die Meritokratie jedoch vollständig in einen digitalisierten, rasend schnellen und globalisierten freien Markt eingebettet, und diese Kombination scheint tödlich für die Gesellschaft als Gemeinschaft zu sein. Unternehmensergebnisse – die stets nur einen Ausschnitt aus der Wirklichkeit bieten – werden elektronisch registriert, zusammengefasst und unhinterfragt verarbeitet: »Der Computer sagt Nein.« Dann werden auf der Basis »der Zahlen« Entscheidungen getroffen, über die Köpfe aller hinweg, Köpfe, die flexibel genug sein müssen, um die soundsovielte Kehrtwende nachzuvollziehen. Und schließlich schaffen die Zahlen erst die Wirklichkeit, auf der sie angeblich basieren – man nennt das Reifikation (von *res*, Ding, und *facere*, machen). Das inzwischen klassische Beispiel dafür ist, dass die kleinste Panik an der Börse, ausgelöst durch einen Multi, der weniger Gewinn macht als erwartet, die Kurse sofort abstürzen lässt, wodurch die Panik zur sich selbst erfüllenden Prophezeiung wird.

Solche Phänomene scheinen vor allem auf Systemebene, der sogenannten Makroökonomie, aufzutreten, weshalb wir uns als Individuen nicht unmittelbar davon betroffen fühlen. Leider erweist sich das als Illusion, und obendrein als eine gefährliche, wenn man sich beispielsweise das sogenannte Enron-Modell als Grundlage für Personalpolitik anschaut. Dabei handelt es sich um eine sozialdarwinistische Praxis, die dem Mitarbeiter mit der höchsten Produktivität sämtliche Boni zuspricht und den mit der niedrigsten feuert. Enron, ein amerikanischer Konzern, führte dieses Modell Ende des letzten Jahrhunderts unter der Bezeichnung *»Rank and Yank appraisal system«* ein. Dabei wurden die Leistungen von Arbeitnehmern im Rahmen eines kontinuierlichen Wettbewerbs beurteilt, wobei am Jahresende jeweils zehn Prozent von ihnen die Kündigung erhielten, allerdings erst, nachdem man sie öffentlich gedemütigt hatte: Name, Foto und verfehlte Zielvorgaben wurden auf der Website der Firma veröffentlicht. Resultat: Innerhalb kürzester Zeit fälschten fast alle Mitarbeiter ihre Zahlen; es herrschte totale Paranoia. Dieser Betrug in großem Maßstab führte zu einem Gerichtsverfahren und zum Bankrott der Firma.

Trotz des Scheiterns und des kriminellen Aspekts wird das Enron-Modell heute überall angewendet. Human-Resources-Manager multinationaler Konzerne müssen einer 20/70/10-Regel folgen. Zwanzig von hundert Arbeitnehmern gelten dabei als Überflieger, siebzig sorgen für die kritische Masse und zehn Prozent müssen jedes Jahr vor die Tür gesetzt werden – auch wenn die Gewinn- und Wachstumsziele erreicht wurden. Fünf Minuten Googeln mit den Suchbegriffen *Rank and Yank* oder *20/70/10 rule* reichen, und man findet Hunderte von Unternehmensdokumenten, die diesen Ansatz preisen, meist mit einem Verweis auf Spencers Überleben der »*fittest*« und Dawkins »egoistisches Gen«.

Dieses sozialdarwinistische Modell betrifft nun keineswegs nur die Makroökonomie, so viel steht fest. Wie gesagt: Die Annahme, ein solches System beschränke sich auf die Wirtschaft, ist ebenso illusionär wie gefährlich. Illusionär, weil es so gut wie alles unter Kontrolle hat und damit unsere Identität beeinflusst. Und gefährlich, weil es so gut wie keine Gegenreaktionen gibt. Um das zu verdeutlichen, möchte ich im Folgenden erläutern, wie sich die neoliberale Meritokratie auf Bereiche auswirkt, in denen sie rein gar nichts zu suchen hat, nämlich Wissenschaft und Pflege. Die Folgen für den Bildungssektor bleiben bewusst einem späteren Kapitel vorbehalten, da mir dies die Möglichkeit bietet, auf mein Hauptanliegen zu sprechen zu kommen – damit meine ich den Einfluss auf unsere Identitätsentwicklung und unsere Beziehungen zu anderen.

Die Universität als Wissensbetrieb

Oktober 2011 – die Universität Antwerpen startet eine neue Zeitschrift und bittet bekannte Alumni um Beiträge. Der Journalist Sven Speybrouck geht gern darauf ein, muss zu seiner Bestürzung jedoch feststellen, dass die Redaktion seinen Text ablehnt. Die Begründung? In dem Artikel wird erwähnt, dass mehrere Großunternehmen keinen Cent Körperschaftssteuer bezahlen – das ist nicht opportun, die Universitätsleitung fürchtet, dass dies Folgen haben könnte. Zur Erinnerung: Die Universität Antwerpen ist eine unabhängige, vom Staat subventionierte Einrichtung. Akademische Freiheit?

Vor noch nicht allzu langer Zeit wurden die Universitäten vor allem wegen ihrer gesellschaftlichen Bedeutung geschätzt. Sie sollten hochgebildete und von der Ratio geleitete Bürger hervorbringen, die aufgrund ihrer Persönlichkeit einen Beitrag zur Verbesserung der Gesellschaft leisten konnten. Dieser Gedanke klingt heute unglaublich putzig, und bei dem Wort »Ratio« fällt den Leuten nur noch der gleichnamige Supermarkt ein. Universitäten, das sind doch Wissensfabriken, in denen die Fähigkeiten der Studierenden entwickelt werden müssen, damit sie direkt ins Berufsleben einsteigen können? Um dies zu fördern, machten mehrere Prominente im Krisenjahr 2011 konkrete Vorschläge: Die Studiengebühren für alle Fachrichtungen, die nicht direkt ins Arbeitsleben führen, sollten erhöht und die für die »profitablen« gesenkt werden. Die Unbelehrbaren, die sich trotzdem für eine unrentable Ausbildung entscheiden, sollten mit einer niedrigeren Arbeitslosenunterstützung bestraft werden oder diese gleich ganz gestrichen bekommen. Den Knalleffekt bildete die Idee, bereits Kleinkinder auf ihre Fähigkeiten hin zu *screenen*, um sie gleich in die richtige wirtschaftliche Richtung zu lenken. Der Schriftsteller Marc Reugebrink griff dieses Thema in einem kritischen Artikel auf, und zwar sinnigerweise am Tag der Unschuldigen Kinder (*De Standaard*, 28. Dezember 2011). In der folgenden Woche las ihm ein Wissenschaftsredakteur derselben Zeitung die Leviten: Geisteswissenschaften seien überflüssig, Humanwissenschaftler sollten besser Darwin lesen, und am Neoliberalismus sei nichts auszusetzen.

Solche Vorschläge aus dem Munde von Menschen, die Macht besitzen, machen mich frösteln – so muss es, denke ich dann, um 1930 auch angefangen haben. Dass sich so gut wie kein Protest erhob, bedarf einer Erklärung – wo ist unsere Mündigkeit geblieben? Um das zu begreifen, müssen wir die jüngste Geschichte unter die Lupe nehmen, vor allem die des akademischen Milieus.

Die Universität war lange das Spiegelbild einer statischen Gesellschaft; Professoren saßen ewig auf ihren Lehrstühlen, auf die sie qua Herkunft oder Parteibuch gelangt waren. Der heitere Roman von W.F. Hermans, *Unter Professoren*, aus dem Jahr 1975 (dt. 1986) ist nur eine leichte Überzeichnung der damaligen skurrilen Realität. Im letzten Viertel des vorigen Jahrhunderts hat die Einführung einer meritokratischen Personalpolitik dieses System glücklicherweise drastisch verändert. Zum Entsetzen älterer Kollegen reichte eine einfache Abstimmung nicht mehr aus, um über eine Berufung oder Beförderung zu entscheiden. Der Beschluss musste anhand eines Vergleichs von Lebensläufen ausführlich begründet werden. In der Anfangsphase nach dieser »Wende« war die akademische Karriere somit abhängig von den didaktischen Qualitäten des Kandidaten und seinem gesellschaftlichen und wissenschaftlichen Engagement, das mit Publikationen, Vorlesungen und der Teilnahme an Kongressen nachzuweisen war. Die Universität wurde zu einer dynamischen Umgebung, in der sich jüngere Dozenten zweifellos wohlfühlten; endlich wurden ihre Anstrengungen gewürdigt.

Dieser positive Effekt hatte nicht nur mit der Erfahrung zu tun, dass harte Arbeit zu einer relativ raschen Beförderung und Gehaltserhöhung führte, denn ab einem bestimmten Niveau verliert die Entlohnung ihren motivierenden Effekt.[7] Psychologisch gesehen wurde dieses positive Gefühl durch die Gewissheit ausgelöst, die Kontrolle über die eigene Laufbahn endlich selbst in der Hand zu haben, unabhängig von Seilschaften, Hinterzimmerkungeleien und anderen finsteren Praktiken. Dadurch erhielt das Selbstwertgefühl einen echten Schub, was die Motivation und die Freude an der Arbeit erhöhte. Obendrein ist man einer Einrichtung, die so etwas ermöglicht, ehrlich verbunden und verhält sich loyal.

Innerhalb einer Generation veränderte sich diese Situation jedoch dramatisch, sodass jüngere Akademiker heute nur noch selten der Auffassung sind, ihre Karriere beeinflussen zu können. Im Gegenteil, es herrscht die Überzeugung vor, dass sie nach der Pfeife einer unsichtbaren Verwaltung tanzen müssen. Sie schuften wie verrückt, haben aber weniger Spaß an der Arbeit. Außerdem identifizieren sie sich überhaupt nicht mehr mit ihrer Hochschule, und Kollegialität sucht man oft vergebens. Die Ursache dafür liegt in der Entwicklung des anfangs meritokratischen Evaluierungssystems zu einem neoliberalen. Ich nenne es neoliberal, weil nur noch die quantitativen Aspekte der Produktion zählen.

Innerhalb von fünfzehn Jahren wurde die nuancierte Beurteilung der Qualitäten und des Engagements eines Kandidaten schrittweise ersetzt durch das Zählen und Messen seiner Produktion oder auf Neudeutsch, seines »Outputs«, und das ist wörtlich zu nehmen. Dinge, die sich nicht problemlos messen lassen, blieben auf der Strecke. Die Bedeutung von Aspekten wie Bildung und gesellschaftlicher Nutzen schwand, der Schwerpunkt verlagerte sich fast ausschließlich auf Forschung und »Projekte«. Relevant ist nur noch die Zahl der Veröffentlichungen, die im Rahmen von Forschung und Projekten entstehen. Artikel in der eigenen Sprache werden nicht mehr mitgezählt, nur internationale Publikationen sind von Bedeutung, wobei »international« ein Euphemismus für »englischsprachig« zu sein scheint. »Englischsprachig« beschränkte sich dann sehr rasch auf eine Handvoll Top-Zeitschriften, die sogenannten *A1-Journals*, also die mit den höchsten Zitationswerten und -indizes. Gegenwärtig lautet die internationale (lies: angelsächsische) Faustregel: Akademiker müssen in Zeitschriften mit dem besten Ranking *scoren*. Mittlerweile hat das neueste Kriterium eine bedeutsame Verschiebung erfahren: Der beste Akademiker ist derjenige – in der Tat *derjenige*, Frauen passen nicht gut in dieses System –, der die meisten Drittmittel beschafft und idealerweise auch Patente vorweisen kann. Hier wird die Verknüpfung zwischen Bildung und Wirtschaft am deutlichsten.

Diese Entwicklung ist kein Zufall. Im Gegenteil, sie ist strukturbedingt und daher unvermeidlich. Meritokratien können nur auf der Basis eines zentral gesteuerten und straff durchorganisierten Systems funktionieren, das die »Produktion« und den individuellen Beitrag jedes Einzelnen misst, wobei es systembedingt nur eine begrenzte Anzahl von

»Gewinnern« geben kann – *der Beste soll der Boss sein.*[8] Das heißt, dass jede Anstellung oder Beförderung notwendigerweise zum wechselseitigen Konkurrenzkampf wird, bei dem nur einige wenige aufsteigen können. Dadurch entsteht ein erbitterter Wettbewerb, was wiederum dazu führt, dass die Erfolgskriterien immer noch starrer und strenger werden. Derselbe Wettbewerb findet auch auf höherer Ebene statt, wobei allerlei sagenumwobene Rankings (Shanghai-Ranking, CHE Excellenceranking usw.) wie Börsennotierungen gehandelt werden und manchem Unipräsidenten nachts den Schlaf rauben.

Das ist die akademische Version des Rank-and-Yank-Systems, freilich mit denselben Folgen: eine auf dem Papier stets steigende Produktion, dazu ein Mix aus persönlichem Frust und Missgunst, Angst und Paranoia, der überdies jede Kreativität tötet. Alles was sich außerhalb strikter Vorgaben bewegt, zählt buchstäblich nicht mehr. Über den Tellerrand gucken, Dinge neu denken, die Voraussetzung für Innovation und Entdeckung – vorbei. Da bleibt wohl nur die Garage.*

Es ist interessant, an dieser Stelle auf den Philosophen Foucault und seine Ansichten zur Disziplinierung zu verweisen. Innerhalb der heutigen akademischen Welt ducken sich alle unter das Joch eines anonymen globalen Evaluators, der in Gestalt der erwähnten Top-Zeitschriften auftritt, die von ihrem hohen Ross aus jeden aufs Korn nehmen, maßregeln und in Reih und Glied verweisen, was auch sofort erklärt, warum niemand mehr protestiert. Paradoxerweise führt diese Art der Qualitätsüberwachung zu Betrug, genau wie bei Enron, angefangen bei der Stapel-Affäre in den Niederlanden bis hin zum Schwindel mit den Doktortiteln an deutschen Hochschulen. Der niederländische Professor für Sozialpsychologie Diederik Stapel galt aufgrund seiner umfangreichen empirischen Untersuchungen und seiner zahlreichen Veröffentlichun-

* Meine eigene Universität (Gent) hat ihre Personalpolitik seit Oktober 2011 drastisch reformiert. Für die Beförderung von Dozenten ist nicht mehr die interne Konkurrenz ausschlaggebend, und die einschlägigen Kriterien können einerseits ausgeweitet (es zählen nicht nur A1-Veröffentlichungen) und andererseits enger gefasst werden (das Profil eines Professors für Sprachwissenschaft unterscheidet sich deutlich von dem eines Professors für experimentelle Psychologie). Das wird dem Arbeitsklima sicherlich zugutekommen. Und das Shanghai-Ranking bringt dort gewiss niemanden um den Schlaf.

gen in Top-Zeitschriften bis vor Kurzem als Autorität auf seinem Fachgebiet. Der allergrößte Teil seiner Arbeiten erwies sich als gefälscht … Fast alle Zeitungen erklärten dies mit dem großen Publikationsdruck und dem mörderischen Konkurrenzkampf. Im August 2009 kam in Deutschland ein groß angelegter Betrug mit Doktortiteln ans Licht, an dem mehrere Universitäten und etwa hundert Professoren beteiligt waren.

Viele Hochschullehrer sind davon überzeugt, dass die entdeckten Fälschungen nur die Spitze des Eisbergs darstellen, aber kaum jemand wagt das laut auszusprechen. Neben diesen ganz konkreten Fälschungen stehen wir vor einem noch viel größeren Problem: Die meisten Untersuchungsergebnisse sind unkorrekt, und auch das hat mit Konkurrenz und Publikationsdruck zu tun. Wissenschaftlern wird schlicht nicht genügend Zeit eingeräumt, um gründlich über eine Sache nachzudenken und sie eingehend zu erforschen. John Ioannidis, ein renommierter Epidemiologe der Universität Stanford, schrieb dazu 2005 einen bahnbrechenden Artikel mit dem Titel *Why most Published Research Findings are False (Weshalb die meisten veröffentlichten Forschungsergebnisse falsch sind)*. Sechs Jahre später hat sich daran nichts geändert, erklärte er im April 2011 im Rahmen einer Vorlesung an der Radboud Universität Nimwegen.

Diese Art der Disziplinierung einschließlich ihrer negativen Begleiterscheinungen ist dem meritokratischen System inhärent. Damit soll der Mythos vom sogenannten »freien« Markt durchgesetzt werden – ein neoliberaler »freier« Markt kann nur aufgrund von Absprachen zwischen Betrieben und globalen politischen Entscheidungen funktionieren, wie bereits Jeremy Bentham wusste, und sowohl Hans Achterhuis als auch Richard Sennett haben das auch für die Gegenwart überzeugend nachgewiesen. Im nächsten Kapitel komme ich darauf zurück, wenn es um mein eigenes Fachgebiet geht, die Psychotherapie.[9]

Was Unis betrifft: Wenn sich der heutige Trend fortsetzt, gibt es zwei Möglichkeiten. Entweder werden die Hochschulen zu vom Bürger bezahlten und damit billigen Forschungseinrichtungen für Konzerne, die als Bonus auch noch die Persönlichkeitsformung der künftigen Arbeitnehmer anbieten (wettbewerbsfähig, flexibel usw.), oder sie werden ganz einfach aufgekauft und zu börsennotierten Betrieben umstrukturiert, bei denen Input (Studierende) und Output (Arbeitnehmer) vom Markt abhängen. Davon sind wir weniger weit entfernt, als wir meinen.

Das Krankenhaus als Gesundheitsunternehmen

Auf einem Symposium erzählte mir ein empörter Kollege, dass seine Klinik sämtliche Psychiatriebetten »abgestoßen« und durch »Kardiobetten« ersetzt habe. Der Grund dafür? Ganz einfach: Kardiobetten bringen buchstäblich dreimal mehr Geld ein. Außerdem werden sie überwiegend von niederländischen Patienten belegt, was die Sache finanziell noch interessanter macht.

Dies ist kein Einzelfall, ganz und gar nicht. In dem Bestreben, das Gesundheitswesen in den Griff zu bekommen, haben die meisten Regierungen diesem Sektor das Marktmodell aufgezwungen, da sie der Meinung waren, dass dadurch die Versorgung billiger und effizienter würde. Eingetreten ist das genaue Gegenteil. Wie jeder »Marktakteur« entscheidet sich auch ein Krankenhaus für die Bereiche, die das meiste Geld einbringen, und entledigt sich der Aufgaben, die wenig lukrativ sind. Patienten sind nicht mehr die Zielgruppe der Tätigkeit, sondern lediglich Mittel zum Zweck, und das beginnt allmählich erschreckende Formen anzunehmen. Die Kombination zwischen einem oft extremen Arbeitsdruck, der Konkurrenz zwischen verschiedenen medizinischen Disziplinen, kafkaesken Regelwerken und der Notwendigkeit, immer mehr Gewinn zu machen, sorgt dafür, dass man sich derzeit besser von Krankenhäusern fernhält – das haben mir mehrere Ärzte privatim nahegelegt. Neben der Gewinnmaximierung mittels exponentieller Zunahme von diagnostischen Untersuchungen und vielen überflüssigen Behandlungen setzt der Gesundheitssektor wie jeder andere Wirtschaftszweig auch auf die Minimierung der Kosten. Dabei ist Personalabbau eine Konstante, doch der Trend geht auch zu billigerem und also minderwertigem Material, von leicht reißenden und potenziell giftigen Brustimplantaten bis hin zu fehlerhaften Hüftprothesen. Berechnen Sie den Gewinn!

Ein wichtiger Aspekt jedes Wettbewerbs ist das Werben von Kunden. Reklame für Arztpraxen ist zwar noch verpönt, aber es geht auch anders: Man muss den Menschen nur einreden, dass sie krank sind oder werden könnten und sich dagegen wappnen sollten. In den letzten zehn Jahren wurden wir von verschiedenen Modeerkrankungen und den dazugehörenden Ratschlägen geradezu überschwemmt: Gehen Sie unbedingt zu dieser Vorsorgeuntersuchung und vergessen Sie Ihren Impfpass nicht! Blutdruck und Cholesterin müssen zu bestimmten Terminen gemessen, Brüste, Herz und Gebärmutter gescreent werden, und was ist mit Ihrem Dickdarm los? Diese Form unerwünschter Intimität wird sorgfältig orchestriert von einer überwiegend amerikanischen Medizinindustrie. Die Taktik besteht unter anderem darin, Publireportagen (als redaktionelle Beiträge getarnte Reklame) in Tageszeitungen zu platzieren, Radio- und Fernsehspots (»Erektionsstörungen? Sprechen Sie darüber!«) zu senden oder gar Pseudo-Patientenvereinigungen zu gründen, die Werbeflächen in Bushäuschen mieten, um die Öffentlichkeit für eine bestimmte »Störung« und natürlich auch ein bestimmtes Medikament zu »sensibilisieren«.* Diese Dinge sind ganz gewiss schädlich für unsere Gesundheit – im glimpflichsten Fall erkranken wir nur an kollektiver Hypochondrie. Dass die Kosten für die Gesundheit allmählich unbezahlbar geworden sind, hat seinen Grund nicht zuletzt darin.

Die Beschneidung der wissenschaftlichen und klinischen Unabhängigkeit geht Hand in Hand mit einer Zunahme der Kontrolle. Die Zeit, in der Ärzte selbstständig Entscheidungen trafen, gehört in den Vereinigten Staaten schon längst der Vergangenheit an. Krankenversicherung

* In den Vereinigten Staaten geschieht das sehr erfolgreich in Bezug auf soziale Ängste. Christopher Lane (2007) schildert dieses und andere wahnwitzige Beispiele in einem Kapitel mit der sprechenden Überschrift »Direct to consumer«(direkt an den Patienten gerichtete Werbung). Sein Buch zeigt schonungslos auf, wie der psychiatrisch-pharmazeutische Komplex heute im Westen die Agenda der klinischen und wissenschaftlichen Praxis bestimmt.

und Verwaltung beschließen, was geht oder nicht geht. Eine kleine persönliche Anekdote: 2008 war ich zusammen mit meiner Frau in Philadelphia. Am ersten Tag unseres Aufenthalts stolperte sie auf der Straße über einen losen Gitterrost. Wegen der starken Schmerzen mussten wir uns um medizinische Hilfe bemühen. Ein amerikanischer Kollege verwies uns mit großer Entschiedenheit an ein bestimmtes Krankenhaus, da die anderen seiner Ansicht nach nichts taugten. An der Rezeption unterzog man zunächst meine Kreditkarte einer eingehenden Prüfung, erst dann ließ man uns durch. Anschließend dauerte es wegen unserer europäischen Herkunft noch eine ganze Weile, bis unser Versicherungsstatus herausgefunden werden konnte, denn davon hingen die Behandlungsmöglichkeiten ab. Erst nachdem das alles geklärt war, bekamen wir einen Arzt zu sehen. Meine Frau hatte sich einen komplizierten Ellbogenbruch zugezogen; ich will lieber nicht daran denken, was bei einem Herzinfarkt passiert wäre. Zum Schluss gab man uns angesichts der Verletzungsursache den Rat, die Stadtverwaltung zu verklagen: Wir würden den Prozess garantiert gewinnen und einen ordentlichen Schadensersatz fordern können. Wir haben darauf verzichtet.

Die Kontrolle dessen, was mittlerweile auch im medizinischen Sektor »Leistungen« heißt, durch die Krankenversicherung erfordert ein umfangreiches Management. Neben der Vermarktung ist dies zugleich das zweite sich immer weiter ausbreitende Krebsgeschwür. Die Ausweitung des Top-down-Managements ist übrigens ein wesentliches Merkmal jeder neoliberalen Wirtschaft: Eine neoliberale Organisation schafft stets eine nichtproduktive Oberschicht, deren vornehmste Aufgabe darin besteht, sich selbst zu erhalten, indem sie die anderen kontrolliert, was eine ständig wachsende Flut von Regeln zur Folge hat. Die Leistungsmessungen werden gern mit dem Etikett *transparency* versehen – die Kriterien sind angeblich klar und außerdem für alle gleich. Bei näherer Betrachtung zeigt sich jedoch recht bald, dass die Messungen nur diejenigen betreffen, die die eigentliche Arbeit tun, nicht aber die Messenden selber – das ist der Unterschied zwischen den Arbeitsbienen und der Crème der »Entwickelten«, der *évolués.*

Einer der wichtigsten Soziologen der Gegenwart, Zygmunt Bauman, hat eine anschauliche Metapher gefunden, um die sogenannte Transparenz dieser Messungen an den Pranger zu stellen. Die *glass pane*, die gläserne Wand am Arbeitsplatz, durch die jeder den anderen sehen und kontrollieren kann, ist seiner Ansicht nach eher ein Einwegspiegel, also ein Spezialspiegel mit zwei unterschiedlichen Seiten, durch den man andere beobachten kann, ohne selbst gesehen zu werden. Die messenden Voyeure hinter dem Spiegel bleiben unsichtbar, während sie die Arbeitnehmer beobachten, die höchstens mitbekommen, wie sich ihr Elend in den sie umgebenden Spiegeln immer weiter vervielfacht.[10]

Damit stoßen wir auf eine unerwartete Folge der neoliberalen Organisation, unerwartet in Anbetracht der Tatsache, dass sie so sehr auf Deregulierung und Liberalisierung »des Marktes« setzt. Eine solche Organisation führt unvermeidlich zu einer exzessiven Regulierungswut, in Verbindung mit einem nie da gewesenen Kontrollsystem und einer bleischweren Bürokratie. Diese Kombination ist tödlich für Kreativität und Produktivität, weshalb oft für … noch mehr Neoliberalismus plädiert wird. In seinem »Offenen Brief eines Arztes« beschreibt Marc Desmet aufgrund seiner Erfahrung als Krankenhausarzt vier Managementsymptome. Sie passen alle vier nahtlos auf alles, was in die Klauen der freien Marktwirtschaft gerät.

Die erste Klage betrifft die permanenten Veränderungen, von ständigen Umbauten über die Einführung der neuesten Computerprogramme und neuer Dienstpläne bis hin zur »Integration« eines anderen Krankenhauses oder zur soundsovielten Zusammenlegung von Diensten, wobei alles ständig »geprüft« und »angepasst« wird. Was auffällt: Diejenigen, die die eigentliche Arbeit tun müssen, dürfen kaum oder gar nicht mitreden.

Letzteres führt unmittelbar zu einem zweiten wunden Punkt: dem Big-Brother-Gefühl. Nicht die Umstrukturierungen, sondern die Arbeitnehmer werden dauernd evaluiert, mittels Mitarbeitergesprächen, Audits und Ähnlichem. Besonders hilfreich für eine angenehme Arbeitsatmosphäre ist das nicht gerade, und in vielen Abteilungen sucht man so etwas wie Teamgeist vergeblich. Auch hier wird gemessen und gezählt, und auch hier verkehrt sich alles ins Gegenteil. Innerhalb kürzester Zeit passen die Arbeitnehmer auf allen Ebenen ihr Verhalten den Messungen an, denn alles andere »zählt ja nicht«. Dass die Diktatur des Messbaren in diametralem Gegensatz zu dem steht, was die Betreuung von Patienten ausmacht, lässt sich leider nicht zahlenmäßig erfassen, weshalb die Pflege im ursprünglichen Sinn des Wortes verschwindet.

Das führt zu einer dritten völlig paradoxen Klage: Das System bewirkt, dass dem Kern der Arbeit immer weniger Aufmerksamkeit gewidmet wird und Verwaltung, Management und Kontrolle immer stärker in den Vordergrund rücken. Zweifellos würden Krankenhäuser viel besser funktionieren, wenn es keine Patienten gäbe. Jammernden Hochschulkollegen habe ich während einer Sitzung des Fakultätsrats einmal ironisch vorgeschlagen, die Lehre doch einfach abzuschaffen. Patienten und Studierende nähmen viel zu viel von unserer kostbaren Zeit in Anspruch, und sie seien sich dessen auch sehr wohl bewusst. »Herr Professor, ich weiß, dass Sie keine Zeit haben, aber wenn es irgend möglich ist, könnten Sie dann nicht …« oder: »Schwester, können Sie mir sagen, wann ich eventuell mal den Doktor zu Gesicht bekomme?« Weg mit dem Gesindel, das senkt auch sofort die Heizkosten.

Zum Schluss etwas über ein Phänomen, das Desmet unter der Rubrik »entmutigende Widersprüche« zusammenfasst. Alle Mitarbeiter werden ständig ermahnt, zu sparen, und gleichzeitig sehen alle, dass enorme Summen für überflüssige Dinge ausgegeben werden: Honorare für Berater, die sich einen neuen Namen und einen dazu passenden Slogan ausdenken sollen – den man dann auf keinen Fall wörtlich nehmen darf (»Wir sind für Sie da!«), oder die Anschaffung eines neuen Buchhaltungsprogramms, von dem Eingeweihte schon vorher sagen, dass es nicht funktionieren kann und außerdem doppelt so viel kosten wird wie geplant. Symptomatisch ist auch der bombastische Sprachgebrauch: Top-Pflegekräfte, Schwerpunktuntersuchung, Expertengruppen. In der Psychiatrie führen derlei Sprechblasen zur Diagnose einer narzisstischen Persönlichkeitsstörung.

Auswirkungen auf die Qualität

Es wird erwartet, dass die Meritokratie bessere Produkte als anders organisierte Systeme liefert. Wenn die Besten und Engagiertesten die höchsten Funktionen einnehmen, müsste die Qualität der Produkte oder Dienstleistungen eigentlich auch optimal sein, oder nicht? An sich ist das eine zutreffende Argumentation, doch erweisen sich in der Praxis zwei Faktoren als Hindernisse. Zunächst einmal ist es gar nicht so einfach, Qualität in Zahlen auszudrücken, weshalb man die Beweiskette einfach umkehrt: Nur das, was sich zahlenmäßig ausdrücken lässt, ist Qualität. Zweitens besteht das einzige Ziel der neoliberalen Marktwirtschaft darin, Gewinn zu machen; Qualität an sich ist kein Ziel. Ungeachtet aller Hurra-Ergebnisse machen wir doch fast alle dieselbe Erfahrung: Die ehedem öffentlichen Infrastrukturunternehmen, von der Eisenbahn bis zur Stromversorgung, sind unter dem Einfluss des freien Wettbewerbs teuer und ineffizienter geworden; die Qualität so ziemlich aller Konsumgüter hat nachgelassen, weshalb sie schneller ersetzt werden müssen.

Qualität lässt sich einheitlich messen, wenn es um Produkte geht, die man anfassen kann (Autos). Wenn Ästhetik und Geschmack ins Spiel kommen (Nahrungsmittel), sieht die Sache schon anders aus. Im Falle von Wissen und Dienstleistung (Forschung, Bildung und Gesundheitswesen) wird Qualitätsmessung besonders kompliziert. Meritokratietypische Messsysteme geben dabei häufig die Antwort selbst vor: Messung und Messbarkeit bestimmen, was Qualität ist, und was nicht messbar ist, zählt nicht. Messen ist also nicht einfach ein passives Registrieren, es beinhaltet einen aktiven Eingriff in die Praxis. Eine veränderte Messlatte zieht also stets eine Änderung des Qualitätsbegriffs nach sich und lenkt dadurch das Verhalten der Betroffenen. Es entsteht ein Tunnelblick: Dies, und nur dies, ist Qualität. Was nicht vom Messsystem erfasst werden kann, liefert keine Ergebnisse, weshalb es sich nicht lohnt, Zeit dafür zu opfern. Wenn die Zuschauerzahlen die »Qualität« eines Fernsehprogramms belegen, dann führt das zu Fastfood-TV. Der relative Charakter einer solchen »Qualität« wird vor allem dann deutlich, wenn sich die Art und die Kriterien des Messens verändern – was überall immer schneller geschieht. Innerhalb kürzester Zeit vergisst man alles vorher Dagewesene, eine neue Messlatte legt fest, was fortan als Qualität gilt, und beeinflusst damit auch das Verhalten aller Beteiligten.

Dazu kommt noch, dass Qualitätsmessungen innerhalb eines meritokratischen Systems keine Rücksicht auf lokale und kontextbedingte Faktoren nehmen können – die Messlatte »muss für alle gleich sein«, die Messungen müssen »standardisiert« sein, sonst ist der Vergleich ja nicht »objektiv«. Dies zeigt, wie die Verfechter dieses Systems, um Widersachern den Mund zu stopfen, ihre Praxis an den sehr engen Wissenschaftsbegriff koppeln, von dem Kapitel drei handelt.

Es fällt auf, dass solche Messsysteme in den meisten Fällen von einer anonymen Zentrale vorgegeben werden und sehr häufig von externen »Task-Forces« (Arbeitsgruppen) und »Beratern« erdacht wurden, die nur wenig Ahnung von den Abläufen haben, die sie messen sollen. Obendrein erhalten diese externen Berater einen Haufen Geld, was den Frust bei den Menschen im Unternehmen noch weiter verstärkt. Dass die betroffenen Mitarbeiter auch noch einen Teil ihrer Zeit für die Eintragung der Messergebnisse aufwenden müssen, kommt der Qualität der eigentlichen Arbeit genauso wenig zugute.

Krankenhäuser werden plötzlich zu »Gesundheitsunternehmen«, Universitäten zu »Wissensbetrieben«, in denen Arbeiterforscher so viel wie möglich produzieren sollen. Der inhaltliche Aspekt des Forschungsgegenstands ist dabei weit weniger wichtig als die Frage, ob eine bestimmte Leistung oder Tätigkeit »zählt« oder nicht. Die Pflicht, Punkte zu erzielen, hat zur Folge, dass es in der Arbeitswelt ständig zu Verwerfungen kommt, weil sich die Chancen für erfolgreiches Scoren verändern. So sind die erfolgreichsten Forscher diejenigen, die den wissenschaftlichen Hypes folgen. Und da Hypes nur sehr kurzlebig sind, kann man keine inhaltliche Expertise erwerben, sondern lediglich eine formale. Dies ist immer häufiger der Fall. Als ich einen jüngeren Hochschulkollegen fragte, wie es ihm gelungen sei, innerhalb eines einzigen

Jahrzehnts sein Forschungsgebiet mehrfach zu wechseln, bekam ich zur Antwort: »Alles eine Frage der Anpassung des [Computer-]Programms.« Unbewusst hatte er damit das Echo einer Antwort geliefert, die der amerikanische Arbeitssoziologe Richard Sennett von ungelernten Arbeitern in einer Großbäckerei zu hören bekam, die kaum etwas anderes machten, als Icons auf Computerbildschirmen anzuklicken – etwas, was sie in anderen Betrieben vorher auch getan hatten. Als er sie nach ihren *skills*, also Fähigkeiten, fragte, erwiderten sie: »Baking, shoemaking, printing, you name it, I've got the skills.« (Backen, Schuhe reparieren, Drucken, ganz egal, ich kann alles.) Fünfundzwanzig Jahre zuvor hatte Sennett in demselben Betrieb noch italienische Bäcker angetroffen, die stolz auf ihr handwerkliches Können waren.[11]

Demselben Tunnelblick begegnen wir im Gesundheitswesen, wo Qualität heutzutage anhand einer bestimmten Interpretation des Etiketts »evidenzbasiert« definiert wird. Man glaubt tatsächlich, die Qualität psychologischer und sozialer Hilfeleistung mit Methoden messen zu können, die aus der pharmakologischen Forschung herübergeweht sind – welche Medikamente helfen am besten bei dieser oder jener Krankheit?

Durch die Übernahme dieser Evaluierungsmethoden reduziert man die Wirkung von Psychotherapie auf die einer Pille und psychische Störungen auf eine organische Krankheit. Die Folge davon ist, dass sich solche Evaluierungen nur auf eine sehr begrenzte Art von Psychotherapieformen und eine sehr begrenzte Zahl von mentalen Störungen anwenden lassen. Statt daraus zu schließen, dass die übrigen Behandlungsformen eben nicht beurteilt werden können, lautet die Schlussfolgerung, dass nur die begrenzte Gruppe von Behandlungsmöglichkeiten wirksam sei. Das geht so weit, dass die übrigen Therapiemodelle ihre Existenzberechtigung immer mehr einbüßen und sogar aus dem Studienangebot verschwinden, sodass als Ergebnis auch hier wieder Tunnelblick und Einheitsbrei herauskommen.[12]

Überall dort, wo Qualitätsmessungen eine quantitative Messlatte anlegen, lenkt diese das Verhalten sehr schnell in eine bestimmte Richtung, weshalb als unmittelbares Resultat jede Vielfalt verschwindet. Das stellt die meritokratische Politik vor ein Problem: Je weniger Unterschiede zwischen den Kandidaten, Produkten oder Dienstleistungen bestehen, desto schwieriger wird das Erstellen einer Rangordnung. Man darf nicht vergessen, dass innerhalb einer Meritokratie die Zahl der »Gewinner« per definitionem begrenzt bleiben muss. Deshalb setzen die Kandidaten auf äußerliche Faktoren, um eben doch als Beste wahrgenommen zu werden. In nahezu allen Fällen läuft dies auf eine Schwerpunktverlagerung vom Produkt auf die Verpackung hinaus: Ergebnisse werden in Hochglanzberichten präsentiert, die von einschlägig spezialisierten Kleinunternehmen erstellt werden. Was früher Propaganda oder Amigopolitik hieß, ist heute das teuer bezahlte Produkt von Spindoktoren und Lobbyisten.

Das ist nun die allerletzte Etappe, wenn man zu den Gewinnern gehören will. Zu Anfang ist jede »Produktionseinheit« – Autofabrik, Universität oder Krankenhaus –, die schlechte Ergebnisse erzielt, bestrebt, ihre »Produktion« so gut wie möglich zu korrigieren. Mit diesem Ziel vor Augen konzentriert man sich auf die Aspekte, mit deren Hilfe sich die Zahlen so rasch wie möglich in die richtige Richtung lenken lassen: Weg mit den Psychiatriebetten, und diese Veröffentlichung sollte man doch wirklich aufteilen, dann zählt sie doppelt. Dieses Phänomen wirkt sich sowohl auf die praktische Ausführung als auch auf die Bewertung der Arbeit aus. Bei der Ausführung verzichtet man auf alle Anstrengungen, die wenig zählen, und macht nur noch die Dinge, die zu raschen Ergebnissen führen. Die Messergebnisse werden so weit es irgend geht geschönt, wobei es nur ein kleiner Schritt zur Fälschung ist. Unter Stalin nannte man das subtile Manipulieren und eventuell auch Fälschen von Statistiken, um doch noch die gewünschte Norm zu erfüllen, *tufta*. Heutzutage geschieht exakt dasselbe mit den im Managementjargon *the stats* genannten Statistiken. Es entsteht eine papierene Wirklichkeit, die sich immer mehr von der echten unterscheidet.

Die sogenannte Effizienz von Bildung, Forschung und Gesundheitswesen ist in der Tat nicht so einfach zu messen, aber die neuen Modewörter, Verzeihung, *buzzwords*, wecken den Eindruck, als wäre das sehr wohl der Fall: Bildungsrendite, *Output* (Ausstoß), *Ranking* (Klassifizierung), *Benchmarks* (Vergleichsmaßstäbe) usw. Eine kleine Frage: Sagt die Zahl der Sterbefälle etwas über die Qualität eines Krankenhauses aus? Oder eher etwas über die Art von Patienten, die dort aufgenommen werden? Sagt die Zahl erfolgreicher Absolventen etwas über die Qualität einer Schule aus? Oder eher über das soziale Umfeld, in dem die Schule liegt? Sagt die Zahl der erfolgreichen Masterstudenten etwas über eine Universität aus? Oder eher etwas über die Outputfinanzierung dieser Universität? Wenn solche Zahlen Teil des Evaluierungssystems sind und damit die Subventionierung beeinflussen, wird so manches Krankenhaus nicht zögern, Patienten im Endstadium woanders unterzubringen, und so manche Schule bestimmte Studierende ablehnen oder ihre Erfolgsquoten anpassen. In allen Fällen wird die Qualität steigen. Zumindest auf dem Papier.

Gesellschaftliche Folgen

Eine ökonomische Meritokratie kommt aufgrund des Erbrechtsprinzips zum Stillstand: Wer Kapital erbt, bleibt oben auf der Leiter, wer Schulden erbt, unten. Eine Bildungs-Meritokratie stagniert aufgrund des sozialen Erbes: Hochgebildete vermitteln ihren Kindern von Geburt an Neugier und Wissen, wodurch sie auf der Schule beinahe automatisch zu den Klassenbesten gehören, bei Kindern von Geringgebildeten ist häufig das Gegenteil der Fall.[13] Eine neoliberale Meritokratie vereint beide Formen von Erblichkeit und installiert eine neue, statische Klassengesellschaft, in der Diplome in Verbindung mit Geld zählen, wobei die Oberschicht die eigenen Privilegien nicht nur gewissenhaft verteidigt, sondern auch spürbar ausweitet. Dadurch verstärken sich sehr schnell die Unterschiede zwischen den verschiedenen Gruppen. Das wird heute überall deutlich, sowohl innerhalb von Organisationen und Betrieben als auch auf breiterer gesellschaftlicher Ebene. Im Krankenhaus wächst die Abteilung, die das meiste einbringt, die anderen müssen abspecken; an der Universität expandieren die Fächer, die den Zielvorgaben am besten entsprechen, auf Kosten derjenigen, die dummerweise nicht ins aktuelle Raster passen.

Auf gesamtgesellschaftlicher Ebene hat das schlimme Folgen. Die Mittelklasse verschwindet, und es entsteht eine kleine Spitzengruppe oberhalb einer großen Unterklasse. Die sozialen Beziehungen werden immer aggressiver. Die Spitzengruppe blickt auf die Unterschicht herab, da diese ihrer Ansicht nach selbst schuld ist, wenn sie in der Gosse liegt. »Schuld« wird dabei verstanden als Mangel an Engagement und Talent. Wenn die Spitzengruppe überhaupt Hilfe anbietet, dann stets in der Form von *welfare*, Almosen – in den Augen der Oberschicht verdient die Unterklasse keine Hilfe. Im Grunde beobachten wir auch hier, analog zum Aufkommen des Sozialdarwinismus, die Wiederauferstehung eines anderen Prinzips aus dem 19. Jahrhunderts, nämlich des Wohltätigkeitsgedankens. Reiche müssen den Armen mit Geschenken helfen – wobei die Armen allerdings arm zu bleiben haben. Die Hilfe beschränkt sich darauf, materielle Not zu lindern, soziale Emanzipation bleibt außen vor. Der karitative Gedanke – ach Gott, die armen Menschen – definiert soziale Probleme zu Armutsproblemen um, man denke an Begriffe wie die »Chancenarmut« oder »Armutskarriere«.

Wie im 19. Jahrhundert vergisst man dabei der Bequemlichkeit halber, dass der pure Zufall eine wichtige Rolle spielt, neben sozialen Aspekten wie ethnische Zugehörigkeit, Schichtzugehörigkeit, Alter, Krankheit, Pech, aber auch Geschlecht. Was Letzteres betrifft: Im August 2009 berichtete die britische Zeitung *The Observer*, dass schwangere Frauen und Mütter am Arbeitsplatz immer öfter diskriminiert werden, und die Erfahrung lehrt, dass es sehr schwer ist, Karriere und Mutterschaft zu vereinbaren. Die Universität bildet dabei absolut keine Ausnahme – welche Hochschule stellt ihren Forscherinnen schon genügend Kinderbetreuungsplätze zur Verfügung? Meritokratie dockt perfekt an den typisch männlich-phallischen Konkurrenzgedanken an. Der blutige soziale Aufstand, mit dem Michael Youngs Buch *Auf dem Wege zur Meritokratie* endet, wird nicht zufällig von hochgebildeten Frauen organisiert.

Die Unterschicht stellt das eine oder andere natürlich in Rechnung, sie wirft der Elite Arroganz und mangelnde Selbstkritik vor, und in zunehmendem Maß auch eine Selbstbedienungsmentalität. Die Botschaft, die den Verlierern überbracht wird, steht in krassem Gegensatz zu dem, was sie am eigenen Leib erfahren. Von außen bekommen sie zu hören, dass sie an ihrem Elend selbst schuld sind, und innerlich fühlen sie sich zu ohnmächtig, um etwas zu ändern. Diese Kombination führt zu einer ständigen Demütigung. Dominique Moïsi hat diese Argumentationskette in seinem Buch *Kampf der Emotionen. Wie Kulturen der Angst, Demütigung und Hoffnung die Weltpolitik bestimmen* auf die internationalen Beziehungen angewandt, um so das Verhältnis zwischen Europa, China, den islamischen Staaten und den USA besser zu verstehen. Sie lässt sich auch auf kleinere Einheiten übertragen. Sowohl auf internationaler Ebene als auch zwischen sozialen Klassen und sogar Individuen ist der Schritt vom Gefühl der Demütigung und Verzweiflung hin zu Rachegefühlen und Gewalt besonders klein.

Der statische Charakter dieser sozialen Beziehungen verursacht bei den Verlierern ein Gefühl der Ausweglosigkeit, die wiederum in sinnlose Aggression umschlagen kann, zum machtlosen Aufstand der Ohnmächtigen. Damit meine ich nicht so sehr die Revolution, mit der Youngs Buch endet, als Kliniker denke ich vor allem an das selbst verletzende Verhalten von Menschen, die jeden Einfluss auf ihr Leben verloren haben. Man denke beispielsweise an die Unruhen in den französischen Vorstädten im Jahr 2005, die von einer Bevölkerungsgruppe ausgelöst wurden, die nichts mehr zu erwarten hatte und begann, ihre eigenen Wohnviertel zu zerstören. Die hoffnungslose Lage wurde noch verstärkt durch die Reaktion des damaligen Innenministers und späteren Präsidenten Sarkozy, der diese Gruppe als *racaille*, Gesindel, bezeichnete, das mit einem Hochdruckreiniger von der Straße weggespült werden müsse. Der britische Premierminister Cameron reagierte ein paar Jahre später bei den Tumulten in London genauso: keine soften Erklärungsversuche, sondern harte Strafen, schließlich ging es um geborene Kriminelle. Damit griff Cameron unbewusst die Auffassung des Kriminologen

Lombroso vom »geborenen« Verbrecher wieder auf, ein erblich belasteter Mensch, der an den weit auseinanderstehenden Augen und zusammengewachsenen Augenbrauen zu erkennen war. Als sich herausstellte, dass auch viele junge Leute aus wohlhabenden Schichten an den Plünderungen beteiligt waren, musste der Premier seine Meinung revidieren.

Wie war das noch mal mit der Identität?

6 IDENTITÄT: MACHTLOSE MACHBARKEIT

So etwa alle fünfzehn Jahre lese ich *Jenseits von Eden* wieder, und jedes Mal freue ich mich darüber, wie es dem Literaturnobelpreisträger John Steinbeck gelingt, die elementarsten Fragen ganz unauffällig in eine mitreißende Geschichte einzubetten. Eine davon betrifft Vererbung und Milieu: Ist unser Schicksal schon von Geburt an vorgezeichnet, oder kann die Umgebung noch mit im Genbrei rühren? Gibt es so etwas wie eine moralische Wahl? Eine der Romanfiguren ist davon überzeugt, dass alles durch Vererbung vorherbestimmt ist: »Aus einem Schwein kann man kein Rennpferd machen«, sagt sie und bekommt zur Antwort: »Nein, aber man kann ein sehr schnelles Schwein machen.«

Im ersten Kapitel habe ich dargelegt, dass unsere psychologische Identität ein Produkt unserer Umgebung ist. Das bedeutet natürlich nicht, dass die Umgebung eines Babys allein ausschlaggebend wäre – die Umrisse liegen genetisch fest, aber innerhalb dieser Konturen bleibt doch einiges an Spielraum. Daher bin ich im vierten Kapitel der Frage nachgegangen, was wir eigentlich für wesentlich erachten. Feldbiologen sind da meiner Ansicht nach eine bessere Informationsquelle als selbst ernannte Hirnspezialisten. Frans de Waal hat überzeugend nachgewiesen, dass Primaten, zu denen auch wir zählen, Empathie besitzen und auf Zusammenarbeit und Solidarität ausgerichtet sind, allerdings *unter der Voraussetzung, dass die Umgebung dieses Verhalten fördert.* In einer andersgearteten Umgebung können wir uns als äußerst grausame und egoistisch handelnde Wesen entpuppen. Das bestätigt, was Steinbeck auch schon wusste und in seinem Roman wunderbar beschreibt: Die Umgebung ist zwar sehr determinierend, doch schließt das die Möglichkeit der individuellen Entscheidung und Verantwortung nicht aus.

Die Prozesse (Spiegelung und Separation), die bei der Entstehung unserer Identität ablaufen, habe ich im Anfangskapitel dieses Buches beschrieben. Dabei habe ich den formalen Aspekt dieser Prozesse ein wenig vernachlässigt, auf den ich nun näher eingehen will.

Die Identitätsentwicklung verläuft optimal in einer stabilen Umgebung mit klar erkennbaren Autoritätsfiguren, die für eine sichere Bindung sorgen. Weniger wissenschaftlich ausgedrückt: Kinder fühlen sich geliebt von Menschen, die konsequent Entscheidungen für sie treffen (»erst noch eine Geschichte und dann schlafen«), bis sie selbst dazu imstande sind. Sind die formalen Anforderungen hinreichend erfüllt, wird der Inhalt über die Spiegelungsprozesse rasch weitergegeben, das Kind entwickelt Vertrauen zu sich und anderen; es kann auf diese Weise auch auf Distanz gehen und eigene Entscheidungen treffen. So bildet sich Stück für Stück eine stabile Identität heraus. Ihre Eigenschaften hängen ab von der sozialen Gruppe, in der jemand aufwächst, vor allem von den dort vertretenen Anschauungen, von der dort anzutreffenden »Erzählung«. Diese Anschauungen sind stets ethischer Natur, sie beinhalten vor allem Normen und Werte und bestimmen die Art und Weise, wie wir uns selbst und andere sehen. Diese Anschauungen spiegeln sich in den *mores* oder der Ethik wider, die ihren offiziellen Niederschlag im Rechtswesen findet.

Bis vor zwei Generationen spielte die Familie, in der man aufwuchs, in Verbindung mit der unmittelbaren sozialen Umgebung dabei die Hauptrolle. Dafür gibt es eine einfache Erklärung: Dort brachte man nun einmal die meiste Zeit zu, und der Einfluss der Außenwelt war verhältnismäßig gering. Das damals noch perfekt funktionierende Schienennetz diente – um eine gelungene Formulierung von Erwin Mortier aufzunehmen – vor allem dazu, jeden an seinem Platz festzuhalten. Heute vereiteln die neuen Kommunikationsmöglichkeiten das Abschiednehmen fast völlig. Die Abschiedsszene von *Casablanca*, »Uns bleibt immer noch Paris«, wäre heute undenkbar. Ingrid Bergmans Flugzeug wäre noch nicht ganz in der Luft, da würde Humphrey Bogart schon verstohlen die erste SMS losschicken. All diese Veränderungen bewirken zweifellos, dass Eltern immer weniger Einfluss auf die Entwicklung ihrer Kinder haben. Die Grenze zwischen Innen- und Außenwelt hat sich verschoben, die Außenwelt hat die Oberhand gewonnen.

Nicht verändert hat sich allerdings die Art und Weise, wie sich unsere Identität herausbildet: Noch immer orientieren wir uns an der herrschenden Erzählung und den ihr impliziten Normen und Werten. Quelle der Spiegelung sind nun nicht mehr überwiegend unsere Eltern, sondern immer häufiger die allgegenwärtigen Flachbildschirme, denen wir nicht mehr entrinnen können, seit sie auch die öffentlichen Räume verpesten. Dies ist die Millenniumsversion der permanent wiederholten hypnopädischen Botschaften der *Schönen neuen Welt*, und ihre Effizienz übertrifft selbst Huxleys ärgste Albträume. Die Reklamewelt, oder allgemeiner gefasst, die Medien, überbringen die frohe Botschaft, gegen die nur wenig Widerstand möglich ist. Dahinter verbirgt sich eine raffinierte Strategie, die uns davon überzeugen will, dass sie nur unser Bestes im Sinn hat und uns deshalb zum Kauf eines bestimmten Produkts rät, »weil Sie es verdienen«.

Gegen Flachbildschirme an sich ist nichts einzuwenden, auch nicht gegen die Medien. Das Problem sind die Botschaften, die sie übermitteln, oder – im weiteren Sinne – ihre marktbeherrschende Position. Die explizite Botschaft lautet: Jeder kann perfekt sein, jeder kann alles haben. Die implizite Botschaft ergänzt: Wenn du dein Bestes gibst. Letzteres passt perfekt zum heutigen Mythos, wie er im dritten Kapitel beschrieben wurde: der Mythos vom machbaren Menschen. Man beachte, dass Werbung als Quelle der heutigen Ethik nie Verbote ausspricht, höchstens pflichtschuldige Ermahnungen wie »Alkohol kann Ihrer Gesundheit schaden«, die von der dominanten Botschaft komplett übertönt werden. Und die lautet: Genieße jetzt, und zwar so viel wie möglich.

Was soll daran verkehrt sein? Was lässt sich gegen Genuss einwenden, außer vielleicht, dass er ungleich verteilt ist? Wenn die anderen sich mehr Mühe gäben, könnten sie es doch auch schaffen? Ellen Key, eine amerikanisch-schwedische Pädagogin, rief das letzte Jahrhundert zum Jahrhundert des Kindes aus. Das gegenwärtige können wir jetzt schon das Jahrhundert des gefährlichen, zumindest aber gestörten Kindes nennen. Sogenannte Doppeldiagnosen (Kombinationen von ADHS, aggressiv-oppositionellen Verhaltensstörungen, ASS [Autismus-Spektrumsstörungen], Selbstverstümmelung, Essstörungen usw. usw.) werden uns nur so um die Ohren gehauen. Diese gestörte Diagnostik wird im folgenden Kapitel behandelt. In jedem Fall nimmt die Zahl der Kinder und Jugendlichen mit Problemen zu, und auch immer mehr Erwachsene kämpfen mit Schwierigkeiten. Manche sind gestört, andere gefährlich, einige beides – mit der Betonung auf *einige*. Viele Erwachsene begegnen Jugendlichen mit einer Mischung aus Angst und Ablehnung. Angst vor der gefühlten Bedrohung und Ablehnung der Vorstellungen und Verhaltensweisen, die sie der Jugend zuschreiben. Die Jugend will nicht mehr arbeiten, junge Leute wollen sich nur vergnügen, sie wollen alles sofort, sie nehmen Drogen, fangen zu früh mit dem Sex an und so weiter. Kurzum: Den jungen Leuten werden all die Dinge unterstellt, von denen Erwachsene nur zu träumen wagen.

Es ist beruhigend, dass diese negativen Reaktionsmuster bei jedem Generationswechsel zu beobachten sind. Die folgenden Sätze werden den meisten Lesern wohl bekannt vorkommen:

> *Die Jugend liebt heutzutage den Luxus. Sie hat schlechte Manieren, verachtet die Autorität, hat keinen Respekt mehr vor älteren Leuten und schwatzt, wo sie arbeiten sollte. […] Sie widerspricht den Eltern, schwadroniert in Gesellschaft […] und tyrannisiert die Lehrer.*

Brandaktuell, nicht wahr? Das Zitat ist ungefähr 2500 Jahre alt, damals legte Plato es Sokrates in den Mund. Dies zeigt, dass der Kern der Klage immer derselbe bleibt: Die Jugend hat keine Normen und Werte mehr; Hilfe, die Welt geht unter. Die tiefer liegende Bedeutung ist etwas schmerzhafter: Ich werde alt, ich komme nicht mehr mit, ich erkenne mich in den Jüngeren nicht mehr wieder, sie sind anders.

Das Gefühl der Entfremdung, das Ältere gegenüber Jüngeren empfinden, weist auf eine durch kulturelle Verschiebungen veränderte Identität hin, etwas, was bekanntlich immer wieder zu Konflikten zwischen den Generationen führt. Eine neue Generation ist in der Tat *anders* als die vorherige. Daraus ergeben sich drei wichtige Fragen: Wie kommt es, dass die neue Generation anders ist, inwiefern ist sie anders und welche Reaktionen löst das aus? Die erste Frage wurde großenteils bereits im letzten Kapitel beantwortet: Die neue Identität ist eine Spiegelung der neuen, neoliberalen Erzählung. Die Reaktion darauf wird im nächsten Kapitel behandelt. Jetzt möchte ich zunächst auf Frage zwei eingehen: Inwiefern ist die jüngere Generation anders? Wirkt dieses Anderssein wirklich bedrohlich und verstörend, und steckt vielleicht mehr dahinter als ein bloßer Generationenkonflikt?

Moralische Entwicklung

Der Begriff »großziehen« beinhaltet die Idee, die Entwicklung von etwas Kleinem hin zu etwas Größerem zu fördern. Prosaisch gesprochen: Kinder müssen die Regeln ihrer Kultur übernehmen, angefangen von den Tischmanieren über Körperpflege und sexuelle Normen bis hin zu politischem Bewusstsein. Nach der Flut von Erziehungsratgebern, der permanent in den Medien auftretenden Experten und der großen Zahl von Familien zu urteilen, die pädagogischer Unterstützung bedürfen, scheint das Aufziehen von Kindern heutzutage ein unglaublich schwieriges Unterfangen zu sein. Diese Problematisierung mutet noch seltsamer an, wenn man bedenkt, dass die Generation meiner Eltern praktisch ohne Hilfestellung zurechtkam.

Es ist durchaus der Mühe wert, sich einmal den Verlauf einer normalen moralischen Entwicklung zu vergegenwärtigen. Dieses Thema ist Gegenstand zahlreicher entwicklungspsychologischer und pädagogischer Untersuchungen, deren Ergebnis niemanden überraschen wird. Bereits im zartesten Kindesalter schauen wir uns Normen und Werte von unseren Eltern und in zunehmendem Maß auch vom weiteren Umfeld ab. Das betrifft sowohl die sprachliche (»Du musst warten, bis du an der Reihe bist«) als auch die Handlungsebene (die Vorbildfunktion) innerhalb eines Kontextes von Strafe und Belohnung. Liebevolle Aufmerksamkeit zu schenken stellt dabei die bestmögliche Belohnung dar, der Entzug dieser Aufmerksamkeit bis hin zum sozialen Ausschluss des Kindes die wirksamste Strafe (»Ab in die Ecke!«). Materielle Belohnungen (»Wenn du brav ins Bett gehst, bekommst du noch was Süßes«) und körperliche Strafen müssen Ausnahmen bleiben, sonst sind sie Zeichen für Versagen und Machtlosigkeit.

Das Abgucken geschieht permanent, erfordert ständige Wiederholung und ist bisweilen äußerst anstrengend, wie alle jungen Eltern schnell lernen. Zunächst existieren Autorität und Gewissen außerhalb des Kindes in Gestalt der Eltern, die dadurch die Position einer Kontrollinstanz einnehmen müssen. Ja mehr noch: Alle Dreijährigen fordern diese Autorität heraus und testen die Dehnbarkeit der Grenzen; zehn Jahre später erfährt die ganze Prozedur während der Pubertät eine hormonlastige Wiederholung. Orson Welles sagte einmal: Eltern sind der Knochen, an dem Kinder ihre Zähne wetzen, und das finden diese selten angenehm. Oft genug sorgen die lieben Kleinen selbst dafür, dass man sie ertappt und ihnen ihre Grenzen aufzeigt, denn das wirkt beruhigend. Die Konsequenzen – wütendes Fußaufstampfen, Notlügen, Schuld und Scham – sind Teil des Spiels. Eltern müssen dabei jede Menge Standfestigkeit beweisen.

Wenn das Kind eine sichere und liebevolle Umgebung hat, beginnt es im Alter von etwa fünf Jahren, die ursprünglich externe Regelsetzung zu übernehmen und zu verinnerlichen, sodass sie allmählich Teil seiner Identität wird. Man nennt das »Internalisierung«, sie bildet die Grundlage des moralischen Bewusstseins, des »Gewissens«. Konkret ausgedrückt: Auch wenn Papa oder Mama nicht leibhaftig da sind, weiß das Kind sehr gut, was es darf und was nicht, und wenn es die Regel dennoch verletzt, wird es sich mehr oder weniger schuldig fühlen. Die Schule und das weitere soziale Umfeld beginnen ihren Einfluss auszuüben und verstärken allmählich die anfangs noch schwache Internalisierung.

Ein sichtbarer Effekt dieser Verstärkung ist, dass das Umfeld dem Heranwachsenden immer mehr Vertrauen schenken kann. Durch Hinfallen und Aufstehen lernen Jugendliche, die richtigen Entscheidungen zu treffen, wobei auch andere Normen und Werte – andere als die der Eltern – eine Rolle spielen. Dies alles macht das berühmte *coming of age* (Erwachsenwerden) aus, das in vielen Büchern und Filmen thematisiert wird. Gleichzeitig dienen diese Bücher und Filme den Heranwachsenden auch als Spiegel: Dies sind die Schwierigkeiten, das sind die schönen Dinge, diese Fehler kann man machen, das ist schwarz und das ist weiß, aber dazwischen liegen sämtliche Farben des Regenbogens usw. Erziehung geht dabei nahtlos in *Bildung* über, und je reicher eine Kultur, desto breiter die Palette an Identifikationsmöglichkeiten. Zentrales Element ist das Wissen, allerdings in der klassischen griechischen Bedeutung von *phronesis*, Klugheit. Es handelt sich um eine völlig andere Form von Wissen als das rein naturwissenschaftliche, einfach weil es darum geht, moralische und existenzielle Entscheidungen zu treffen, wobei absolute Antworten und verallgemeinernde Lösungen in der Regel Ausdruck von Dummheit und Angst sind. Oder wie es in *Jenseits von Eden* heißt: »Aron erwarb seine erste Weltkenntnis von einem jungen Mann, der selbst noch keinerlei Erfahrung hatte, was ihm eine Fähigkeit zur Verallgemeinerung verlieh, wie sie nur die Unerfahrenen haben können.«

Wachsendes Vertrauen in die Entscheidungsfähigkeit von jungen Leuten führt dazu, dass ihre Unabhängigkeit zunimmt und immer weniger externe Kontrolle vonnöten ist. Daraus ergibt sich, dass das gesetzliche Volljährigkeitsalter herabgesetzt werden kann, wie es in den letzten Jahrzehnten auch geschah; in fast allen Ländern sank es von dreiundzwanzig auf einundzwanzig und dann achtzehn Jahre. Mit der gesetzlichen Volljährigkeit übernimmt man die Verantwortung für sein Verhalten, da die moralische Norm dann vollständig übernommen, internalisiert worden sein muss. Die jungen Erwachsenen werden zu Bürgerinnen und Bürgern, zu vollwertigen Mitgliedern der Gesellschaft, mit den dazugehörigen Rechten und Pflichten. Im Fall des Scheiterns greift die Gesellschaft ein, indem sie diejenigen, die die Regeln verletzen, entweder verurteilt oder für gestört, abnormal, jedenfalls für von der Norm abweichend erklärt.

Offenbar klappt es mit dem Erwachsenwerden gegenwärtig nicht mehr reibungslos. Eine aussagekräftige Studie belegt, dass drei von vier erwachsenen Niederländern die heutigen Kinder für zu brutal, zu asozial, zu hinterhältig und zu ungehorsam halten. Laut amtlichen Statistiken benötigen vierzehn Prozent der niederländischen Kinder (also jedes siebte) besondere allgemeine oder pädagogische Betreuung; fast sieben Prozent der Achtzehnjährigen beziehen Hilfe wegen Arbeitsunfähigkeit – im Prinzip bekommen sie für den Rest ihres Lebens eine »Erwerbsunfähigkeitsrente«. Für Belgien habe ich keine zuverlässigen Zahlen gefunden, aber sie dürften sich in derselben Größenordnung bewegen. In Deutschland benötigten im Schuljahr 2010/2011 rund fünf Prozent der gesamten Schüler sonderpädagogischen Förderbedarf; sieben Prozent der Schulabgängerinnen und -abgänger blieben ohne Hauptschulabschluss.[1]

Die Ursachen für diese Entwicklung mit ebenso nachprüfbaren wissenschaftlichen Untersuchungen zu belegen ist unmöglich – wegen der großen Zahl von Faktoren, die eine Rolle spielen können. Einige Dinge springen dennoch ins Auge. Der Einfluss von Eltern und Familie ist auf einen Bruchteil des früher üblichen geschrumpft – trotzdem zeigt man erst einmal mit dem Finger auf die Eltern, wenn mit den Kindern etwas schiefläuft. In unserer veränderten Gesellschaft geraten die formalen pädagogischen Voraussetzungen, von denen weiter oben die Rede war, ernsthaft unter Druck. Aufgrund unserer Arbeitsorganisation wachsen nur noch wenige Kinder in einer vorhersehbaren und stabilen Umgebung auf. Die meisten Kleinkinder wechseln mindestens einmal am Tag ihre Umgebung und ihre Betreuungspersonen, manche sogar mehrfach. Außerdem ist die Autoritätsfunktion mittlerweile so gut wie dahin, und die meisten Eltern trauen sich kaum noch, ihren Kindern etwas zu verbieten. Bei Kleinkindern verstärkt das paradoxerweise die Unsicherheit, weshalb viele Kinder keine normale Bindungsfähigkeit entwickeln und weder Vertrauen zu sich selbst noch zu anderen haben. Die werbelastigen Medien senden wiederum permanent die Botschaft aus, dass jedes Verlangen befriedigt werden kann, indem man das richtige Produkt kauft. Im Verein mit der fehlenden Autorität hat das zur Folge, dass der Umgang mit Kindern immer schwieriger wird.

Neben der Frage nach den formalen Voraussetzungen für eine gelungene Identitätsbildung ist die nach den inhaltlichen Merkmalen womöglich noch wichtiger: Welchen Spiegel bekommt ein Kind vorgehalten? Das, was der Spiegel zeigt, lässt sich aus zwei auf den ersten Blick widerstreitenden Klagen über die Jugend von heute ableiten. Zum einen werden die jungen Leute von heute als leistungsorientierte Hyperindividualisten geschmäht, für die nur die Karriere zählt, ohne Rücksicht auf die Bedürfnisse anderer. Zum andern beklagt man das genaue Gegenteil: Die jungen Leute von heute sind nicht bereit, sich anzustrengen, wollen nicht arbeiten und haben nur ihren Vorteil im Sinn. Und dann gibt es noch eine dritte Gruppe, nämlich diejenigen, denen eine Störung attestiert wird – auf diese Gruppe werde ich im nächsten Kapitel näher eingehen. Diese drei Gruppen halten auch uns einen Spiegel vor: Sie sind das Produkt der herrschenden Erzählung, in der und mit der sie großgeworden sind.

Die Schnullerkinder

In diesen Zeiten hoher Arbeitslosigkeit bleiben Tausende von Stellen für Ungelernte unbesetzt, während diese Gruppe gleichzeitig einen Großteil der Jobsuchenden ausmacht. Es finden sich einfach keine geeigneten Kräfte, und jeder Arbeitgeber weiß erschütternde Dinge über junge Erwachsene zu berichten, die schon nach wenigen Tagen das Handtuch werfen – die Arbeit ist zu schwer, man verdient zu wenig, dann kassieren wir doch lieber Stütze. Kein Wunder, dass die Arbeitgeber ernste Zweifel an einem System haben, das diese Art von Missbrauch ermöglicht. Allerdings ist ihnen nicht bewusst, dass es sich bei den betreffenden Bewerbern um eine ganz spezielle Untergruppe handelt, die ich hier der Einfachheit halber »Schnullerkinder« nenne.

Gemeinsam mit den erfolgreichen und den gestörten Altersgenossen sind die Schnullerkinder das Produkt der heute vorherrschenden Erzählung und ihrer Vermittlung über die Erziehung. Alle bekommen dieselbe Botschaft zu hören, insbesondere die Aussage, dass jedes Bedürfnis, jedes Verlangen vollständig befriedigt werden muss, und zwar kurzfristig, und dass Genießen durch Konsum oberstes Lebensziel ist. Was die Schnullerkinder von den beiden übrigen Gruppen unterscheidet, ist, dass sie diese Befriedigung ausschließlich von anderen erwarten. Eigentlich darf das niemanden wundern, denn schließlich konnten sich alle Kinder jahrelang genau darauf verlassen. Verwunderlich ist höchstens, dass diese Gruppe in diesem Schema stecken geblieben ist.

Um zu verstehen, warum sich das so verhält, müssen wir kurz in die paradiesische Babyzeit zurückkehren. Im Idealfall freuen sich alle Mitmenschen unbändig über unsere Geburt, allen voran natürlich unsere Eltern. Als Baby kennen, können und wissen wir noch nichts. Unsere Reaktionen sind Reflexe, und unser Überlebensmerkmal besteht darin, zu weinen, sobald uns etwas quält: Hunger, Durst, Kälte, eine nasse Windel. Und – o Wunder! – innerhalb kürzester Zeit steht jemand neben unserer Wiege, um uns zu helfen und auch noch zu trösten. Anfangs ist der Schnuller dabei ein wichtiges Hilfsmittel, daher meine Wortwahl. Diese Interaktion wird während der ersten Lebensjahre buchstäblich viele tausend Mal wiederholt: Haben wir ein Problem, dann werden die anderen es schon für uns lösen. Mit zunehmender Reife verschiebt sich diese Überzeugung allmählich. Wir suchen immer stärker selbst nach Lösungen, wobei eine Krankheit oder ein traumatisches Erlebnis fast jeden auf das frühere Stadium zurückwirft, als Mama noch alles für uns geregelt hat.

Nicht von ungefähr habe ich den Begriff Reife gewählt. Jede Erziehung gelangt an einen entscheidenden Wendepunkt, an dem das Kind lernen muss, mit dem fertig zu werden, was ich etwas pathetisch »Mangel« nennen will. Mama ist nicht immer da, Papa ist kein Superdaddy, und selbst wenn die Eltern anwesend sind, haben sie oft anderes zu tun. Auch wenn sie normal und liebevoll mit ihrem Nachwuchs umgehen, sind Enttäuschungen Teil des Heranwachsens. Keine Wirklichkeit, kein Produkt kann eine perfekte und definitive Antwort auf unsere Bedürfnisse und Wünsche geben. Die Qualität einer Erziehung können wir unter anderem daran ablesen, wie ein Kind diese unvermeidlichen Frustrationen bewältigt.

Der Übertritt von dem mythischen Paradies, in dem alles möglich ist und die anderen immer für uns da sind, in die raue Wirklichkeit, in der wir selbst Verantwortung übernehmen und selbst für Antworten und Resultate zuständig sind, ist von entscheidender Bedeutung, und das Umfeld spielt dabei eine ausschlaggebende Rolle. Fast alle Kulturen markieren diesen Übergang durch Rituale, die dem heranwachsenden Kind neue Rechte und Pflichten zuweisen: Dies kannst du von den anderen bekommen, und dafür bist du ab jetzt selbst zuständig. Gleichzeitig sagt man den jungen Erwachsenen, dass bestimmte Wünsche nur begrenzt und unter bestimmten Voraussetzungen erfüllbar sind und andere gar nicht. Damit sind wir wieder beim Thema des zweiten Kapitels, nämlich der Ethik und den dazugehörenden Regeln, die stets auf Beschränkungen hinauslaufen. Sex, Nahrung und Alkohol werden erlaubt, aber nicht grenzenlos. Noch schwieriger wird es, wenn es um Fragen geht wie Geburt (»Warum bekomme ich keine Kinder?«), Tod (»Warum muss ich sterben?«) oder die Natur ganz allgemein (»Wann regnet es endlich, sonst ist die Ernte bedroht«) – hier kann man das Wort Mangel tatsächlich großschreiben.

Die Konfrontation mit den großen existenziellen Fragen macht ein typisches Kennzeichen des Menschen sichtbar: die Kreativität, mit der wir auf alle möglichen Arten Antworten konstruieren. Wir tun das sogar als Kollektiv, wobei am Ende immer größere symbolische Einheiten entstehen, die uns dabei helfen sollen, dem Mangel zu begegnen. Religion und Kunst sind die beiden ältesten Formen davon, Wissenschaft (im weitesten Sinn des Wortes) die jüngste. Stück für Stück versuchen wir mit ihrer Hilfe unsere Ängste zu meistern. Keine dieser Einheiten kann uns jedoch endgültige Antworten geben, und deshalb suchen wir weiter.

Sowohl die Erkenntnis, dass es keine definitive Antwort auf die Mangelsituation gibt, als auch das nicht nachlassende Bemühen, trotzdem danach zu suchen, sind Zeichen für eine gelungene Erziehung. Die Eltern haben ihren Sprösslingen deutlich gemacht, dass ihnen bei dem, was sie zu geben vermögen, nicht nur materielle Grenzen gesetzt sind, sondern dass es überhaupt unmöglich ist, sämtliche Wünsche eines Menschen ganz zu erfüllen. Was wir auch bekommen oder geben, es wird nie die endgültige Antwort sein. Die schönste Definition der Liebe, einst formuliert von Jacques Lacan, lautet: »*L'amour, c'est donner ce qu'on n'a pas.*« (Liebe heißt: geben, was man nicht hat.)

Versuchshalber können wir uns die Frage stellen, welche Auswirkungen eine Gesellschaft auf ihre Mitglieder hat, deren oberster Wahlspruch lautet, dass man alles bekommen kann. Dass Schmerz ein außergewöhnlicher und vermeidbarer Bestandteil des Lebens ist und Genuss der Normalzustand. Dass alles kontrollierbar und vorhersehbar ist und dass, falls ausnahmsweise doch einmal etwas schiefgeht, immer jemand daran schuld sein muss. Eine Gesellschaft, in der das Aussprechen eines Verbots fast als Kindesmisshandlung angesehen wird, da Kinder als fertige Wesen ein Recht auf ungefähr alles haben, was man kaufen kann.

Wir brauchen für diesen Versuch gar nichts zu arrangieren, denn er ist bereits in vollem Gang – von jedem Bildschirm, jeder Reklametafel prasseln uns die bekannten Leitmotive unaufhörlich entgegen: Jedem Mangel lässt sich abhelfen, für und gegen alles gibt es ein Produkt, und man braucht wirklich nicht auf das Jenseits zu warten, um grenzenlos genießen zu können. Das Leben ist ein großes Fest, sofern man folgende Bedingung erfüllt: »es zu schaffen«.

Diese letzte Klausel ist den Schnullerkindern unbekannt, oft genug, weil die Eltern den Kindern alles abgenommen haben, um ihnen jede Enttäuschung, jedes Wehwehchen, jeden Mangel zu ersparen – auch wenn das Kleinkind inzwischen zwanzig ist. Kaum ein Hochschullehrer, der nicht in der Prüfungszeit von besorgten Müttern angerufen würde, die ihn vor allem davon überzeugen wollen, dass ihr Liebling wirklich nicht imstande war, um neun Uhr zur Prüfung zu erscheinen – und ob man nicht dieses eine Mal eine Ausnahme machen könne ... Solche jungen Leute sind nicht das Produkt eines Sozialstaats. Sie sind der Abfall einer Konsumgesellschaft, die im Eiltempo dabei ist, den Sozialstaat zu strangulieren.

Make it or Break it

Eine zweite Gruppe von jungen Leuten hat die Bedingung sehr wohl vernommen. Das heißt, ihre Eltern haben sie vernommen und den Nachwuchs entsprechend erzogen, weil sie bereits dieselbe Grundeinstellung hatten: Es gibt keinen Zufall, alles ist kontrollierbar, jedes Defizit lässt sich beheben. Diese Jugendlichen schaffen es, ja, aber das ist auch schon ihr ganzer Lebensinhalt. Von daher die immer wiederkehrenden Klagen über ihren asozialen Hyperindividualismus. Diese Gruppe von jungen Leuten hat in erster Linie den eigenen Erfolg im Blick; sich für andere einzusetzen und selbst zurückzustecken zählt nicht zu ihren mittlerweile gern zitierten »Kernkompetenzen«. Manch selbst ernannter Wissenschaftler rechtfertigt ein solches Verhalten mit dem typisch menschlichen Egoismus – unsere egoistischen Gene, erinnern Sie sich? *Ecce homo*, weitere Erklärungen sind überflüssig. Damit wird auch der Konkurrenzdrang dieser jungen und sehr leistungsorientierten Erwachsenen begreiflich, die zugunsten der Karriere fast alles opfern, ganz dem Titel einer bekannten Fernsehserie folgend: *Make it or Break it.*

Meine Erklärung lautet anders. Auch diese ichzentrierte Moral ist das Ergebnis des vorherrschenden Idealbildes, das der Gesellschaft schon seit dreißig Jahren vorgehalten wird und das inzwischen auch den häuslichen Bereich und das Klassenzimmer erobert hat. Was die Schule betrifft, halte ich dies für absolut dramatisch, vor allem, weil die Veränderungen in bester Absicht eingeführt wurden. Genau wie das Heilen war das Lehren früher in erster Linie eine Berufung, der man aufgrund eines Ideals folgte. Eben deshalb sind diese beiden Bereiche ja auch seit jeher der Zankapfel zwischen den verschiedenen politischen und religiösen Obrigkeiten gewesen; beide Seiten wollten ihr jeweiliges Bild vom idealen Menschen verwirklicht sehen. Wie schon erwähnt, ist die Frage nach dem idealen Menschen und der idealen Gesellschaft unter einer aufgezwungenen Antwort verloren gegangen. Die Klassenzimmer hallen wider vom Zauberwort »Kompetenzen«, wobei es allmählich zur Nebentätigkeit der Schule wird, sowohl gestörte als auch arbeitsunfähige Schüler frühzeitig zu erkennen.

An dieser Stelle empfiehlt sich ein Blick zurück in die Geschichte. Eine Lehre des 20. Jahrhunderts ist, dass jede Diktatur das Bildungswesen dazu benutzt, Kindern Ideen aufzuzwingen, die für einen Haufen Elend sorgen und ihre Entfaltung zu kritischen, selbstständig denkenden Menschen stark beschneiden. Deshalb erhoben sich immer mehr Stimmen, die für eine möglichst wertfreie Bildung eintraten. Schülern soll nicht diktiert werden, was sie zu denken haben, jede Form von Indoktrination ist Freiheitsberaubung, und der pädagogische Prozess darf sich nicht an ihnen versündigen. Faschismus und Kommunismus hatten jede Autorität über die Maßen verdächtig gemacht, weshalb man sie kurzerhand auch aus dem Klassenzimmer verbannte. Lasst Kinder in Freiheit lernen, ohne aufgezwungene Werte oder Autorität, und sie werden von selbst zu integren, mündigen Bürgern. Dass Jean-Jacques Rousseau – der Vater dieser Ideen – seine eigenen Kinder ins Findelhaus schickte, wurde dabei ausgeblendet.

In diesem pädagogischen Vakuum fand das Wettbewerbsmodell einen fruchtbaren Boden. Die ursprünglichen Ziele waren nobel: Lasst uns von den Fertigkeiten ausgehen, die im Berufsleben wichtig sind, und überlegen wir, wie diese Fertigkeiten in der Schule optimal entwickelt werden können, damit junge Menschen rasch in die Lage versetzt werden, ihren eigenen Weg zu gehen, befreit von jedem moralischen, religiösen und ideologischen Ballast. Dies ist der neutrale Ausgangsgedanke des kompetenzorientierten Unterrichts. Merkwürdigerweise hielt es die Zeitschrift *Ethische Perspectieven* der Universität Löwen im Jahr 2007 für nötig, diesem Thema eine ganze Nummer zu widmen. So ganz neutral sind Kompetenzen offenbar doch nicht.[2]

Ausgangspunkt des kompetenzorientierten Unterrichts sind die Fertigkeiten, die im Berufsleben gebraucht werden. Sehr bald tritt jedoch eine bedeutsame Begriffserweiterung ein, und zwar eine Verschiebung von den praktischen Fähigkeiten (beispielsweise Sprachkenntnisse und Kommunikation) hin zu Persönlichkeitsmerkmalen (Flexibilität) und schließlich zur Persönlichkeit als solcher (der Mensch als Manager seines Lebens). Dabei geht man von einer hoffnungsvollen Idee aus: In einer interessanten und realitätsnahen Umgebung lernen Kinder von ganz allein. Dabei macht man sich ihre intrinsische Motivation zunutze, was wunderbar zum Demokratisierungsgedanken passt, denn man braucht nichts mehr festzulegen, es kommt alles ganz von selbst, von innen heraus. Diesen Grundgedanken erkennt man auch an dem nebulösen *Neusprech*, der das Thema umgibt: In einer angepassten *Lernumgebung* (früher bekannt als »Schule«) müssen die *Lernprozessbegleiter* (früher »Lehrer« oder »Lehrkräfte«) in ihrer Funktion als *Coachs* den *Lernprozess* fördern, damit die jungen Menschen ihre *Kompetenzen kapitalisieren* können. Für jüngere Leser, die bereits Opfer des kompetenzorientierten Unterrichts sind: Der Begriff »Neusprech« wurde von George Orwell geprägt, einem nicht nur wichtigen, sondern auch guten Schriftsteller des 20. Jahrhunderts; schaut mal bei Wikipedia nach, ich gehe davon aus, dass ihr die Basiskompetenz – Informationssuche – kapitalisiert habt. Als weiterer Anreiz vielleicht noch der Hinweis, dass Orwell und nicht John de Mol der Erfinder von »Big Brother« ist.

Man beachte, dass die Verantwortung für den Lernprozess dadurch auf den Schüler übergeht, was in den Niederlanden zur Einrichtung sogenannter »Studienhäuser« geführt hat. Seit 1998 können niederländische Sekundarschüler bei verschiedenen Fächern wählen, ob sie die Lernziele durch klassischen Unterricht oder durch Selbststudium in einem Multimediensaal, dem »Studiehuis« eben, erreichen wollen. Gleichzeitig stand dieser Begriff auch für eine neue Art des Lernens. Zehn Jahre später scheinen die Ergebnisse ziemlich niederschmetternd ausgefallen zu sein (Dijsselbloem-Ausschuss 2008), was die Lehrkräfte selbst schon viel früher deutlich zu machen versucht hatten.

Ein Vergleich mit dem pädagogischen Ansatz der Vergangenheit zeigt den drastischen Unterschied. Im früheren »Bildungsmodell« ging es um Erziehung, wobei junge Menschen von älteren Autoritätspersonen an ein breites Spektrum von Wissen und Kultur herangeführt wurden, wobei Normen und Werte Bestandteil der Bildungsinhalte waren. Aufgabe der Älteren war es, aufgrund ihrer Autorität die Schüler zum einen zu motivieren und ihnen zum anderen etwas beizubringen. Im heutigen Kompetenzmodell wird das Individuum als freier Unternehmer angesehen, der seine Fertigkeiten mithilfe anderer ausbaut. Die Dominanz des Neoliberalismus blitzt sowohl im alltäglichen Sprachgebrauch auf als auch in Wendungen wie »Wissen ist Humankapital«, »Kompetenzen bilden ein Kapital, das junge Menschen verwalten und entwickeln lernen müssen«, »Lernen ist eine Langzeitinvestition« usw.*

Dabei fällt auf, dass die Wörter »Talent« und »Kompetenz« in politischen Texten fast immer austauschbar sind, was ein weiterer Beleg für die Verwandtschaft mit dem Sozialdarwinismus ist.

Heute heißt das wichtigste Bildungsziel »Selbstmanagement« und »Unternehmertum«: Junge Leute sollen sich als Miniunternehmen sehen, wobei Wissen und Fähigkeiten in erster und letzter Instanz von ökonomischer Bedeutung sind, denn mit ihnen kann man seinen Marktwert erhöhen. Die Titelseite des Wochenendmagazins der Zeitung *De Standaard* machte kürzlich mit der Schlagzeile auf: »Wie man sich als Marke verkauft«.[3]

Damit schließt sich der Kreis auf ungute Weise: In dem Bemühen, Bildung wertfrei zu machen und jede Form von moralischer Diktatur abzuwerfen, hat der kompetenzorientierte Unterricht das ideologische Gedankengut des Neoliberalismus vollständig in die Unterrichtung der Kinder einfließen lassen. Deshalb brauchen wir uns auch nicht zu wundern, wenn die erste Frage dieser Kinder lautet: Was bringt das? Was nützt es mir persönlich? Sie haben die Botschaft bestens verstanden.

* Damit greife ich eine Vorgehensweise von Michel Foucault auf: Macht und Einfluss eines bestimmten Denkmusters oder einer Beweisführung kann man messen, indem man untersucht, welche Begriffe und Argumentationen aus einem bestimmten Bereich oder Fachgebiet in anderen Bereichen oder Fachgebieten verwendet werden, und wie oft dies geschieht. In diesem Fall also Wirtschaftstermini in Texten zum Thema Bildung, aber auch auf der Ebene von Beziehungen (»in eine Beziehung investieren«), Religion (»Religion ist eine Zukunftsversicherung«) sowie Sport und Freizeitgestaltung (»wie man seinen Körper managt«). Ein solcher Sprachgebrauch ist nie neutral, denn er beweist, dass unser Denken und Handeln – also unsere Ethik – davon bestimmt werden.

Wenn junge Menschen sich zu konkurrierenden Individualisten mit wenig Gefühl für Solidarität entwickeln, dann ist dies das Ergebnis einer Bildung und Erziehung, die Wettbewerb und Individualismus fördert. Statt über unsere egoistische und materialistische Jugend zu jammern, sollten wir uns dringend fragen, wie es um unser Bildungswesen und die sie begleitende Pädagogik bestellt ist. Ungeachtet des lobenswerten Ausgangsgedankens – weg mit der Indoktrination – geht dieser Ansatz von drei völlig falschen Annahmen aus. Die Vorstellung, Kinder würden sich spontan die »richtigen« Normen und Werte zu eigen machen, ist irrig – ein Kind übernimmt die Ethik seiner Umgebung. Die Vorstellung, es könne eine wertfreie Schule geben, ist eine Illusion. Jede Form von Unterricht vermittelt Werte, dessen sollten wir uns lieber bewusst sein. Und schließlich kann die Idee, Autorität sei überflüssig, nur aus dem Munde eines Menschen kommen, der noch nie vor einer Klasse gestanden hat.

Im Grunde erzähle ich nichts Neues, aber dies alles hat nicht verhindert, dass unter dem Etikett angeblich wertfreier kompetenzorientierter Bildung schon seit zwanzig Jahren das neoliberale Gedankengut an den Schulen völlig ungefiltert vermittelt wird. Der herrschende Sprachgebrauch ist dafür ein guter Indikator. Die einschlägigen Grundsatzpapiere quellen über von Schlagwörtern wie Bildungskonsumenten, Outputfinanzierung oder *performance funding* (leistungsbasierte Finanzierung), Gutschrift, Rechenschaftspflicht, Benchmarking, Stakeholders (Interessenvertreter), Humankapital, Wissensarbeiter usf. So stand es noch unlängst im niederländischen Haushaltsplan. Im Abschnitt Bildung liegt die Betonung auf Begriffen wie Exzellenz, Leistungsprämien (!) für Spitzenlehrkräfte, Talentjagd usw. Die Kritik der Bildungsorganisationen fiel freilich niederschmetternd aus – es fehle eine umfassende Sicht auf die Bildung, das Ökonomische werde zu sehr betont, und schwache Schüler fielen noch öfter durchs Raster – es fragt sich bloß, ob die Kritiker Gehör finden.[4] In Flandern gehen wir noch einen Schritt weiter. In den Kitagruppen (für Kinder ab zweieinhalb Jahren) wird mit »Entwicklungszielen« gearbeitet, die sich auf eine Reihe von Basiskompetenzen beziehen, »über die die Kinder verfügen sollen«. Kürzlich bekamen Eltern aus meinem Freundeskreis von der Erzieherin zu hören, die »Ausschneidefertigkeiten« ihres Kindes entsprächen nicht der Norm. Bei jungen Eltern lösen solche Verdikte Panik aus, und bald werden auch Kindergartenkinder Nachhilfe verpasst bekommen. Alle Kinder müssen heute optimal ausgebildet werden, sonst schaffen sie »es« nicht. Das neueste Schlagwort heißt »Top«: Top-Schulen, Top-Lehrer, Top-Sportarten, Top-Unis, Top-Forschung.

Die unvermeidliche Kehrseite dieser Medaille ist eine wachsende Zahl von Menschen, die sich für gescheitert halten, in der Regel schon ab dem zehnten Lebensjahr – und darauf ihre künftige Identität aufbauen. Hier finden wir unsere dritte Gruppe von jungen Leuten wieder: Sie möchten es schon gern schaffen, können es aber nicht. »Loser« (Versager) ist derzeit das übelste Schimpfwort auf den Pausenhöfen der Grundschulen. Einige dieser Verlierer rebellieren, aber die meisten werden ängstlich, quasi autistisch, depressiv oder mutieren zu hemmungslosen Konsumenten. Aufgefangen werden sie von Lehrkräften, die sich ihrerseits oft genug selbst als gescheitert betrachten – sie sind ja bloß Lehrer, typische Versager innerhalb des akademischen Systems, es sei denn, sie arbeiten an einer Top-Schule mit Top-Schülern.

Einige Leser werden diese Kritik zögernd bestätigen, aber gleichzeitig denken, dass es wohl keine Alternativen gibt. Eine Wissenswirtschaft braucht nun einmal kompetenzorientierten Unterricht als Schlüssel für den wirtschaftlichen Erfolg. Meine Antwort darauf ist so kurz wie deutlich: Nein. Das Bildungsniveau ist überall bedenklich gesunken, das weiß jeder, der länger als zwanzig Jahre unterrichtet. Ungeachtet aller Versuche, die Kompetenzen in den Vordergrund zu rücken, ist die Abwärtsentwicklung nicht nur auf der Ebene der Allgemeinbildung festzustellen, sie betrifft auch »Basisfertigkeiten« wie Sprache und Mathematik. Dies ist für die heutige Wirtschaft allerdings kaum ein Problem, denn für die meisten Berufe, vom Arzt bis zum Schreiner, sind mittlerweile weniger Kenntnisse nötig als früher. Fast überall spricht man vom *de-skilling*, ein hässliches Wort für das Verschwinden von Fertigkeiten. Alles wird von der Technik und dem Computer erledigt, und selbst Ärzte müssen brav einem vorgezeichneten Behandlungsprotokoll folgen. Derzeit besteht ein zunehmender Bedarf an mittelmäßig Ausgebildeten, die vorzugsweise nicht allzu kritisch sind. Innerhalb einer neoliberalen Gesellschaft ist es nicht die vorrangigste Aufgabe des Bildungswesens, für hoch qualifizierte Absolventen zu sorgen, sondern vielmehr junge Menschen auszuwählen und auf ein bestimmtes Profil hin zu trimmen, das innerhalb des Systems die höchste Produktivität garantiert. Was diese Menschen dann später tatsächlich am Arbeitsplatz tun, lernen sie überwiegend vor Ort und nicht in der Schule.

Und viel Erfolg mit dem neuen Vertrag!

Zur neuen Identität des Menschen als Unternehmer gehört auch ein neues Lebensziel: Erfolg. So lautet auch die neue Grußformel unter jungen Erwachsenen. Erfolg bei Prüfungen, Erfolg im Urlaub, Erfolg in der Beziehung, Erfolg im Beruf. Die klassische Frage nach »dem guten Leben« klingt in diesem Zusammenhang ziemlich abwegig – gutes Leben? –, auch weil diese Frage implizit das Leben in einer Gemeinschaft betont, während der Begriff Erfolg eher individuell gemeint ist. Der schottische Moralphilosoph Alasdair MacIntyre erkennt hierin eine Verschiebung von einer Gemeinschaftsethik hin zu einer Weltordnung, in der das Individuum als Norm gilt. Zumindest scheinbar, denn in seinem opus magnum *Der Verlust der Tugend* zerstört er unter anderem diese Illusion von der modernen moralischen Freiheit. Ja, wir sind befreit von Pastoren und ihrer Zwangsmoral, aber deshalb sind wir noch lange nicht frei. Es gibt eine neue Moral, mit ihren eigenen Hohepriestern, die noch dazu viel mehr Zwang ausüben als ihre Vorgänger, da sie ihre Argumentation als wissenschaftlich ausgeben und damit jede Diskussion abwürgen. Das Gebot der Stunde heißt *measurable effectiveness* (messbare Effizienz), was zugleich auch das Mantra des obersten aller zeitgenössischen Priesters ist, nämlich des Managers. Der nächstrangige Amtskollege ist dann der Psychotherapeut, dessen Mantra wiederum

»Anpassung« lautet. Dazu hat er eine eigene Version des Rank-and-Yank-Systems erdacht, die sich hinter einer pseudopsychiatrischen Diagnostik versteckt, von der das nächste Kapitel handeln soll.

Für MacIntyre ist systematische Effizienz nichts anderes als eine moralische Fiktion, ein Märchen. Der fiktive Aspekt ist ein doppelter. Einerseits bleibt es absolut unklar, ob neoliberales Management tatsächlich zielführend ist, da es verschiedene ökonomische Beweise für das Gegenteil gibt. Andererseits verschleiert der Begriff »Effizienz« die eigentliche Norm: mehr kurzfristiger Gewinn. Der moralische Aspekt bleibt womöglich noch stärker verborgen, in diesem Fall hinter Zahlen und Statistiken, die jeweils angeblich objektive Beweise liefern und deshalb keiner Diskussion bedürfen, geschweige denn einer moralischen Erörterung. Sitzungen beginnen heute oft mit einer Präsentation der neuesten Statistiken, unter deren Diktat die Folgemaßnahmen getroffen werden. Den moralischen Aspekt nennt MacIntyre beim Namen: Manipulation von Menschen in großem Stil. Manipulation hinsichtlich der Art und Weise, wie sie ihre Arbeit und damit ihr Leben organisieren sollen, oder im weiteren Sinn, hinsichtlich der Art und Weise, wie sie über sich und andere denken sollen.

Der Grundgedanke dieser Sicht auf uns selbst und andere ist unmissverständlich: Wenn Erfolg der neue moralische Maßstab ist, dann ist der neue unmoralische Mensch der Versager, der vom obersten Priester (dem Manager) zur weiteren Erledigung an den nächsten Kollegen (den Psychotherapeuten) weitergereicht wird. So effizient wie möglich, das versteht sich von selbst. Es ist bitter zu sehen, dass psychische Störungen heute fast systematisch als genau bezifferbare wirtschaftliche Verlustposten dargestellt werden. Das drastischste Beispiel war ein kleiner Artikel in der Zeitung vom 21. Januar 2012: Selbstmorde kosten Flandern 600 Millionen Euro im Jahr, »was eine ernste Bedrohung unserer Wirtschaft darstellt«. Wie können sie es wagen, diese Unmenschen! Dass die Dinge oft genug andersherum liegen – dass unsere Wirtschaft eine ernste Bedrohung für unsere Gesundheit darstellt –, erkennt nahezu niemand.

Und dabei hatte alles so schön angefangen mit Freiheit und Autonomie für alle. Wie im letzten Kapitel erläutert, zeitigt die Einführung einer meritokratischen Politik anfangs zweifellos positive Ergebnisse. Das Individuum als Manager des eigenen Lebens bekommt mehr Verfügungsgewalt über seine Arbeit und wird auch noch besser bezahlt. Dadurch erhöht sich seine Loyalität gegenüber dem Unternehmen, dem es sich zugehörig fühlt, weil es ihm diese Chancen bietet. Seine Arbeitszufriedenheit wächst, und mit ihr auch sein Verantwortungsgefühl, und zwar sowohl im Hinblick auf die eigene Arbeit als auch auf das Unternehmen als Ganzes. Der Mitarbeiter gehört dazu, es ist auch sein Unternehmen, seine Schule oder sein Krankenhaus, da nimmt man es gern in Kauf, mal ein Stündchen länger zu arbeiten. Mit anderen Worten, es bildet sich eine hohe Moral heraus, und zwar im doppelten Wortsinn: dem hohen Ethos entspricht eine positive Gemütsverfassung. In einem solchen Betrieb arbeitet man gern.

Angesichts des Ausgangsgedankens, auf dem das System basiert, verkehrt sich die Situation allerdings nach einigen Jahren ins Gegenteil. Nur die besten, also die produktivsten »Kräfte« werden belohnt; zu diesem Zweck wird ein Messsystem entwickelt, das wiederum die Qualitätskriterien von oben herab festlegt. Dies alles mündet ziemlich schnell in ein »Top-down-Qualitätshandbuch«, das jede Eigeninitiative ausbremst. Weg mit der Verfügungsgewalt, weg mit der Autonomie, her mit den quantitativen Evaluierungen, Mitarbeitergesprächen und Audits! Dann geht alles den Bach runter. Der Verlust der Selbstbestimmung schwächt das Engagement der Arbeitnehmer (»Sie hören mir ja doch nicht zu«) und damit ihr Verantwortungsgefühl (»Solange ich nicht aus der Reihe tanze, können sie mir nichts anhaben«). Überstunden werden nur noch widerwillig gemacht, und nur gegen einen angemessenen Ausgleich. Aus dem früheren Kollegen wird im besten Fall jemand, mit dem man gemeinsam über »das System« meckert, und im schlechtesten ein Konkurrent, den man fürchten muss. Die Loyalität gegenüber dem Unternehmen schwindet zusammen mit dem Verantwortungsgefühl. Am Ende steht eine niedrige Moral, wieder im doppelten Wortsinn: ein niedriger Ethos gepaart mit einer negativen Gemütsverfassung. In einem solchen Betrieb werden die Menschen krank.

Diese ungute Entwicklung ersetzt ein ehemaliges Spannungsfeld durch einen Gegensatz. Früher bestand zwischen Bürgern und Gesellschaft ein dynamisches Spannungsfeld hinsichtlich der Verteilung von Rechten und Pflichten. Die Gesellschaft schützte ihre Bürger, sorgte für öffentliche Dienstleistungen, Bildung, Gesundheitswesen. Im Gegenzug gab der Bürger einen Teil seiner Unabhängigkeit ab und richtete sein Leben an den Gesetzen der Gesellschaft aus. Letztere waren der formale Ausdruck einer alles überwölbenden Gemeinschaftsethik. Innerhalb eines demokratischen Systems ließen sich Änderungen erreichen, wenn auch langsam und stets in Abwägung zwischen Gemeinwohl und individuellen Interessen.

Die neoliberale Moral fegt dieses Spannungsfeld einfach hinweg – »*There is no such thing as society*« – und ersetzt es durch den Gegensatz zwischen Organisation und Individuum, ein Gegensatz, der innerhalb kürzester Zeit eine feindselige Form annimmt. Egoistische Gene stehen sich wie konkurrierende Unternehmen gegenüber: Der Einzelne-als-Unternehmer dem Unternehmen-als-Unternehmer. Beide Seiten wollen den letzten Tropfen aus der Zitrone herauspressen, und keine traut der anderen über den Weg. Eine der beiden Parteien, der Einzelne-als-Unternehmer, hat dabei noch ein zusätzliches Problem, nämlich die übrigen Einzelnen-als-Unternehmer, die ebenfalls nach dem letzten Tropfen aus derselben Zitrone gieren.

Vor dem Hintergrund dieser negativen Entwicklung verschwindet die Arbeitsethik und ganz allmählich auch die Gemeinschaftsethik. Wenn wir nicht selbst über unsere Arbeit bestimmen dürfen, fühlen wir uns auch nicht mehr verantwortlich. Wenn wir nicht das Gefühl haben, Teil der Organisation zu sein, weshalb sollten wir uns dann noch Mühe geben? Wenn wir überall zu hören bekommen, dass der eigene Erfolg das Maß aller Dinge ist, weshalb sollten wir uns dann um gesellschaftliche Pflichten kümmern? Wir tun nur noch, was von uns erwartet wird, und was wir selbst von anderen erwarten, muss schwarz auf weiß auf dem Papier stehen. An die Stelle der Gemeinschaftsethik treten Verträge, die immer mehr und immer absurdere Vorschriften und Bestimmungen enthalten. Und dies alles passiert ausgerechnet in einem System, das sich Deregulierung auf die Fahne geschrieben hat.

Mit der wachsenden Zahl der Verträge sinkt die Moral, während die Zahl der Kameras steigt. Dies bedeutet, um eine Kategorie der moralischen Entwicklung zu verwenden, einen Rückfall ins Kleinkindalter. Die moralische Norm existiert wieder außerhalb des Individuums und muss deutlich sichtbar sein, weil sich sonst niemand daran hält. Nach interiorisierter Autorität sucht man heute vergebens, deswegen die Kameras. Erwachsene werden wie Kleinkinder durch materielle Belohnungen (die Süßigkeiten aus der Kinderzeit), die *incentives*, ermuntert, doch bitte schön den Regeln zu folgen. Und wie bei Kindern hat dieser Ansatz mehr negative als positive Effekte (»*Take the money and run*« – Nimm das Geld und hau ab!).

Es ist ein böses Vorzeichen, wenn heute nahezu alle menschlichen Beziehungen per Vertrag geregelt werden, von der Arbeit bis zur Ehe, von der Erziehung bis zur Psychotherapie. Für Leser, die es vielleicht nicht wissen: Es ist inzwischen üblich, dass Therapeuten mit schwer erziehbaren Jugendlichen und Psychiatriepatienten »Verträge« abschließen. Als ob eine Unterschrift unter ein Stück Papier eine Garantie gegen Diebstahl, Schwänzen, Fressattacken usw. böte! Wie krank ist eine Gesellschaft, die die Erziehung ihrer künftigen Bürger vertraglich regeln muss?

Survivalweekends als Teambuilding-Massnahme

Die Reformen im westeuropäischen Bildungswesen verliefen mehr oder weniger parallel zur Einführung einer neuen Arbeitsorganisation. Da die Unternehmen durch Fusionen immer größer wurden, benötigte man immer mehr Manager und eine effiziente »Humanressourcenstrategie«, die nach und nach den individuellen und messbaren Meriten eine zentrale Rolle einräumte. Wie schon erwähnt, verkehren sich die anfänglichen Vorteile eines meritokratischen Systems mit der Zeit ins krasse Gegenteil. Das Gefühl, seine Arbeit selbst bestimmen zu können, und das Zugehörigkeitsgefühl zu einer Organisation verschieben sich in Richtung Ohnmacht und Individualismus. Das bedingt eine auch auf ethischer Ebene merkwürdige Entwicklung. In der Anfangsphase werden die Menschen als Erwachsene behandelt, denen man vertraut und selbstständige Entscheidungen zutraut. Später fühlen sie sich wie Kleinkinder, die externen Regeln folgen sollen und dabei ständig kontrolliert werden, ohne selbst noch irgendetwas beeinflussen zu können.

Verantwortung ohne Macht ist eine Formel, die garantiert ins Fiasko führt, und genau das ist eingetreten. Aus arbeitspsychologischen Motivationsstudien wissen wir, dass ein solcher Ansatz fast ausnahmslos negative Folgen hat, und zwar nicht nur im Hinblick auf das Engagement, die Motivation und die Arbeitsfreude der Mitarbeiter, sondern auch in Bezug auf die Arbeitsqualität. Als das Informationszeitalter noch Zukunftsmusik war, wurde die Unternehmenspolitik von den Führungsetagen vorgegeben, und die sich daraus ergebenden Pläne mussten von der Zentrale an die verschiedenen Niederlassungen übermittelt werden, also von oben nach unten. Dieser Prozess nahm mehrere Monate in Anspruch und hatte den Vorteil, dass jede Filiale und jede Ebene mitdenken konnte. Sehr häufig wurden auf diesen Ebenen Veränderungen vorgenommen, um den Plan besser an die Realität am Arbeitsplatz anzupassen, meist ohne dass die Spitze davon erfuhr. Für die praktische Ausführung waren denn auch in erster Linie die verschiedenen Ebenen zuständig, was sowohl der Qualität des Plans als auch der Motivation der Beschäftigten zugutekam. Heutzutage dauert es keine zwei Wochen mehr, um eine Entscheidung von der Unternehmensspitze bis zur untersten Ebene zu übermitteln, und zwar unter Ausschaltung sämtlicher Zwischenebenen.[5] Diese dienen nur noch als »Ausführende« eines Programms, das anderswo erdacht wurde, meist in Absprache mit externen »Beratern«.

Das Gefühl, »dazuzugehören«, das durch die Meritokratie anfangs so stark gefördert wird, verschwindet dadurch vollständig. Außerdem werden Arbeitskräfte – auch in den Unternehmen selbst – immer öfter für einzelne »Projekte« angeworben, wobei sie von Beginn an miteinander konkurrieren müssen in der Hoffnung auf eine Vertragsverlängerung. Ein solches System kann nur eine begrenzte Zahl von »Gewinnern« belohnen, was Angst (»Werde ich meinen Job behalten?«) und Neid (»Bestimmt schafft es dieser Klugscheißer!«) erzeugt. Damit ist jeder Teamgeist im Handumdrehen dahin: Typisches Symptom dafür ist die Notwendigkeit von »Teambuilding«, nicht selten – welche Ironie! – in Form spezieller Survival(*-of-the-fittest*)-Wochenenden. Statt Solidarität herrscht allgemeines Misstrauen. Loyalität und Identifikation mit dem Unternehmen sind Dinge, in die der Arbeitgeber buchstäblich investieren muss. Das Verschwinden des Teamgeists ist selbst auf dem Fußballfeld sichtbar, weshalb der belgische Staatsminister Louis Tobback, vormals ein glühender Fan, feststellte: »Ich sehe elf GmbHs auf dem Feld herumlaufen, Spieler, die nur einen Gedanken haben: Wo kann ich in der nächsten Saison noch mehr verdienen?«

Eine neoliberale Meritokratie kehrt also zu ihrem Ausgangspunkt zurück: dem universalen Egoismus. An dieser Stelle wird uns oft eine sehr sonderbare Rechtfertigung serviert. Im Fahrwasser von Populisten wie Dalrymple verweisen viele Zeitgenossen auf den Sozialstaat und das Solidaritätsprinzip früherer Zeiten, um die zunehmende Zahl von »Profiteuren« und »Egoisten« zu erklären. Psychologisch korrekter ist es jedoch, den Grund für den Hang zum Abkassieren und für einen übersteigerten Individualismus in einer Gesellschaft zu suchen, die Menschen dazu erzieht, stets auf den eigenen Vorteil aus zu sein, ohne Rücksicht auf andere und zur Not auch auf deren Kosten. »Man lebt nur einmal.«

Da keine überzeugende Gemeinschaftsethik mehr existiert, die das Gemeinwohl definiert, ist der neue moralische Maßstab ein rein utilitaristischer. Alles wird gemessen, am liebsten wortwörtlich, in Begriffen von Produktion, Wachstum und Gewinn. Zu diesem Zweck muss jede Organisation immer wieder Evaluierungen vornehmen, die sich innerhalb kürzester Zeit zu Kontrollen auswachsen. Ausnahmslos jedes Individuum ist verdächtig, weil auf den eigenen Vorteil bedacht. An der Spitze der Organisation stehen ebenfalls Individuen, die den eigenen Profit im Auge haben und infolgedessen noch verdächtiger sind. Auch sie müssen sich Kontrollen und Evaluierungen unterziehen, wobei die Frage aufkommt, wer diese Kontrolle dann evaluiert usw. In einer solchen Gesellschaft verschwindet die frühere Autorität, die einst von identifizierbaren Personen verkörpert wurde, und wird durch eine bürokratische Macht innerhalb einer anonymen Organisation ersetzt.

Da sich dadurch fast alle Mitarbeiter in ihren Rechten beschnitten fühlen, gehen sie noch weiter auf Distanz zur Organisation. In der Praxis versucht jeder, dem überbordenden Wust von Regeln und Erfassungssystemen so gut es geht auszuweichen. Das ist gar nicht einmal so schwierig: Die Betrugsmöglichkeiten wachsen proportional zur Ausbreitung besagter Erfassungs- und Messsysteme. Die Messergebnisse werden folglich immer unzuverlässiger, was noch mehr Erfassungen und Kontrollen notwendig macht. Innerhalb kürzester Zeit entsteht so ein Klima der Angst und Unsicherheit.

Das löst eine Negativspirale zwischen Individuum und Organisation aus, die zu immer größerem Misstrauen führt. Nach einigen Jahren gibt es keine Arbeitsethik, ja überhaupt keine Ethik mehr. Stattdessen werden Verträge geschlossen. Das Scheitern dieses Ansatzes lässt sich an einem für unsere Gesellschaft typischen Symptom ablesen: der allgegenwärtigen Videoüberwachung. Vertragsgesellschaft und Videoüberwachung – zwei Merkmale einer missglückten Gemeinschaft.

Neue Persönlichkeitsmerkmale

Bei näherer Überlegung wird deutlich, dass ein meritokratischer Neoliberalismus sehr schnell bestimmte Persönlichkeitsmerkmale belohnt und andere bestraft, um das System aufrechtzuerhalten. Koen Meulenaere, Kolumnist des flämischen Wochenblatts KNACK, hat die idealen Charakteristika eines karrierewilligen Menschen beschrieben.

Erste Bedingung: Man muss gut reden können, um möglichst viele Menschen für sich einzunehmen. Ein solcher Kontakt bleibt zwar oberflächlich, doch da dies gegenwärtig für die meisten menschlichen Kontakte gilt, fällt das nicht weiter auf. Bei dieser Art von lockerer Konversation sollten Sie die eigenen Fähigkeiten unbedingt ins rechte Licht rücken – Sie kennen jede Menge Leute, hatten bereits verschiedene Funktionen inne und haben gerade ein großes Projekt abgeschlossen. Hinterher erweisen sich solche Behauptungen zwar oft als heiße Luft, aber dass das erst hinterher geschieht, hat wiederum mit einem anderen Merkmal zu tun: Sie können überzeugend lügen, und Schuldgefühle sind Ihnen fremd. Deshalb sind Sie auch nie verantwortlich für Ihr Verhalten. Wenn etwas schiefgeht, sind immer die anderen schuld – wobei es Ihnen meist auch noch gelingt, die anderen von der Richtigkeit dieser Behauptung zu überzeugen, denn Manipulieren haben Sie zu einer Kunstform erhoben. Kommen Sie damit mal nicht durch, greifen Sie halt wieder zur bewährten instrumentellen Gewalt. »Instrumentell« ist hier gleichbedeutend mit »rational«: Gewaltanwendung wird gerechtfertigt, ohne dass man sich durch so triviale Dinge wie Emotionen ablenken ließe. Gefühle sind eh nicht Ihre Stärke, Gleichgültigkeit schon eher, und Emotionen zu heucheln gehört zum Standardrepertoire erfolgreicher Manipulation. Außerdem ist man natürlich sehr flexibel und impulsiv, stets auf der Jagd nach neuen Reizen und Herausforderungen. In der Praxis führt das zu ausgesprochen risikoreichem Verhalten, aber die Scherben können ja die anderen zusammenkehren.

Sie möchten wissen, woher diese hübsche Aufzählung stammt? Aus einem Handbuch für Psychopathie.[6] Meulenaeres Darstellung ist natürlich eine Karikatur und daher grotesk übertrieben. Dennoch können wir die aktuelle Finanzkrise als anschauliches Beispiel auf makrosozialer Ebene (die Konflikte zwischen den Euroländern) für die Auswirkungen der neoliberalen Meritokratie auf die Menschen betrachten. Solidarität wird zu einem kostbaren Gut und muss zeitlich begrenzten Koalitionen weichen, deren Hauptsorge darin besteht, mehr Gewinn herauszuschlagen als die anderen. Logischerweise schließt das intensive soziale Beziehungen zu Kollegen nahezu aus, genauso wie eine emotionale Bindung an das Unternehmen oder die Organisation. Mobbing war früher ein Problem an Schulen, heute ist es in allen Betrieben zu finden, als typisches Symptom von Ohnmacht, wobei der Frust an den Schwächsten abreagiert wird – in der Psychologie nennt man das *displaced aggression*. Unterschwellig hat man Angst, entweder davor, zu versagen, oder in einem weiteren Sinn, soziale Angst vor dem allzu bedrohlichen anderen.

Abnehmende Autonomie und wachsende Abhängigkeit von externen und überdies sich stets wandelnden Normen sind die Ursache für das, was Richard Sennett sehr treffend die »Infantilisierung« der Arbeitnehmer nennt.[7] Erwachsene Menschen erleiden kindliche Wutanfälle, sind neidisch wegen banaler Dinge (»Der Kollege bekommt einen neuen Bürostuhl und ich nicht!«), erzählen Lügenmärchen, schrecken nicht vor Betrug zurück und zeigen Schadenfreude oder kleinliche Rachegefühle. Meiner Ansicht nach sind das die Folgen eines Systems, das Menschen selbstständiges Denken und Handeln versagt. Wenn man Erwachsene wie Kinder behandelt, dann darf man sich nicht wundern, wenn sie sich auch so verhalten, vor allem wenn kaum oder gar keine Fluchtmöglichkeiten bestehen.

Noch viel schwerer wiegt der zentrale Angriff auf die Selbstachtung. Die Selbstachtung hängt in großem Maße ab von der Anerkennung anderer, eine Lehre, die vom Philosophen Hegel bis zum Psychoanalytiker Lacan alle wichtigen Denker vertreten. Für Hegel bildet die Anerkennung durch andere die Grundlage unseres Selbstbewusstseins. Für Lacan bildet die Aussage des anderen: »*Tu es cela*« (Das bist du.) den Ausgangspunkt unserer Identitätsentwicklung. Dahinter steckt unterschwellig die Angst, dass der andere uns nicht mehr braucht: »*Veut-il me perdre?*« (Will er mich verlieren?) Unbewusst formuliert Sennett dasselbe, wenn er heutigen Arbeitnehmern folgende Frage in den Mund legt: »*Wer braucht mich?*« Für immer mehr Menschen lautet die Antwort: Niemand. Sie sind Teil der *quantité négligeable*, der Überflüssigen.[8]

Innerhalb einer Gesellschaft, die permanent verkündet, dass jeder es schaffen kann, wenn er sich nur genügend anstrengt, werden also immer mehr Menschen mit Erniedrigung, Schuldbewusstsein und Scham konfrontiert. In diesem Kontext fungiert das Schuldgefühl als Versuch, sich einzureden, dass man die Situation eigentlich in den Griff hätte bekommen können, dass man das Scheitern hätte verhindern können (»Hätte ich dies und jenes getan, dann …«). Die Wahrheit ist einfacher: YOU *don't really matter (DU zählst nicht).*[9]

Machtlose Machbarkeit

Die neoliberale Meritokratie gaukelt uns vor, dass Erfolg von den eigenen Anstrengungen und Talenten abhängt, was natürlich auch bedeuten würde, dass jeder für alles selbst die Verantwortung trägt und die Regierung deshalb jedem so viel Freiheit wie möglich einräumen muss, um diesen Erfolg zu erreichen. *Nil volentibus arduum* (Nichts ist unmöglich für die, die wollen*)*. Wer an das Märchen von den unbegrenzten Wahlmöglichkeiten glaubt, für den ist Selbstverwaltung bzw. Selbstmanagement die politische Botschaft par excellence, zumindest der darin enthaltene verlockende Freiheitsgedanke. Stellt man jedoch einen anderen lateinischen Spruch daneben, lässt sich ein hübscher Effekt erzielen: *Vocavit servos suos* – er rief seine *Sklaven* –, so nämlich lautet der Satz, mit dem der Evangelist Matthäus in der Vulgataübersetzung sein meritokratisches Gleichnis von den Talenten einleitet.

Hinter dem heute sogenannten »Selbstmanagement« verbirgt sich das »permanente ökonomische Tribunal«, wie Michel Foucault es nennt.[10] Seiner Meinung nach haben wir so gut wie keine Handhabe gegen die uns aufgezwungene »Biopolitik«, also eine Politik, die das Leben, *bios*, in all seinen Aspekten bestimmt, angefangen bei der Liebe über Erziehung, Ernährung, Bildung und Wohnen bis hin zur medizinischen, psychologischen und sozialen Betreuung, von den Medien bis zur Umwelt. Aus Foucaults Erläuterungen wird deutlich, dass er damit das bestehende neoliberale Wirtschaftssystem meint; mit Politik im eigentlichen Sinn des Wortes hat das wenig bis nichts zu tun. Im nächsten Kapitel werde ich auf ein wichtiges Merkmal der Biopolitik zurückkommen, nämlich die Ersetzung einer klar identifizierbaren Autorität durch eine unsichtbare und gerade dadurch alle Bereiche erfassende Disziplinierung.

Im Verein mit der Idee vom machbaren Menschen stellt die Freiheit, wie wir sie im Westen haben, die größte Lüge der Gegenwart dar. Der Soziologe Zygmunt Bauman hat das Paradox unserer Zeit sehr schön auf den Punkt gebracht: »Nie waren wir so frei, und nie haben wir uns so machtlos gefühlt.« Im Vergleich zu früher sind wir frei in dem Sinn, dass wir die Religion verunglimpfen dürfen (aber Vorsicht bei Islam und Judentum!) und in sexueller Hinsicht so ziemlich alles ausprobieren können, was früher verboten war; außerdem ist es völlig egal, welcher politischen Richtung wir anhängen. Wir dürfen das alles, weil es keine Rolle mehr spielt – diese Art von Freiheit beruht darauf, dass nichts mehr ernsthaft von Bedeutung ist. Im Gegensatz dazu haben wir im Alltag andauernd mit einer Flut von Vorschriften zu kämpfen, die selbst Kafka hätte erbleichen lassen, wird doch vom Salzgehalt im Brot bis zur Genehmigung für die Hühnerhaltung alles bis ins kleinste Detail geregelt.

Dieses unsichtbare Joch spüren wir noch ärger, wenn wir die zweite Lüge unter die Lupe nehmen, die Machbarkeit. Unsere angebliche Freiheit ist an eine zentrale Bedingung geknüpft: Es ist unsere Pflicht, Erfolg zu haben, und zwar, indem wir »es« schaffen. Das ist der einzige Weg, uns selbst zu verwirklichen. Die Selbstverwirklichung des Aristoteles als ethische Vollendung dessen, was man im Keim bereits war, erhält hier eine sehr zeitgenössische Auslegung. Die Freiheit, sich für eine andere, nämlich jenseits der Erfolgsgeschichte angesiedelte Form der Selbstverwirklichung zu entscheiden, ist äußerst begrenzt. Dafür gibt es unzählige Beispiele. Frauen oder Männer mit Hochschulabschluss, die ihrer Elternrolle Vorrang geben, werden bedauert. Führungskräfte, die eine weitere Beförderung ablehnen, um mehr Zeit zu haben für andere Dinge, gelten als Idioten – es sei denn, es handelt sich um erfolgsträchtige andere Dinge. Mädchen, die Lehrerin werden wollen, brauchen nach Ansicht ihrer Eltern erst mal einen Master in Wirtschaft – Lehrerin, was für eine Schnapsidee!

Im zweiten Kapitel habe ich das Wehklagen über den angeblichen Verlust von Normen und Werten erwähnt. Diese Aussage lässt sich nun besser einordnen und leichter widerlegen. Die früheren Normen und Werte und damit die frühere Ethik sind in der Tat so gut wie verschwunden. Die meisten von uns haben das, jedenfalls anfangs, als Befreiung empfunden; mittlerweile wird dieser Verlust eher als Bedrohung angesehen. Es fällt auf, dass Ethik in beiden Fällen als etwas von uns Losgelöstes begriffen wird, als etwas, was wir folglich »haben« oder »verlieren« können. Im zweiten Kapitel habe ich außerdem gezeigt, dass diese Sichtweise Ausfluss der jahrhundertelang herrschenden christlichen Ethik ist, die ein transzendentes Verhältnis zwischen Mensch und Gott hergestellt hat. Danach liegen Normen und Werte außerhalb des Menschen, bei Gott. Zusammen mit Gott haben wir offenbar auch »die« Ethik abgeschafft. Das allerdings stimmt nicht, da Normen und Werte Bestandteil unserer Identität sind. Wir können Werte also gar nicht »verlieren«, sie können sich höchstens verändern. Und genau das ist geschehen: Die veränderte Gesellschaft ist das Spiegelbild einer veränderten Identität mit einer anderen Ethik.

Die neue Norm heißt Effizienz, das Ziel ist materieller Gewinn, und die dazugehörige Tugend heißt Habgier. Im Licht dieser Argumentation besteht kein moralischer Unterschied zwischen Bankern, die Kunden in betrügerischer Absicht Kapitalanlagen aufschwatzen und sich selbst exorbitante Boni gönnen, britischen Parlamentariern, die 2009 gefälschte Kostenabrechnungen eingereicht haben mit dem Argument, dies verstoße nicht gegen die Regeln, und den jungen Leuten, die Londoner Geschäfte mit dem Slogan plünderten: *»If you can't make it, take it«* (Wer's nicht schafft, der rafft). Überdies handelt es sich hierbei lediglich um Auswüchse dessen, was wir selbst in unserem Alltag in kleinerem Maßstab auch tun.

Wie hoch ist das ethische Niveau der neuen Ethik? Schon die Formulierung offenbart den zirkulären Charakter der Frage. Es gibt keinen auf Anhieb objektiven Maßstab für die Beurteilung verschiedener ethischer

Systeme. Tatsache ist, dass viele Menschen, vor allem in der angelsächsischen Welt, der neoliberalen Ethik, insbesondere in der heroischen Version von Ayn Rands bereits erwähntem Werk *Der Streik*, aus voller Kehle zujubeln. Dieser Roman ist in den Vereinigten Staaten nicht zufällig das am zweithäufigsten verkaufte Buch nach der Bibel. Diese Art des Denkens hat dort Tradition. Im Jahr 1926 wurde in einer Handelsbörse in Philadelphia alle fünfzehn Sekunden ganz kurz eine Reklametafel gezeigt, auf der zu lesen stand, »dass schon wieder hundert Dollar von Ihrem Geld für die Versorgung von Menschen mit schlechtem Erbgut ausgegeben worden sind, als da sind Geisteskranke, Schwachsinnige, Kriminelle und andere Gebrechliche« – man beachte die Reihenfolge.[11]

Ein objektives Urteil über den Wert eines ethischen Systems zu fällen ist genauso schwierig, wie den Wert einer psychiatrischen Diagnose zu definieren. Beides hängt übrigens eng zusammen, wie das nächste Kapitel zeigt. Mancher mag einwenden, dass es in Sachen Ethik doch so etwas wie ein Naturgesetz gebe.[12] Ich halte mich nicht für befugt, eine fundierte Meinung dazu zu äußern, jedoch bin ich zutiefst von der evolutionären Grundlage unseres Verhaltens überzeugt. In unserem Erbgut verbergen sich zwei fundamental gegensätzliche Verhaltensmuster; das eine ist sehr egoistisch und damit auf Teilen und Herrschen gerichtet, während das andere sehr altruistisch auf Geben und Nehmen setzt. Die Studie von Frans de Waal, die im vierten Kapitel zur Sprache kam, belegt, dass die Umgebung bestimmt, welches der beiden Muster die Oberhand gewinnt. Gegenwärtig ist es das egoistische.

Gewiss werden mir viele Leser zustimmen, wenn ich sage, dass das bestehende ökonomische System unsere schlechtesten Seiten begünstigt.

7 DIE NEUEN STÖRUNGEN: RANK AND YANK

Es gibt Filme, die sich in die Netzhaut einer ganzen Generation von Zuschauern eingebrannt haben. *Einer flog über das Kuckucksnest* aus dem Jahr 1975 ist so ein Film. Binnen zwei Stunden wird alles abgehandelt, was in der Psychiatrie damals falsch lief: Diagnosen von zweifelhafter Zuverlässigkeit, die Manie, sozial abweichendes Verhalten als psychiatrische Krankheit abzustempeln, Zwangsbehandlungen, Übermedikalisierung und schließlich sogar der Schnitt ins Hirn (Lobotomie). Gut zehn Jahre später wurde ich als Grünschnabel dazu »verdonnert«, klinische Psychodiagnostik zu lehren. »Verdonnert« ist tatsächlich das richtige Wort, denn niemand aus der damaligen Professorenschaft wollte das Fach lehren. Im Kielwasser der Antipsychiatrie-Bewegung hatten wissenschaftliche Forschungen nachgewiesen, dass die diagnostischen Etiketten größtenteils unzuverlässig waren (verschiedene Gutachter stellten bei demselben Patienten unterschiedliche Diagnosen). Die angeblich biologische Grundlage dieser Diagnosen schien überwiegend dem Reich der Fabel anzugehören. Psychopharmaka wurden viel zu häufig verordnet, und das außerdem im Rahmen einer meist auf eine Zwangsanpassung hinauslaufenden Behandlung. Dies alles wurde in Literatur, Film und Presse sehr ausführlich thematisiert.

Inzwischen sind wir mehr als dreißig Jahre weiter, mit folgendem Resultat: Wenn wir das weltweit gebräuchlichste Handbuch der Psychiatrie, das amerikanische *Diagnostic and Statistical Manual for Mental Disorders* (DSM) aufschlagen, begegnen wir in jeder neuen Ausgabe einer spektakulären Etikettenvermehrung: Zählte die zweite Ausgabe 180 Diagnosen auf, waren es in der dritten 292, in der vierten 365, und in der fünften wird wohl die 500-er Marke geknackt. In demselben Zeitraum stellen wir außerdem fest, dass immer mehr Menschen ein psychiatrisches Etikett aufgeklebt wird. Diese Etiketten sind aus wissenschaftlicher Sicht wenig aussagekräftig, die meisten Diagnosen erfolgen anhand einfacher Checklisten. Die allgemein unterstellten neurobiologischen Ursachen der betreffenden Störungen dürften eher als pharmakologischer Reklameslogan denn als wissenschaftliche Tatsache anzusehen sein. Alle offiziellen Statistiken belegen eine exponentielle Zunahme des Gebrauchs von Psychopharmaka, und die Aufgabenstellung der Psychotherapie verschiebt sich sehr stark in Richtung einer sozialen Zwangsanpassung – Disziplinierung wäre eine bessere Bezeichnung.

Wir sind nicht wieder da, wo wir schon einmal waren, keineswegs – wir sind noch viel weiter in die Richtung zurückgeprescht, die vor dreißig Jahren mit Fug und Recht kritisiert wurde. Allerdings mit einem riesigen Unterschied: Im Vergleich zu damals erhalten Proteste viel zu wenig Aufmerksamkeit. Damals war es die Antipsychiatrie, die Sturm lief, und auch heute wird Kritik in Fachkreisen laut: Eine Handvoll Kollegen (*Critical Psychiatry* und *Critical Psychology*) und Wissenschaftsjournalisten schlagen Alarm, auch wenn sie bislang nur wenig Gehör finden. Ja mehr noch: Der Umstand, dass eine vielen Wissenschaftlern so verdächtige Bewegung wie Scientology die aktuelle Situation in der Psychiatrie kritisiert, hat zur Folge, dass sich mancher Therapeut und Wissenschaftler nicht der jüngsten Antipsychiatrie-Bewegung anschließen möchte. Überdies – und das ist noch bedeutsamer – kommt heute, anders als damals, nur wenig Protest vonseiten der Patienten. Im Gegenteil, Otto Normalverbraucher macht sich die Etikettierwut geradezu begierig zu eigen. Die erste Konsultation beim Therapeuten beginnt oft mit einer selbst gestellten Diagnose, nachdem man ein bisschen im Internet gesurft hat: »Mein Kind hat ADHS«, »Ich habe eine Depression«, oft gefolgt von einer nachdrücklichen Bitte um ein Rezept für ein bestimmtes Medikament (»Laut Internet hilft X in diesem Fall am besten.«). Ebenso erstaunlich ist, dass die meisten jungen Kliniker und auch Hochschullehrer ernsthaft davon überzeugt sind, dass sich der vermutete neurobiologische und genetische Hintergrund dieser Störungen tatsächlich belegen lässt, wie sie auch den DSM-Katalog für im Großen und Ganzen vertrauenswürdig halten. Warum ist das so?

Paradigmengläubigkeit versus kritische Wissenschaft

Auf dem Gebiet der Medizin im engeren Sinn werden sorgfältige Symptombeschreibungen mit dem diagnostischen Ziel gesammelt, die dahinterliegende Krankheit zu identifizieren. In vielen Fällen gelingt das auch recht gut, weshalb wir heute über eine zuverlässige und valide medizinische Diagnostik verfügen. »Zuverlässig« heißt, dass verschiedene Ärzte anhand derselben Symptombeschreibung zu derselben Diagnose gelangen; »valide« bedeutet, dass eine Diagnose überzeugend auf etwas in der Wirklichkeit Bestehendes verweist. In der Psychiatrie liegen die Dinge etwas komplizierter. Innerhalb der Psychiatrie gibt es zwei Ansätze, die sich gegenseitig befehden, und die Geschichte der Psychiatrie ist die Geschichte wechselnder Machtverhältnisse zwischen diesen beiden Strömungen.

Das eine Modell geht davon aus, dass scheinbar identische Symptome und symptomatische Verhaltensweisen bei verschiedenen Patienten sehr unterschiedliche Bedeutungen und Funktionen haben können. Die Diagnose soll sich daher am weiteren Umfeld orientieren (biopsychosozialer Ansatz) und stets die Form eines ausführlichen Berichts annehmen, in dem der Eigenart eines bestimmten Patienten innerhalb seines spezifischen Milieus ausreichend Raum gegeben wird. Bei der Behandlung ist diese Eigenart stets zu berücksichtigen.

Bei dem anderen Ansatz handelt es sich um ein Krankheitsmodell im biologischen Sinn des »Krankheitsbegriffs«. Danach sind psychiatrische Symptome Ausdruck latenter physischer Prozesse, wobei das Umfeld höchstens ein Faktor ist, der diese Prozesse in Gang setzt. Die Grundüberzeugung ist, dass Geisteskrankheiten bei verschiedenen Patienten stets identisch sind, sodass sich die Diagnose mehr oder weniger auf ein Etikett beschränken kann. Die Behandlung erfolgt dann anhand eines protokollarischen Modells, das für jeden Patienten dieselben Richtlinien bereithält, nötigenfalls ergänzt durch »Richtlinien betreffend die Abweichung von den Richtlinien« (kein Witz!).

In der heutigen Psychiatrie dominiert das Krankheitsmodell, obwohl man das nicht allzu laut zu behaupten wagt und lieber von »Störungen« spricht – ein Begriff, der vage genug ist (auf jeden Fall in den Vereinigten Staaten), um Gerichtsprozesse zu vermeiden.* Die Dominanz des Krankheitsmodells lässt sich insbesondere daran ablesen, welche Rückmeldung jemand erhält, der es wagt, den anderen Ansatz in den Vordergrund zu rücken. ADHS als Folge einer gestörten Umgebung? Autismus ein psychologisches Problem? Schizophrenie als soziale Störung? Wer diese Art Fragen stellt, erntet im besten Fall mitleidige Blicke, öfter jedoch aggressive Reaktionen, die sofort deutlich machen, dass es bei dieser Frage um viel mehr geht als um rein wissenschaftliche Aspekte – darauf komme ich gleich noch zurück.

Was die praktische Anwendung des Krankheitsmodells in der Psychiatrie angeht, so hat eine sonderbare Verschiebung stattgefunden: *Symptome* – beispielsweise ein Zuwenig an Aufmerksamkeit und ein Zuviel an Aktivität – werden zu *Krankheiten* erklärt. Die Verwendung eingängiger Abkürzungen vermag das einigermaßen zu verschleiern, doch haben sich solche Verschiebungen inzwischen derart eingebürgert, dass man sie nur mit Mühe als Pseudo-Interpretationen erkennt. Ein kleines Beispiel: Ein Mensch, der unter hohem Fieber (HF) und starken Schweißausbrüchen (SS) leidet, erhielte nach diesem Modell die Diagnose HFSS. Damit bescheinigte man dem Ärmsten, derart unter Fieber und Schweißausbrüchen zu leiden, *weil* er an HFSS leidet. Entsprechend ist jemand unaufmerksam (AD) und hyperaktiv (HS), *weil* er ADHS hat. Mit anderen Worten: In der heutigen Version des Krankheitsmodells stoßen wir ständig auf Zirkelschlüsse, die lediglich die Illu-

* Trudy Dehue wies mich darauf hin, dass auf sämtlichen kommerziellen englischsprachigen Websites Informationen zu eventuellen neurobiologischen Prozessen und genetischen Ursachen psychischer Störungen im Konjunktiv formuliert werden, weil nachprüfbare wissenschaftliche Beweise dafür fehlen und Unternehmen in den Vereinigten Staaten wegen Irreführung verklagt werden können, wenn sie diese als Tatsache hinstellen.

sion einer wissenschaftlichen Erklärung bieten.[1] Belege dafür sind Aussagen wie »ADHS führt zu Aufmerksamkeitsdefiziten in der Klasse« oder »Eine bipolare Störung führt zu stark wechselnden Stimmungen« – die Beschreibung wird als die Ursache des Beschriebenen dargestellt, was sich durch die Abkürzungen gut verschleiern lässt. Noch ein Beispiel: Jemand hat in regelmäßigen Abständen Wutanfälle, weil er an IED leidet. IED steht für *Intermittent Explosive Disorder* (Wutsyndrom). Also: Jemand hat regelmäßig Wutanfälle, weil er an periodischen Wutanfällen leidet.

Eine wohlfeile Erwiderung auf diese Kritik ist, dass solche Aussagen ja nur selten vorkämen und der wissenschaftliche Sprachgebrauch korrekter sei und auf gründlichen Untersuchungen beruhe. Wenn man wissen will, ob diese Antwort richtig ist, muss man zwei Fragen stellen. An der Oberfläche, auf der Ebene der Beobachtung und der Diagnose, muss danach gefragt werden, wie zuverlässig bestimmte Symptome oder Verhaltensweisen derselben Störung zugeordnet werden können. Besteht Einigkeit über diese Klassifizierung und ist jeder Kliniker anhand dieser Symptomklassifizierung in der Lage, bei einem bestimmten Patienten dieselbe Diagnose zu stellen? Im Hinblick auf die Ursache, die darunterliegende Ebene, muss nach der Beweisführung für die angenommenen ursächlichen neurobiologischen Prozesse und die genetische Kausalität dieser Symptomklassifizierung gefragt werden.

Was die erste Frage betrifft: Die Entscheidung, bestimmte Symptome oder Verhaltensweisen einer vermuteten Störung zuzuordnen, ist meist willkürlich und daher nur schwer anfechtbar. Schon die oben erwähnte spektakuläre Vermehrung der Zahl der Diagnosen in jeder neuen DSM-Ausgabe weist in diese Richtung. Es würde hier zu viel Platz kosten, ausführlicher darauf einzugehen, aber ich verweise gern auf Christopher Lanes Buch *Shyness: How Normal Behavior Became a Sickness* (Schüchternheit: Wie normales Verhalten zur Krankheit wurde) aus dem Jahr 2007. Lane hat als Erster Zugang zum kompletten Archiv der DSM-Herausgeber erhalten, einschließlich des Briefwechsels. Das Ergebnis seiner Untersuchung ist schlichtweg niederschmetternd: Die Frage, ob und in welcher Form eine Störung in das Handbuch aufgenommen wird oder nicht, hängt mehr von den Interessengruppen als von wissenschaftlichen Aspekten ab. Im Vorfeld der Veröffentlichung der fünften Ausgabe des DSM werden in der Fachliteratur derzeit heftige Diskussionen zwischen diesen Gruppen geführt, die ihre jeweilige Sicht berücksichtigt sehen wollen. Nichts Neues unter der Sonne also.

Noch unsäglicher wird es, wenn wir einen Vergleich mit dem Konkurrenzhandbuch anstellen, der von der Weltgesundheitsorganisation herausgegebenen ICD (*International Classification of Diseases).* Legt man das DSM zugrunde, wird bei Kindern doppelt so häufig ADHS diagnostiziert wie bei der Heranziehung der ICD, und zwar ausschließlich deshalb, *weil die ICD Symptome anders klassifiziert.* Für die ICD müssen Kinder sowohl Störungen des Konzentrationsvermögens als auch Hyperaktivität aufweisen, bei DSM reicht eins der beiden Symptome aus. Die Wahl eines bestimmten Handbuchs entscheidet also darüber, ob Ihr Kind gestört ist oder nicht und, nicht zu vergessen, ob es Arzneimittel schlucken muss oder nicht. Wissenschaftlich betrachtet ist das, gelinde ausgedrückt, bizarr. Obendrein werden die Kriterien regelmäßig geändert, was übrigens stets auf eine Erweiterung hinausläuft und dazu führt, dass die betreffenden Kategorien immer schwammiger werden und immer mehr Menschen Medikamente erhalten. Das auffälligste Beispiel ist Autismus.

Die erste Frage betraf die eindeutige Zuordnung der Symptome und die – nicht vorhandene – Einigkeit der Wissenschaftler und Kliniker. Die zweite Frage bezog sich auf die Ursachenforschung. Gegenwärtig herrscht die Überzeugung vor, dass körperliche, will heißen: genetische und neurologische Prozesse Krankheiten auslösen. Wenn wir bedenken, wie schwierig es bereits ist, Symptome einer bestimmten Kategorie zuzuordnen, stelle ich mir folgende Frage: Wenn schon nicht sicher ist, ob die willkürlich klassifizierten Symptome tatsächlich nur einer genau bestimmten Störung zugeordnet werden können, wie lassen sich dann die darunterliegenden neurobiologischen Prozesse und genetischen Ursachen identifizieren? Immer wieder stellt sich beispielsweise heraus, dass die Unterschiede zwischen Kindern mit der Diagnose ADHS sehr groß sind, und zwar so groß, dass Studien, die Gruppen von solchen Kindern als homogen ansehen, wissenschaftlich anfechtbar sind. Kein Wunder, dass sich keine überzeugenden Beweise für die vermutete organische Ursache finden lassen.

Um Missverständnisse auszuschließen: Untersuchungsergebnisse gibt es natürlich, jede Menge sogar, aber fast alle lassen sich widerlegen.[2] Dafür gibt es eine ganz einfache Erklärung: Jede untersuchte Gruppe umfasst verschiedene Menschen mit verschiedenen Problemen, die mehr oder minder willkürlich zu einer Einheit zusammengefasst werden, die keine ist. Man stelle sich vor, wir würden alle Menschen mit hohem Fieber (HF) und starken Schweißausbrüchen (SS) als homogene Gruppe mit ein und demselben Krankheitsbild ansehen und untersuchen.

Wir kommen also nicht um die Schlussfolgerung herum, dass die Validität der heutigen Psychodiagnostik, also das Maß, in dem eine Diagnose eine in der Wirklichkeit eindeutig wiedererkennbare Krankheit bezeichnet, bedrückend gering ist. Das erklärt auch ihre geringe Zuverlässigkeit, also das Maß, in dem verschiedene Ärzte bei einem Patienten zu derselben Diagnose gelangen oder eben nicht. Merkwürdig, dass dies beinahe niemanden um den Schlaf zu bringen scheint und alle weitermachen wie bisher. Wie kommt es, dass man in diesen Zeiten der »evidenzbasierten Medizin« solchen Gegebenheiten, für die mehr als hinreichende Beweise vorliegen, wenig bis keine Aufmerksamkeit schenkt? Ich sehe dafür mindestens zwei Gründe. Der erste ist ziemlich klassisch: Ein dominantes Paradigma führt zu blindem Glauben. Der zweite ist individueller Natur: Das Krankheitsmodell spricht eigentlich jeden frei. Niemand braucht sich mehr verantwortlich oder gar schuldig zu fühlen. Auf beide Erklärungen will ich näher eingehen.

Die Macht eines Paradigmas lässt sich nur schwerlich überschätzen. Ein Paradigma ist ein zwingendes Ganzes von Überzeugungen einer bestimmten Gruppe (Ökonomen, Psychiater, Juristen usw.), das nicht nur das Denken und Handeln dieser Gruppe, sondern auch ihre sozialen Beziehungen bestimmt. Andersdenkende werden bekämpft.* Wenn man nur oft genug wiederholt, psychische Probleme seien individuelle Störungen, die auf genetisch bedingten neurobiologischen Prozessen beruhten, dann wird das nach einiger Zeit zu einer nicht in Zweifel zu ziehenden »Realität«. Das herausragendste historische Beispiel für den Zwangscharakter eines Paradigmas in der Medizin ist Ignaz Semmelweis (1818–1865). Als Arzt in Wien war Semmelweis bestürzt über die hohe Mortalitätsrate von Wöchnerinnen im Krankenhaus: Fast jede vierte starb. Er stellte fest, dass es noch viel mehr waren, wenn die Ärzte, die als Geburtshelfer fungierten, sozusagen direkt vom Seziertisch in der Anatomie kamen. Er formulierte daraufhin folgende These: Diese Ärzte übertragen etwas – er nannte es »Leichengift« – von Toten auf gesunde Frauen, sodass diese ebenfalls krank werden. Als Vorsichtsmaßnahme verpflichtete Semmelweis seine Assistenten, sich die Hände gründlich zu schrubben, vorzugsweise mit Bleichwasser(!). Die Sterberate sank rasch auf unter ein Prozent ... und Semmelweis wurde entlassen, worüber er in Depressionen verfiel. Sein Ansatz fand keine Resonanz, weil er dem damals herrschenden Paradigma, der sogenannten Miasmentheorie, zuwiderlief, wonach Krankheiten durch üble Ausdünstungen übertragen werden. Es dauerte noch ein halbes Jahrhundert, bis das Werk des französischen Bakteriologen Louis Pasteur ein anderes Paradigma in die Welt setzte, das Viren und Bakterien als Krankheitsverursacher in den Vordergrund rückte.

Das heute dominierende Paradigma in der Psychiatrie ist das Krank-

* Der Begriff »Paradigma« (Denkweise) stammt von Thomas Kuhn (1970), der die Auswirkungen von Paradigmen innerhalb der Wissenschaftsgeschichte untersucht hat. Michel Foucault (1975) spricht von »Diskurs« und beschreibt gesellschaftliche Zusammenhänge, um Machtstrukturen aufzudecken. Ein Beispiel: Als Alan Greenspan (zwanzig Jahre lang Präsident der US-Notenbank) einem Ausschuss des Kongresses das spektakuläre Platzen der Kreditblase von 2007 und 2008 und das Versagen »des Marktes« erklären sollte (23. Oktober 2008), fiel ihm nichts Besseres ein als der Satz, er befinde sich in einem Zustand »schockierten Unglaubens«; seiner Ansicht nach konnte der freie Markt nicht versagen. Das ist typisch: Wenn die Realität das Paradigma widerlegt, hält man spontan die Realität für verkehrt, nicht die Sicht darauf. Im nächsten Kapitel werde ich mich der kognitiven Dissonanz widmen: Wenn wir von einer Sache hundertprozentig überzeugt sind, können wir Gegenargumente nur schwer oder gar nicht akzeptieren.

heitsmodell im engeren Sinn des Wortes. Außerdem fügt es sich nahtlos ein in die im dritten Kapitel angesprochene Reduzierung der Wissenschaft auf den Szientismus: Alle Ergebnisse müssen verallgemeinerbar sein und auf einer objektiven und wertfreien Forschung basieren, der wiederum eine kontextunabhängige und standardisierte Methodologie zugrunde liegt usw. Ich beschränke mich auf zwei Anmerkungen: Die Auswahl bestimmter Symptome – bzw. in zunehmendem Maße bestimmter Verhaltensweisen – als Indikatoren für eine psychische Störung ist ganz und gar nicht wertfrei, eher im Gegenteil; ich werde später noch darauf zurückkommen. Wie bereits erwähnt, lassen sich die meisten Forschungsergebnisse durch weitere Untersuchungen widerlegen, was vom dominanten Paradigma jedoch geleugnet wird. Die psychologische Erklärung dafür heißt »kognitive Dissonanz«. Was das DSM betrifft, so ist dessen wissenschaftliches Fundament, selbst bei sehr wohlwollender Betrachtung, außerordentlich schwach.

Der Hauptgrund für die Gleichgültigkeit gegenüber dem Versagen der heutigen psychiatrischen Diagnostik ist daher ein klassischer: Das dominante Paradigma lässt keine andere Sichtweise zu. Der zweite Grund für den Siegeszug der Etikettierwut ist etwas komplizierter. Wie ich im letzten Kapitel beschrieb, herrscht gegenwärtig die Überzeugung vor, dass es jeder im Leben schaffen kann (und muss) und dass jeder für seinen Erfolg oder Misserfolg selbst verantwortlich ist. Für Eltern bedeutet das eine weitere Last, denn sie sind nicht nur selbst zum Erfolg verpflichtet, sondern müssen auch noch für das Schicksal ihrer Kinder geradestehen. Ein Kind, das in der Schule nicht mitkommt, ist eine regelrechte Katastrophe und bedeutet persönliches Versagen. Kein Wunder, das jedes (pseudo)medizinische Etikett dankbar angenommen wird – es ist eine Krankheit, also kann ich nichts dafür. Innerlich nagt allerdings weiterhin der Zweifel, daher die aggressiven Reaktionen, wenn jemand die Vertrauenswürdigkeit dieser pseudomedizinischen Etiketten infrage stellt. Und damit sind wir bei dem anderen Paradigma angelangt, Störungen als gesellschaftliches Problem.

Aufgrund der zwingenden Kraft des heutigen Krankheitsparadigmas werden viele Fachleute meine oben formulierten Aussagen mit der Begründung vom Tisch fegen, dass sich hier schließlich nur ein dummer Psychoanalytiker zu Wort gemeldet hat. Aber wie ist dann die Kritik der British Psychological Society einzuordnen, die in einem offiziellen Schreiben vom Juni 2011 an der Vorabveröffentlichung des neuen DSM geäußert wurde?

> *Die im DSM-V präsentierten »Diagnosen« basieren zum größten Teil eindeutig auf sozialen Normen, wobei die »Symptome« auf subjektiven Urteilen beruhen, die nur unzureichend durch physische »Anzeichen« oder empirisch belegte biologische Ursachen bestätigt werden. Die Kriterien sind nicht wertfrei, sondern reflektieren vielmehr die heutigen normativen sozialen Erwartungen. […]*
>
> *Wir befürchten, dass derartige (diagnostische) Systeme dazu führen, Probleme vor allem auf individueller Ebene zu verorten. Dies lässt den Beziehungskontext und die unvermeidlichen sozialen Ursachen eines Großteils dieser Probleme außer Acht.*

Die WHO (Weltgesundheitsorganisation) ging zwei Jahre zuvor in Kopenhagen noch einen Schritt weiter, denn ihren Berichten zufolge sind die Ursachen für psychische Störungen hauptsächlich auf sozialer Ebene zu finden.*

* »Psychische Gesundheit ist ein Produkt der Gesellschaft: Die Existenz bzw. Abwesenheit psychischer Gesundheit ist vor allem ein sozialer Indikator und erfordert daher sowohl soziale als auch individuelle Lösungen … Die Konzentration auf individuelle Symptome kann zu einer Phantompsychologie führen, die das, was in den Köpfen der Menschen vor sich geht, von den sozialen Strukturen und Zusammenhängen trennt. Die wichtigste therapeutische Maßnahme wird dann darin bestehen, Denkweisen zu ändern, statt Betroffene auf Hilfsangebote für Situationen hinzuweisen, die zur Verschärfung psychischer Probleme beitragen: Schulden, schlechte Wohnverhältnisse, Gewalt, Kriminalität.« (WHO, 2009, *Mental health, resilience and inequalities*, Kopenhagen, S. V.)

Ob psychische Störungen (auch) körperliche Ursachen haben können, bleibt eine offene Frage. Eines ist jedoch ziemlich klar: Psychodiagnostische Kriterien beruhen auf sozialen Normen, auf dem, was innerhalb einer bestimmten Gesellschaft als akzeptabel gilt oder eben nicht. Gestörtsein bedeutet im Grunde »abnormal« sein, wörtlich: von der Norm abweichend. Je nachdem, um welche Art von Abweichung es sich handelt, zieht sie Strafe (männlicher Exhibitionismus, Drogenabhängigkeit usw.) oder Behandlung (Depression, Angst usw.) nach sich. Dass der Unterschied zwischen Strafe und Behandlung derzeit immer kleiner wird, soll später erörtert werden. Dank des neurobiologischen Hype ist inzwischen wissenschaftlich und klinisch eindeutig nachgewiesen, dass ein enger Zusammenhang zwischen einer bestimmten gesellschaftlichen Organisation und den psychischen Störungen innerhalb dieser Gesellschaft besteht. Allerdings können wir das höchstens rückblickend erkennen, denn für die Gegenwart sind wir blind.

Die Gesellschaft der Gründerzeit mit ihrem repressiven Normen- und Wertesystem brachte sexuell frustrierte Menschen hervor, unterjocht von einer Autorität, die nicht hinterfragt werden durfte. In übersteigerter Form zeigte sich dies in den damals typischen Psychoneurosen, der Hysterie als weiblicher und der Zwangsneurose als männlicher Variante. Heutzutage sind diese Neurosen größtenteils verschwunden, stattdessen sehen wir uns einer Welle von Depressionen und Angststörungen bei Erwachsenen oder ADHS und Autismus bei Kindern gegenüber. Deutlichstes Zeichen dafür ist der steigende Arzneimittelgebrauch. Während in Deutschland 1993 noch 34 Kilogramm Ritalin verschrieben wurden, waren es 2010 bereits 1,8 Tonnen – mehr als 50-mal so viel wie vor 20 Jahren. Außerdem nahm der Verbrauch an Antidepressiva innerhalb von zehn Jahren um 113 Prozent zu.[3] Soziale Ängste bei Erwachsenen stellen im Westen – obwohl eine der sichersten Regionen der Welt – gegenwärtig ein ernstes Problem dar, weshalb sich die *Harvard Review of Psychiatry* im Jahr 2000 veranlasst sah, *social phobia* als dritthäufigste soziale Störung zu bezeichnen, nach Depression und Alkoholabhängigkeit. Ist es da tatsächlich so abwegig anzunehmen, dass die allgemeine Angst vor dem anderen etwas mit der exponentiellen Zunahme von Evaluierungen, Audits, Mitarbeitergesprächen und Kameras auf der einen und dem Verschwinden von Autorität und Vertrauen auf der anderen Seite zu tun hat?

Den Zusammenhang zwischen einer bestimmten Gesellschaft und psychischen Störungen zu erhärten ist nicht leicht. Wir können natürlich allerlei plausible Annahmen formulieren. Beispielsweise in Bezug auf ADHS: Man vergleiche das Maß an disziplinierter Konzentration in der Schule und am Arbeitsplatz, das vor noch nicht allzu langer Zeit von uns verlangt wurde, als es genügte, »gut aufzupassen«, mit dem Reiz-Reaktions-Modell, dem wir heute pausenlos ausgesetzt sind, all diesen mundgerechten Fast-Food-Häppchen – SMS, Twitter, nächstes Bild bitte, nächstes Stichwort. Konzentration ist unerwünscht, schnell und flexibel sein lautet die Botschaft. Eine neue Form von oberflächlicher Aufmerksamkeit und Sofortreaktion kann also durchaus als Anpassung an so eine Umgebung aufgefasst werden, aber wie beweist man das? Dyslexie sollten wir nach Ansicht des britischen Schriftstellers Mark Fisher besser Postlexie nennen – lesen ist out, man muss browsen, scannen, navigieren, durch Hypertexte surfen. Ein Buch lesen ist nicht effizient, und ein Buch schreiben zählt im Hinblick auf eine akademische Laufbahn überhaupt nichts mehr. Vor zehn Jahren musste ich wie viele meiner Kollegen feststellen, dass unsere Studierenden Probleme mit schwierigen Wörtern hatten, und wir rissen Witze darüber, den Erstsemestern Diktate aufzubrummen. Heute sind die Witze verstummt, und wir erwägen ernsthaft die Einführung eines Kurses »Leseverstehen«.

Solche Hypothesen, so plausibel sie auch sein mögen, sind nicht wissenschaftlich. Wollen wir einen Zusammenhang zwischen einer neoliberal organisierten Gesellschaft und beispielsweise psychischen Störungen aufzeigen, benötigen wir zweierlei. Erstens müssen wir einen Maßstab haben, der anzeigt, wie neoliberal eine Gesellschaft ist. Zweitens müssen wir eine Reihe von Kriterien entwickeln, anhand derer wir die Zunahme oder den Rückgang des psychosozialen Wohlbefindens in einer Gesellschaft messen können. Anschließend muss man beide

Werte in Beziehung zueinander setzen und wird dann tatsächlich sehen können, ob ein Zusammenhang besteht oder nicht. Dabei geht es, um dies klarzustellen, nicht um einen kausalen Zusammenhang, sondern um das Erkennen eines auffälligen Musters; steigt der eine Wert, steigt auch der andere, oder umgekehrt.

Genau diesem Ansatz ist Richard Wilkinson, ein britischer Gesundheitssoziologe, in zwei bahnbrechenden Studien gefolgt (die zweite in Zusammenarbeit mit der Epidemiologin Kate Pickett). Der von den Genannten verwendete Maßstab ist zahlenmäßig erfassbar: das Einkommensgefälle von Menschen, die in demselben Land wohnen. Es ist bekannt, dass eine neoliberale Politik zu einem spektakulären Anstieg der Einkommensunterschiede führt, sodass wir diese Größe tatsächlich als Maßstab verwenden können. Die Untersuchungsergebnisse sind über jeden Zweifel erhaben: Dieser Anstieg hat weitreichende Auswirkungen auf *nahezu alle* Gesundheitsparameter. Die Konsequenzen betreffen auch nicht nur die psychische Gesundheit (und damit die psychischen Störungen), ganz im Gegenteil – eine Feststellung, die mindestens ebenso wichtig ist wie die Aussage über die steigende Zahl psychischer Störungen.

Als Gesundheitssoziologen untersuchen Wilkinson und Pickett den Zusammenhang zwischen Gesellschaft und Gesundheit in der weiteren Bedeutung des Wortes. Einer ihrer Schlüsselbegriffe ist Stress, dessen Folgen (sowohl für unser Immunsystem als auch für Herz und Blutgefäße) nachweisbar sind. Die Ursachen für diesen Stress herauszufinden ist dann wieder etwas schwieriger, auch weil wir hier im Westen in einer Wohlstandsregion leben. Schauen wir über den Tellerrand, dann scheint bei den meisten Wissenschaftlern Einigkeit darüber zu bestehen, dass fünf Faktoren unsere Gesundheit beeinflussen: unsere frühe Kindheit, die Belastung durch Ängste und Sorgen, die Qualität unserer sozialen Beziehungen, das Maß an Kontrolle über unser Leben und schließlich unser sozialer Status. Je negativer diese Faktoren ausfallen, desto größer die Gefahr von Erkrankungen und einer verkürzten Lebenserwartung.

In seinem ersten Buch, *Kranke Gesellschaften. Soziales Gleichgewicht und Gesundheit,* nimmt Wilkinson die verschiedenen Faktoren unter die Lupe, wobei er rasch zu demjenigen gelangt, der das Hauptthema seines zweiten Buchs werden sollte, nämlich das Einkommensgefälle. Eine sehr auffällige Schlussfolgerung ist, dass in einem Staat, ja sogar in einer Stadt mit großem Einkommensgefälle die sozialen Beziehungen von deutlich geringerer Qualität sind als anderswo: Es gibt mehr Aggression, weniger Vertrauen, mehr Angst, weniger Beteiligung am Gemeinschaftsleben. Als Psychoanalytiker wird es für mich noch interessanter, wenn der Autor nach individuell verortbaren Faktoren sucht. Ein niedriger sozialer Status scheint für die Gesundheit einer Person ausschlaggebend zu sein. Ein sehr auffälliger Stressfaktor betrifft das Maß an Entscheidungshoheit über die Organisation der eigenen Arbeit. Unzureichende Kontrollmöglichkeiten (ungenügender *sense of control)* gehen mit schlechten Beziehungen zu Kollegen und größerer Wut und Feindseligkeit einher – das hat Richard Sennett auch schon beschrieben (die Infantilisierung von erwachsenen Beschäftigten). Wilkinson deckt auf, dass dies auch deutliche Auswirkungen auf die Gesundheit und sogar die Lebenserwartung hat. Was dann wieder an einen klassischen Befund aus der klinischen Psychologie anknüpft: Nichts macht kränker als Ohnmacht und Hilflosigkeit.

Extreme Ungleichheit – ein Totschlagargument?

Mehrere unabweisbare Schlussfolgerungen drängen sich auf. In einem Wohlstandsgebiet wie Westeuropa ist nicht die Qualität des Gesundheitswesens (die Anzahl der Ärzte und Krankenhäuser) für den Gesundheitszustand der Bevölkerung ausschlaggebend, sondern die Beschaffenheit des sozialen und wirtschaftlichen Lebens. Je besser die sozialen Verhältnisse, desto höher das Gesundheitsniveau. Auf der Sollseite ist übermäßige Ungleichheit der am stärksten krank machende Faktor, wobei wir das nicht auf die Unterschiede zwischen sozialen Klassen reduzieren können. Es geht auch – und vielleicht vor allem – um das große Gefälle innerhalb vermeintlich gleicher Gruppen, also beispielsweise zwischen »Beamten«, »Akademikern« usw. Das widerspricht einer populären Erwartung, wonach nur die untersten sozialen Schichten von den negativen Auswirkungen der Einkommensunterschiede betroffen wären, nämlich die Versager, und dass höhere Schichten ausschließlich Gewinn daraus zögen, im wörtlichen wie im übertragenen Sinn. Das trifft nicht zu: Die negativen Effekte sind statistisch in allen Bevölkerungsschichten nachweisbar, weshalb der Untertitel von Wilkinsons zweiter Studie lautet: *Warum gerechte Gesellschaften für alle besser sind.*

In diesem zweiten Buch wenden Wilkinson und Pickett eine verhältnismäßig einfache Methode an. Sie verwenden stets amtliche Zahlen, was eine hohe Zuverlässigkeit garantiert. Anhand dieser Zahlen untersuchen sie den Zusammenhang zwischen Einkommensgefälle und verschiedenen anderen Kriterien. Die Schlussfolgerungen sind verblüffend und springen einem Grafik für Grafik immer greller in die Augen: Je größer die Einkommensunterschiede innerhalb eines Landes oder auch einer Region, desto mehr mentale Störungen, Teenagerschwangerschaften, Kindersterblichkeit, häusliche und außerhäusliche Gewalt, Kriminalität, Drogen- und Pillenkonsum gibt es. Je größer die Ungleichheit, desto schlechter der Gesundheitszustand, die Bildungsergebnisse, die soziale Mobilität und desto geringer das Gefühl von Sicherheit und Glück.

Beide Bücher, vor allem das zweite, haben in der angelsächsischen Welt großen Widerhall gefunden. Viele Menschen sehen darin eine wissenschaftliche Bestätigung dessen, was sie bereits vermutet haben. Gleichzeitig gab es viele negative Reaktionen, auch von Wissenschaftlern, die so ziemlich alle Aspekte des Buchs in Zweifel zogen, von der Datensammlung über die statistische Verarbeitung bis zu den Schlussfolgerungen. Die beiden Verfasser haben die Kritik in den meisten Punkten widerlegt, was angesichts der Qualität ihrer Arbeit nicht weiter schwierig war. Häufig richtete sich die Kritik gegen Aussagen, die gar nicht gemacht werden: Die Autoren plädieren keineswegs für eine Rückkehr zu einem Ostblockstaat nach dem Orwell'schen Motto: »Alle Tiere sind gleich.« Was die Kritiker häufig außer Acht lassen, ist, dass es hier um relative Einkommensunterschiede geht, wobei die negativen Folgen vor allem bei einem sehr großen Gefälle auftreten. Außerdem verursachen nicht die Unterschiede an sich die negativen Auswirkungen, sondern alles, was mit diesem Faktor zusammenhängt – und damit kehren wir zurück zu einem umfassenderen Tableau: erhöhtes Angstrisiko, traumatische Kindheit, niedriger sozialer Status, eingeschränkte Selbstbestimmung am Arbeitsplatz.

Zu ähnlichen Schlussfolgerungen gelangt Sennett in seiner Untersuchung, auch wenn er statt mit Zahlenmaterial mit Begriffen operiert. Seine Schlussfolgerung ist verhältnismäßig simpel und liefert den Titel zu seinem meiner Ansicht nach besten Buch, nämlich *Respekt im Zeitalter der Ungleichheit*. Zu viel Ungleichheit sorgt für einen Verlust an Respekt, und zwar auch sich selbst gegenüber – auf psychosozialer Ebene so ziemlich das Schlimmste, was einem widerfahren kann.

Dies belegt auch eine Studie, die übrigens noch nicht abgeschlossen ist. 1986 fiel der Startschuss für die zweite *Whitehall Study*, bei der mehr als zehntausend britische Beamte systematisch begleitet wurden, um herauszufinden, welchen Zusammenhang es möglicherweise zwischen Gesundheit und Arbeitssituation gibt. Untersucht wird also eine auf den ersten Blick relativ homogene Gruppe, die gewiss nicht zur gesellschaftlichen Unterschicht gehört. Als auffälligste Erkenntnis stellte sich heraus, dass die Lebenserwartung einer Person umso geringer ist, je niedriger ihr Rang oder Status *innerhalb* der Gruppe ist, auch wenn man eine Reihe weiterer Faktoren wie Rauchen, Essgewohnheiten, körperliche Bewegung und Ähnliches berücksichtigt – im Fachjargon: Wenn man verschiedene Variablen überprüft. Als Erstes drängt sich die Erklärung auf, dass die am unteren Ende der Skala Befindlichen den meisten Stress haben. Medizinisch lässt sich das nachweisen: Sie haben höhere Cortisolwerte (höherer Stress) und mehr Blutgerinnungsfaktoren (größeres Herzinfarktrisiko).

Die Ausgangsfrage – besteht ein eindeutiger Zusammenhang zwischen der heutigen Gesellschaftsform und der wachsenden Zahl von psychischen Störungen – lässt sich dadurch mit Ja beantworten. Noch wichtiger ist die Feststellung, dass diese Zunahme nicht auf diese Störungen beschränkt bleibt. Dieselben Untersuchungen belegen auch einen starken negativen Einfluss auf andere Gesundheitsparameter. Auch hier wurde der Kerngedanke solcher Untersuchungsergebnisse bereits in der schönen Literatur formuliert, in diesem Fall in Alan Lightmans Roman *Die Diagnose* aus dem Jahr 2000. In einem Interview stellte der Autors seinerzeit folgende rhetorische Frage: »Wie soll ein Mensch, der jahrelang tagtäglich von seiner Firma intensiv unter Druck gesetzt wird, keine starken Angstgefühle entwickeln?«* Die Frage kann man rhetorisch nennen, weil viele Leute die Antwort am eigenen Leib zu spüren bekommen haben.

Erst kürzlich gelangte auch die medizinische Forschung mehr oder minder zu denselben Erkenntnissen. Ein Wissenschaftlerteam der Universität Heidelberg entdeckte, dass das Gehirn von Menschen, die in einer hektischen Großstadt aufwachsen, anders auf Stress reagiert als das von Artgenossen, die auf dem Land aufwachsen.[4] Dieses »Anderssein« scheint überdies einherzugehen mit einer ausgeprägteren Disposition für Angststörungen und sogar Schizophrenie. Die Umgebung, in der wir aufwachsen, beeinflusst die Entwicklung unseres Gehirns, was auch bedeuten kann, dass wir anfälliger für psychische Störungen sind. Die Sache wird noch interessanter, wenn wir uns anschauen, auf welche Weise die Forscher die Versuchspersonen unter Stress setzten. Während sie dabei waren, schwierige Rechenaufgaben zu lösen, bekamen einige von ihnen die (falsche) Auskunft, dass »ihre Leistungen hinter denen der anderen zurückbleiben«, und ob »sie nicht etwas flotter arbeiten« könnten, denn »schließlich kosten diese Experimente viel Geld«. Da haben wir

* Zitiert in Lane, 2007, S. 185. *Die Diagnose* erzählt die Geschichte von Bill Chalmers, der auf dem Weg zur Arbeit bei einem multinationalen Konzern einen Schwächeanfall erleidet. Er sucht Hilfe bei Ärzten und erwartet eine klare Diagnose und Behandlung. Er bekommt keines von beiden und versinkt in einem sozialen und psychologischen Morast. Die Stärke des Buches liegt unter anderem darin, aufzuzeigen, wie beruhigend eine Diagnose wirkt (»Sie wissen, was es ist!«) und umgekehrt, wie beunruhigend ihr Ausbleiben. Hintergrund des Romans ist sowohl der krank machende Aspekt eines von Konkurrenzdruck geprägten Betriebsklimas als auch die Ohnmacht einer Diagnostik, die sich auf rein physische Aspekte beschränkt.

also sämtliche neoliberalen Faktoren auf einen Streich: Produktivität, Evaluierung, Wettbewerb und Kostendämpfung.

Psychische Störungen als moralische Störungen

Psychische Störungen sind nur in sehr seltenen Fällen »echte« Krankheiten, sondern der individuelle bio-psychosoziale Ausdruck umfassenderer gesellschaftlicher Probleme. Diesem sozialen Aspekt begegnen wir auch auf diagnostischer Ebene: Die Merkmale, anhand derer jemand mit dem Etikett »gestört« bedacht wird, haben stets etwas mit der Nichterfüllung gängiger gesellschaftlicher Erwartungen zu tun. Die heutige Gesundheitsnorm heißt »Erfolg«, der außerdem finanziell und materiell sichtbar sein muss. Die Vorstellung, dass ein erfolgreicher und von allen bewunderter Yuppie, der säckeweise Boni einheimst, abends mutterseelenallein in seinem Loft hockt und sich mit Pillen, Alkohol und Internetsex aufputschen muss, stellt sämtliche Erwartungen auf den Kopf.

Wenn Erfolg als Maßstab gilt, so stets in Verbindung mit einer ganzen Reihe von typischen Eigenschaften wie Flexibilität und Schnelligkeit, Effizienz und Zielgerichtetheit sowie Mündigkeit im Sinne von »sich verkaufen können«. War Bescheidenheit früher eine Tugend, so ist sie heute eine Abweichung. Es fällt auf, dass die heute »richtigen« Merkmale allesamt mit der aktuellen beruflichen Identität zu tun haben; dasselbe gilt für zwischenmenschliche Eigenschaften, die von uns erwartet werden. Zwei dieser Eigenschaften kehren systematisch wieder, nämlich Wettbewerbsfähigkeit und soziale Gewandtheit, wobei erstere den Menschen als Manager seiner selbst in die Schlacht schickt, während letztere effizientes »*networking*« meint, um optimal für sich selbst werben zu können.

Wenn wir uns dann anschauen, welche Erwartung auf persönlicher Ebene an uns gestellt wird, lautet die Antwort: Genuss. Wer am meisten genießt, erfüllt die Norm am besten, wobei Genuss ausdrücklich an Konsum und an Produkte gebunden ist. Man muss das richtige Urlaubsziel haben, das richtige Fahrrad, das richtige Mobiltelefon und den richtigen Laptop, die richtige Kleidung. In gewissem Maß hat es so etwas schon immer gegeben; der Unterschied zu früher besteht darin, dass die heutigen Hypes viel mächtiger sind, eine viel kürzere Lebenszeit haben und immer (viel) Geld kosten. Wehe, man trägt die falsche Jacke und zieht das falsche Handy aus der Tasche (es sei denn, es handelt sich um ein *vintage*-Modell).

Wenn Erfolg das Kriterium für eine normale Identität ist, dann wird Versagen zum Symptom für eine gestörte. Die heutige Psychodiagnostik bildet die verschiedenen Formen von Misserfolg ab, und der diagnostische Betrieb entwickelt sich immer mehr zu einem pseudowissenschaftlichen Rank-and-Yank-System. Im vorigen Kapitel kamen die problematischsten Kriterien bereits zur Sprache, als es darum ging, dass nahezu alle kindlichen Störungen etwas mit Schulversagen zu tun haben. Bei Lernstörungen ist das auch nachvollziehbar, bei ADHS, allgemeinen Verhaltensstörungen, ASS, Aggressiv-oppositionellen Verhaltensstörungen und Versagensangst nicht unbedingt. Meist sind diese diagnostischen Kriterien nichts anderes als die Kehrseite hoch gespannter sozialer Erwartungen, was zur Folge hat, dass es in der Schule nur noch zwei Sorten von Kindern gibt: hochbegabte und gestörte. »Normale« Kinder werden zum seltenen Gut, und das übliche Mittelmaß von früher ist tabu. Man beachte auch, dass es bei dieser Art von Diagnostik im Grunde selten bis nie um die Probleme der Kinder geht – die verwendeten Begriffe rücken fast ausschließlich die Probleme in den Vordergrund, die das Umfeld mit dem betreffenden Kind hat. Solche Kriterien sind deshalb nie wertfrei, wie weiter oben im Zusammenhang mit dem szientistischen Modell als dominantem Paradigma erwähnt. Glücklicherweise gibt es aber nach wie vor Lehrkräfte und Therapeuten, die ausdrücklich das Kind selbst ins Zentrum der Aufmerksamkeit stellen. Das sprengt aber leider den Rahmen der offiziellen Vorgehensweise, nämlich eine Diagnose nach DSM und eine vermeintlich effiziente, wissenschaftlich objektive, messbare und protokollgemäße Behandlung. Die mangelnde Aufmerksamkeit für die Schwierigkeiten des Kindes selbst lässt sich am Behandlungsziel ablesen: Sobald das Kind wieder »funktioniert«, ist die Behandlung beendet. Vielsagend ist übrigens auch die Reaktion der Kinder und Jugendlichen selbst auf die Therapieangebote: Sie haken das Ganze immer öfter einfach ab, sie brauchen den »Psychoheini« nicht mehr, da sie intuitiv spüren, dass der eh nicht für sie da ist.

Auch hier lohnt es, innezuhalten und sich die etymologische Bedeutung eines Begriffs anzusehen. Es geht um die diagnostischen Kategorien, mit deren Hilfe wir Klassifizierungen vornehmen. Das Wort »Kategorie« geht zurück auf das altgriechische *kategorein*, das erstaunlicherweise so viel bedeutet wie *»öffentlich beschuldigen«*. Dies entspricht unmittelbar der tiefer liegenden Absicht jedes Klassifizierungssystems, wie ich einem wunderbaren Text von Ian Johnston über Darwins Bedeutung entnommen habe. Wir brauchen, so Johnston, Klassifizierungssysteme, um *moralische* Unterscheidungen treffen zu können, um Hierarchien zu errichten, und zwar sowohl bei den Dingen, die wir sehen, als auch bei den Zielen, die wir erreichen wollen. Revolutionäre Denker sind gerade darum revolutionär, weil sie neue Klassifizierungssysteme einführen, also eine neue Art, die Wirklichkeit zu sehen, und neue Ziele – das gilt für Plato wie für Darwin, Marx oder Freud. Das heißt insbesondere, dass Klassifizierungssysteme niemals ideologisch neutral sein können. Jede Einordnung in Kategorien verweist implizit oder explizit auf eine Rangordnung mit einer politischen und moralischen Bedeutung. Darwins Bedeutung liegt demnach darin, dass er die frühere »natürliche Ordnung«, lies: eine vermeintlich von Gott erschaffene *scala naturae*, durch eine evolutionäre Ordnung ersetzt, die ohne Vorstellung von Ziel und Fortschritt auskommt. Die Betonung liegt auf dem Zufall, und die Richtung ist *random*, unbestimmt. Die moralischen und politischen Implikationen dieser Theorie werden bis heute verkannt, und der Sozialdarwinismus ist die Rückkehr zu einer prädarwinistischen hierarchischen Ordnung, die als Rechtfertigung einer gesellschaftlichen Ordnung herhalten muss.

Im Gegensatz zu meiner Auffassung von Psychodiagnostik, bei der die Probleme einer Person im Mittelpunkt stehen, bedingt eine psychodiagnostische Klassifizierung à la DSM eine moralische Ordnung, mit deren Hilfe Menschen anhand von Etiketten beschuldigt und abgeführt werden. Die Betroffenen selbst ziehen sich den Schuh ohne Murren an, man denke nur daran, wie unsere Kinder besagte Etiketten als Schimpfwörter benutzen (»Autist!«). Erwachsene nehmen daher auch dankbar die vermeintlichen genetischen und neurobiologischen Erklärungen an (»Ich bin *krank*«), um ihrem Schuldgefühl zu entkommen. Allerdings ist die Erleichterung nur von kurzer Dauer, denn das dominante Denkmuster (der Mensch ist machbar, wenn er sich anstrengt) verurteilt sie so oder so.

In seiner Studie zum Neoliberalismus weist Hans Achterhuis darauf hin, dass fast jede verwirklichte Utopie – und dazu rechnet er auch unsere neoliberale Gesellschaft – Abweichungen von der auferlegten sozialen Norm psychiatrisiert. Huxleys *Schöne neue Welt* und Orwells *1984* werden heutzutage immer mehr Realität. Dabei beschränkt sich der Gebrauch psychiatrischer Etikettierungen als Hinweis auf Versagen nicht auf Kinder; Erwachsene sind genauso davon betroffen. Interessanterweise treten manche Störungen bei ihnen auf, weil sie dem Idealbild *zu gut* entsprechen. Die Pflicht zu genießen führt zu »Ausrutschern« wie Sexsucht, Bulimie und natürlich auch Kaufzwang (»schöner shoppen«). Psychopathische Charakterzüge sind im Geschäftsleben in gewissem Maß sehr effizient, aber jenseits einer bestimmten Grenze schlagen sie um in eine schwer zu behandelnde Abweichung. Dasselbe gilt für das Selbstmanagement – die übertriebene Version davon heißt narzisstische Persönlichkeitsstörung. In all diesen Fällen ist die Grenze zwischen »geglückt« und »gestört« sehr schmal.

Auf der anderen Seite finden wir die erwachsenen Versager, die vor allem unter Ängsten und Depressionen leiden. Im Gegensatz zu dem, was gern behauptet wird – unter dem Einfluss des Sozialstaats seien die Menschen zu »soft« geworden –, ist das Schuldgefühl bei Misserfolg sehr groß. Trudy Dehue merkt in ihrer Studie über Depressionen sehr zu Recht an, dass die Betroffenen mitnichten den Wohlfahrtsstaat schamlos ausnutzende Schmarotzer sind. In unserer Ära des machbaren Menschen fühlen sich die meisten von uns mehr denn je verantwortlich für das eigene Versagen oder den eigenen Erfolg, sei es beruflich oder privat. Die pharmazeutische Industrie hat das bestens begriffen, weshalb uns in einschlägigen Anzeigen der Arbeitsplatz als *Schlachtfeld* präsentiert wird, auf dem Menschen zu versagen drohen, von der richtigen Pille jedoch gerettet werden können.* Kaffee allein genügt schon lange nicht mehr, es muss mindestens Red Bull sein, und Ritalin wird in den Vereinigten Staaten ausdrücklich zwecks *performance enhancing*, also zur Leistungssteigerung, verordnet, und gesunde Menschen bekommen den Auftrag, noch gesünder zu werden – Bücher zum Thema Gedächtnistraining wie beispielsweise *Train your brain* erzielen enorme Auflagen.

Die Untersuchung des belgischen Soziologen Piet Bracke bestätigt es: Im Vergleich zu früher hat sich die Zahl der Depressionen verdoppelt, und die Betroffenen empfinden dies als persönliches Versagen.[5] Das entspricht der Beobachtung, die Sennett zu seiner Verwunderung machen musste: Menschen, die aus »strukturellen« Gründen entlassen wurden, suchten die Schuld bei *sich selbst*. Das Bild vom jammernden und sich selbst bemitleidenden Underdog ist die Ausnahme, nicht die Regel. In diesen Zusammenhang gehören auch die Angststörungen, an erster Stelle Versagensangst und soziale Angst, also die Angst vor dem anderen als Beurteiler oder Konkurrent, manchmal beides zugleich.

Was die erwähnten Etikettierungen allerdings außer Acht lassen, obwohl sie jedem Kliniker bei vielen Ratsuchenden auffallen, sind der extreme Kontrollzwang, Hyperperfektionismus und Ehrgeiz. Jede Verzögerung, jedes unvorhergesehene Ereignis setzt den Kessel noch mehr unter Dampf, damit der Betroffene beim nächsten Mal noch schneller und besser reagieren kann. Diese Konstellation findet sich so gut wie im-

* So steht auf der linken Seite einer Anzeige für ein Antidepressivum folgender Text: »*sollte … hätte … würde … kann nicht. Ich kann einfach nicht.*« In der Mitte: ein niedergeschlagen dreinblickender junger Mann mit Krawatte. Auf der rechten Seite: »Zeig ihnen, dass du es KANNST. Paxil« (bei uns bekannt als Seroxat). Dieses und andere Beispiele finden sich in den Studien von Lane (2007) und Dehue (2008).

mer bei Essstörungen, die außerdem ein weiteres bemerkenswertes Charakteristikum aufweisen – zumindest für einen Therapeuten, der helfen will: Die betreffende Person hält das Problem unter Verschluss. Den Yuppie, der sich in seinem Loft vor der Außenwelt versteckt und ein Mauerblümchendasein führt, habe ich bereits erwähnt. Perfektionistische Frauen (immer öfter auch Männer), deren beruflicher Ehrgeiz mit einer sorgfältig geheim gehaltenen Essstörung einhergeht, sind ein weiteres Beispiel. Niemand darf es wissen, jede Schwäche kann gegen den als Ich-AG auftretenden Menschen verwendet werden (*Alles, was du sagst oder tust, kann und wird gegen dich verwendet werden*).

Am dramatischsten macht sich das auf der Beziehungsebene bemerkbar. Konkurrenzbetonter Individualismus, kombiniert mit der Pflicht zu grenzenlosem Genuss statt des früher einmal geltenden Gebots, sich zu beherrschen, ist tödlich für dauerhafte Beziehungen. Die enorme Zahl von sogenannten »Beziehungsproblemen« zeigt an, wie einsam wir sind: Einsamkeit ist zweifellos die häufigste »Störung« unserer Zeit. In Verbindung mit der Genusspflicht hat sich ein Phänomen entwickelt, für das Mark Fisher die zutreffende Bezeichnung *depressiver Hedonismus* geprägt hat.[6]

Mein Fachgebiet – Psychodiagnostik und Psychotherapie – hat innerhalb weniger Jahrzehnte eine Wendung um 180 Grad vollzogen. Wenn die diagnostischen Kriterien vor allem darauf hinauslaufen, Abweichungen von der gesellschaftlichen Norm aufzuzeigen, dann läuft die Behandlung darauf hinaus, jemanden zu zwingen, die Norm wieder einzuhalten. Nicht zu übersehen ist ein weiteres Zeichen an der Wand: die veränderte Wahrnehmung. Bis vor Kurzem galt ein gestörter Mensch in fast allen Kulturen als eine Person, die aufgrund ihres Andersseins der Wahrheit näher ist – noch in dem Film *Revolutionary Road* von 2008 erfahren wir die Wahrheit aus dem Mund eines Psychiatriepatienten.[7] Inzwischen ist so etwas passé – heutige Patienten sind nicht nur gestört, sondern durch und durch gefährlich, wobei der Norweger Breivik als Prototyp präsentiert wird.

Disziplinierung als Behandlung

Die soziologische Forschung hat den Zusammenhang zwischen dem aktuellen sozioökonomischen System und gravierenden psychischen und sozialen Problemen offenbart. Das dominante neoliberale Denkmodell legt diese Feststellung ad acta und befasst sich nicht mit den Ursachen, sondern ausschließlich mit den Folgen dieses Phänomens, konkret mit dem abweichenden, gestörten und gefährlichen anderen: Psychiatriepatienten, Junkies, Jugendliche, Arbeitslose, Ausländer. Paradoxerweise hat sich in diesem Bereich ein ganzer Markt entwickelt: Erziehungshilfe, Unterrichtsbegleitung, Psychotherapie, Familienberatung und vor allem Medikalisierung psychosozialer Probleme. All diese Dinge sind zu einem Geschäft geworden, mit dem sich gutes Geld verdienen lässt. Der gemeinsame Nenner für diesen Markt heißt: Disziplinierung.

Unsere Sprache wird stark geprägt von der dahinterliegenden Ideologie, sodass eine Verschiebung in unserem Wortschatz stets eine Bedeutung hat. Vor nicht allzu langer Zeit gab es die Fachrichtungen Psychologie und Psychiatrie, heute heißt es Verhaltenswissenschaften. Früher hatten Menschen psychische Probleme, heute zeigen sie Verhaltensstörungen und sprechen Psychologen ohne jedes Zögern von erwünschtem oder unerwünschtem Verhalten. Früher stellte unsereins eine Diagnose, heute machen wir ein Assessment (ein Begriff aus der Rechtssprache), und selbst Kindergartenkinder werden inzwischen schon einer Früherkennung unterzogen. Hilfe!

Diese merkwürdige Neudefinition weist in zwei Richtungen. Menschen mit psychischen Störungen werden heutzutage in erster Linie als sozial abweichend angesehen, und es fehlt nicht viel, um sie als kriminell abzustempeln. Andererseits wird fast jeder Verbrecher als Produkt seiner unglücklichen Jugend und damit als Fall für die Psychiatrie angesehen. Wenn das so weitergeht, enden wir noch in der vom viktorianischen Schriftsteller Samuel Butler 1872 in seinem Buch *Erewhon oder die Reise nach Irgendwo* beschriebenen Gesellschaft, die Patienten bestraft und Kriminelle behandelt. Zur Erläuterung: Heute sitzen in den Vereinigten Staaten dreimal mehr Psychiatriepatienten in Gefängnissen als in psychiatrischen Einrichtungen, eine Rückkehr zu dem Niveau von 1840.[8]

Disziplinierung macht einen wesentlichen Teil der psychiatrischen Praxis aus. Diese Aussage klingt verwunderlich – Psychiatrie ist doch ein Zweig der Medizin, deren Ziel es ist, Patienten zu helfen? Gewiss, aber das schließt das Disziplinieren nicht aus, schon gar nicht in einer Epoche, in der sogar die eigentliche Medizin immer gebieterischer auftritt, mit Meldungen wie »kardiologische Forschung weist nach, dass zwei Tassen Kaffee pro Tag das Maximum sind«.[9] Der Aspekt Disziplinierung zieht sich wie ein roter Faden durch die Entstehungsgeschichte der Psychiatrie, zum Ärger vieler Kollegen, die sich darin nicht wiedererkennen wollen.[10]

Disziplinierung klingt in der Tat in mancher Hinsicht verdächtig – Autorität hat noch immer einen schlechten Ruf, und wie reimt sich das auf Neurotransmitter und Gene? Es bedarf keiner großen intellektuellen Anstrengung, um zum Kern der Sache vorzudringen. Alle heutigen psychiatrischen Etiketten bestehen aus drei Schichten, einer psychologischen, einer sozialen und einer medizinischen. Die psychologische ist die sichtbare Außenseite, die diagnostischen Kriterien beschreiben geistige Eigenschaften und Verhaltensmerkmale (»scheint oft nicht zuzuhören«, »affektiv instabil«). Der soziale Aspekt ist etwas schwieriger zu finden, er versteckt sich paradoxerweise unter dem am häufigsten vorkommenden Wort im DSM-Handbuch, dem Wörtchen »zu« in allen denkbaren Varianten. So taucht es in der Beschreibung der Borderline-Persönlichkeitsstörung zehn Mal auf, um jeweils anzuzeigen, dass ein Zuviel oder ein Zuwenig von einem bestimmten Merkmal oder Verhalten vorhanden ist. Wohlgemerkt: ein Zuviel oder Zuwenig gemäß einer impliziten sozialen Norm, auf deren Basis der Diagnostiker intuitiv erspüren muss, was noch akzeptabel ist und was nicht.* Der dritte Aspekt, der medizi-

* Aufgrund meiner Kritik könnte der Leser annehmen, dass ich die Existenz dieser Störungen abstritte. Nichts liegt mir ferner: Die Gruppe, die man in die »Borderline«-Schublade steckt, hat tatsächlich ernsthafte Probleme. Es wäre aber sowohl wissenschaftlich als auch klinisch korrekter, sie als Menschen zu bezeichnen, die an einer »komplexen posttraumatischen Belastungsstörung« leiden, was überdies sofort zu einer anderen Haltung gegenüber den Betroffenen führen würde.

nische, ist nicht viel mehr als eine auf dem Krankheitsmodell basierende Annahme, für die es keine wissenschaftlichen Beweise gibt.

Bei den meisten dieser Etiketten ist stark zu bezweifeln, dass die Psychiater und Psychologen Wert auf den Unterschied zwischen krank und gesund in der medizinischen Bedeutung des Wortes legen. Was hingegen sehr wohl feststeht, ist, dass sie sich mit dem Unterschied zwischen sozial abweichendem und sozial akzeptablem Verhalten befassen, unbestreitbar eine ethische Frage. Die Indikatorbeschreibung für diese Art von Diagnostik, im Fachjargon »Rationale« genannt, lässt sich auf folgenden Punkt bringen: Bei psychologischen Eigenschaften oder Verhaltensmerkmalen wird ein sozial untragbares Zuviel oder Zuwenig festgestellt, wobei man stillschweigend eine organische Ursache annimmt.

Eine solche Diagnostik hat starken Einfluss auf das Behandlungsziel: Das »Zuviel« muss beschnitten und das »Zuwenig« aufgefüllt werden, damit der Patient wieder den sozialen Normen entspricht. Diese Kombination von Diagnostik und Behandlung bestätigt einen klugen Grundsatz, den ich dem deutsch-britischen Schriftsteller W.G. Sebald verdanke: Das Ausmaß eines Problems erkennt man an den Lösungen, die in den Vordergrund gerückt werden. Wenn ein ADHS-Kind wieder still in der Klasse sitzt und dem Unterricht folgt, ist das Problem gelöst. Mit anderen Worten: Die Störung betrifft nicht so sehr das Kind, sondern vor allem das, was uns Probleme bereitet, als Eltern oder Lehrer. Um das Problem zu lösen, bekommt das Kind Ritalin und eine elementare Form von Verhaltenstherapie, die von den Verhaltenstherapeuten selbst schon längst wieder aufgegeben worden ist. Das erklärt eine höchst bemerkenswerte medizinische Beobachtung: In den Ferien sind weder Medikamente noch Verhaltenstherapie vonnöten, weil das Kind dann ja nicht in der Klasse sitzt. ADHS ist meines Wissens die einzige angeblich neurobiologische Erkrankung, die derart offensichtlich saisonabhängig ist: Zu Beginn der Schulferien verschwindet sie beinahe völlig, um bei Schuljahresbeginn urplötzlich wieder aufzuflackern. Ich erdreiste mich, diese Argumentation verallgemeinernd auf die Mehrheit der DSM-Diagnosen zu beziehen: Sie sind vor allem sozial normierend.

Wie gesagt: Normierung und Disziplinierung sind der Psychiatrie immanent; psychiatrischen Diagnosen wird dieser Ruf bis zu einem gewiss Grad stets anhaften. Die Frage ist, ob die Psychiatrie noch etwas mehr zu bieten hat. In meinen Psychodiagnostik-Vorlesungen unterscheide ich zwischen einer sogenannten »forensischen« und einer klinischen Psychodiagnostik. Erstere dient dem Schutz der Gruppe und der Gesellschaft, nötigenfalls vor einem Individuum – denken Sie an Breivik. Letztere dient dem Schutz des Individuums, nötigenfalls vor der Gesellschaft – denken Sie an Semmelweis. Beide sind notwendig, weshalb Kliniker oft einen echten Spagat machen müssen, da sich die beiden Ziele nicht immer problemlos vereinbaren lassen.

Gegenwärtig erleben wir einen entscheidenden Umschwung. Die heute vorherrschende Form der Psychodiagnostik und die damit verbundenen Therapien zeigen, dass der Psychobetrieb auf eine extrem schiefe Ebene geraten ist und in eine Praxis abzugleiten droht, bei der psychiatrische Diagnosen als Fangnetze funktionieren und dazu dienen, mittels eines pseudomedizinischen Ansatzes soziale Kontrolle auszuüben. Kurzum, es findet eine Entwicklung hin zu einem Rank-and-Yank-System statt. Dies ist umso bedeutsamer, als besagter Psychobetrieb mittlerweile allgegenwärtig und nicht nur im Krankenhaus und im Sprechzimmer anzutreffen ist, sondern auch im gesamten Bildungssektor, in der Rechtsprechung wie im Versicherungswesen, auf Beziehungsebene ebenso wie am Arbeitsplatz.

Hallo, hier spricht Vanessa, was kann ich für Sie tun?

Welche Bedeutung hat diese Verschiebung von der Behandlung zur Disziplinierung, und weshalb regt sich so wenig Widerstand dagegen? Bis in die Siebzigerjahre hinein war die psychiatrische Praxis ausdrücklich disziplinierend und systemstabilisierend. Die damalige junge Psychotherapie griff diese Haltung frontal an und schlug sich radikal auf die Seite des Individuums, gegen die extrem patriarchalische Gesellschaft, deren Repräsentant der klassische Psychiater war. Dabei ist anzumerken, dass Patienten in dieser Zeit eine stabile, starre Identität besaßen, weil sie in einem Korsett von Normen und Werten gefangen waren: eine Illustration von Freuds These, wonach Menschen neurotisch werden, wenn sie moralisch zu hochstehend sein wollen. Die Psychotherapie lehrte sie, auf Distanz zu den allzu strengen Normen und den damit verbundenen Schuld- und Schamgefühlen zu gehen.

Mittlerweile haben wir eine völlig andere Situation. Der heutige Mensch ist in einer sehr instabilen Umgebung aufgewachsen, in der so gut wie alles erlaubt und Konsum Pflicht ist. Der Pferdefuß dabei: Man muss es aus eigener Kraft schaffen, sonst gilt man schnell als gestört oder faul. Die Identität ist also weniger gefestigt, es kommt häufiger zu Entgleisungen. Wie im viktorianischen Zeitalter sind auch diese Entgleisungen lediglich übersteigerte Formen der vorgezeichneten idealen Identität, die das Gegenteil dessen ist, was vor dreißig Jahre galt: Heute gibt es zu wenig Disziplinierung. Und wieder ruft man den Therapeuten zu Hilfe; nicht, um ein Übermaß zu beschneiden, sondern um ein Defizit aufzufüllen. Daher die Verlagerung der Behandlungsformen auf elementare Verhaltenstherapie und Psychoedukation mit dem Ziel, Entgleiste wieder auf die richtige Spur zu bringen. Psychiater und Psychotherapeuten werden so zu den neuen moralischen Autoritäten, die im Namen der Wissenschaft vorschreiben, wie wir uns zu verhalten haben. Dass sich dagegen anders als in den Siebzigerjahren wenig oder kein Protest erhebt, weist darauf hin, dass viele Menschen eine solche Disziplinierung für notwendig halten.

Die erste Antwort auf die Frage, warum der Psychobetrieb die disziplinierende Richtung einschlägt, lautet folglich: weil die Gesellschaft ein starkes Bedürfnis danach hat. Sollte das stimmen, bleibt die Frage, ob diese Disziplinierung eine Aufgabe für Psychotherapeuten ist. Diese Frage wird noch bedeutsamer, wenn wir bedenken, dass dieser Ansatz in zunehmendem Maß mit dem Einsatz von Medikamenten einhergeht – »Sitz bloß stille, sonst gibt´s (noch) eine Pille«. Überdies müssen wir uns voll und ganz darüber im Klaren sein, dass man auf diese Weise nur eine ganz bestimmte Folge neoliberaler Politik bekämpft, nämlich die Verflüchtigung der klassischen Ethik der Mäßigung, ohne dass an die Wurzeln des Übels gerührt würde. Das lässt sich schon an der Vorgehensweise erkennen: Psychotherapeuten, Psychiater und Orthopädagogen fungieren als eine Art *Supernanny*, die das bekämpfen, was auf allen Bildschirmen angepriesen wird, nämlich Fast-Food, schnelles Vergnügen, die Pflicht, permanent online zu sein und dergleichen mehr.

Es geht tatsächlich um Supernannys, nicht um Superdaddys. Die Verantwortung wird den Müttern übertragen, Väter gibt es keine mehr. Sie sind verschwunden, weil ihre Funktion untergraben worden ist. Bis vor Kurzem gab es im Westen eine symbolische Autorität, die sich auf eine traditionelle Konvention stützte (»Du sollst Vater und Mutter ehren«). Auch der Repräsentant selbst war dieser Konvention unterworfen und musste sein Verhalten gegebenenfalls rechtfertigen. Inzwischen leben wir in einer Welt, die von einer anonymen Macht beherrscht wird, die nirgendwo zu lokalisieren ist und deshalb auch keine moralische Autorität mehr ausübt. Noch viel bedeutsamer ist, dass wir diese Macht auch nicht mehr zur Verantwortung ziehen können. Sinnbild dafür ist das Callcenter, das uns auch nach dem x-ten Versuch, uns durchzustellen (»Hallo, hier spricht Vanessa, was kann ich für Sie tun?«), nicht mit der verantwortlichen Person verbindet – weil es die gar nicht gibt. Das Zentrum der Macht ist leer, auf dem Stuhl sitzt niemand mehr.

Die Väter wurden überflüssig, weil das System keine auf Symbolen beruhende Autorität zulässt. Im besten Fall ist der moderne Vater eine zweite Mutter neben der ersten; beide verlangen sie nach einer Autorität, die auch ihnen Sicherheit bieten kann. Die Tragik besteht darin, dass Eltern die Schuld für die Folgen eines Systems in die Schuhe geschoben wird, dem sie selbst zum Opfer gefallen sind. Die Journalistin Kaat Schaubroeck bringt das in ihrem Buchtitel perfekt auf den Punkt: *Ein erdrückendes Gefühl von Verantwortung. Warum sich Eltern immer schuldig fühlen.* Wenn Eltern sich um Hilfe für ihre Kinder bemühen, deren Störungen ja bereits systembedingt sind, landen auch sie im Callcenter der Sozialdienste und werden von Pontius zu Pilatus geschickt.

Hiermit liegt die zweite Erklärung für die wachsende Nachfrage nach Disziplinierung auf der Hand: Sie ist der neoliberalen Politik inhärent, weil sie die symbolisch unterfütterte Autorität und das Vertrauen in diese zerstört hat. Das Ergebnis ist, dass jeder jedem misstraut, was wiederum zu ständigen Kontrollen und Messungen führt und ungeachtet aller Sprüche von Deregulierung und »freiem« Markt zu endlosem Regelwust und immer mehr Verträgen. Michel Foucault ist vermutlich der erste, der diesen Prozess wahrgenommen hat. Er spricht von der Verlagerung von einer deutlich identifizierbaren Macht – dem Vater als Repräsentanten einer symbolisch begründeten Autorität – hin zu etwas, was er »Biopolitik« nennt. Eine Verlagerung also von einer lokalisierbaren und ansprechbaren Macht zu einer anonymen und dadurch verallgemeinerten Disziplinierung.

Als Folge davon ist Macht nicht mehr identifizierbar, was jeden Widerstand erschwert. Als Metapher dafür sieht Foucault das ideale Gefängnis des britischen Autors und Sozialreformers Jeremy Bentham an. In der Mitte seines Modellgefängnisses steht ein Wachtturm, von dem aus ein unsichtbarer Bewacher alle Insassen beobachten kann, ohne selbst gesehen zu werden. Dieses Modell ist extrem effizient und billig, denn dieses Panoptikum – so heißt der Bau – kommt mit einem einzigen Bewacher aus. Die heutige Gesellschaft und die neue Form von Disziplinierung gehen noch einen großen Schritt weiter, so Foucault, denn der Platz im Wachtturm ist unbesetzt, die Kontrolle ist allgegenwärtig. Ob wir auf der Straße sind, den Fernseher einschalten oder eine Zeitschrift aufschlagen: Überall bekommen wir zu sehen und zu hören, wie wir uns verhalten sollen, um die vorgeschriebene Perfektion zu erreichen. Jeder von uns muss sich ständig irgendwelchen Tests unterziehen, dauernd werden wir aufgefordert, an irgendwelchen »Vorsorgeuntersuchungen«, Audits, Screenings und Prüfungen teilzunehmen; außerdem sollen wir uns ständig selbst bewerten (*self assessment*).

Psychiatrie und Psychologie spielen dabei eine zentrale Rolle, weshalb der belgische Philosoph Jan De Vos von »Psychopolitik« spricht. Die von MacIntyre 1981 vorausgesagte Manipulation unserer Subjektivität durch die Psychowissenschaft hat ein solches Ausmaß angenommen, dass sie beinahe unsichtbar geworden ist. Der beste Maßstab dafür ist die wachsende Gruppe »*menschlichen Abfalls*«: Wenn es so weitergeht, besteht demnächst die eine Hälfte der Menschheit aus Therapeuten und die andere Hälfte aus Patienten.

Als Psychoanalytiker kann ich mich nicht naiv für das Individuum und gegen die Gesellschaft entscheiden oder umgekehrt für die Gesellschaft und gegen das Individuum. Letzteres ist typisch für die heutige Mainstream-Psychologie und -Psychiatrie, die an die Stelle der früheren Befreiungspsychologie getreten ist, die sich für das Individuum entschieden hatte. Die Befreiungspsychologen von früher übersahen, dass das Individuum auf die Gesellschaft mit ihren Normen und Werten unbedingt angewiesen ist. Die heutigen Disziplinierungspsychotherapeuten weigern sich einzusehen, dass das Individuum und seine Störungen das Produkt dieser Gesellschaft sind.

Mit anderen Worten: Der Gegensatz von krank machender Gesellschaft und gesundem Naturstaat beruht auf einer Illusion. Ausnahmslos jede Gesellschaft macht sowohl krank als auch gesund. Dafür gibt es eine einfache Erklärung: Jede Gemeinschaft definiert und gestaltet ihre Vorstellung von Normalität und definiert damit gleichzeitig auch die Abweichungen. Das vorherrschende Denkmuster bestimmt also die Praxis. Dabei macht es einen Unterschied, welches Denkmodell für diese Praxis maßgeblich ist: das religiöse (wer abweicht, ist ein bekehrungsbedürftiger Sünder, ein Ketzer, eine Hexe), das medizinische (wer abweicht, ist ein behandlungsbedürftiger Patient) oder das ökonomische (wer abweicht, ist ein Schmarotzer). Das einzige gemeinsame Element ist der Ausschluss: Auf dieser Seite der Linie sind wir, die Normalen, auf der anderen Seite sie, die Abnormalen. So kann dieselbe Person im selben Augenblick ein Märtyrer sein (religiöses Denkmuster), ein gefährlicher Irrer (medizinisches Denkmuster) und ein Terrorist (wirtschaftliches Denkmuster), je nachdem, aus welcher Perspektive man es betrachtet und welche Konsequenzen man daraus zieht.

Die Frage ist demnach nicht, ob eine Gesellschaft krank oder gesund macht. Die Frage ist vielmehr, wie eine bestimmte Gesellschaft Abweichungen definiert und was für Konsequenzen das hat. Dabei ist sehr gut vorstellbar, dass die Definition ethisch bedenklich ist und eine Gesellschaft gegen ihre eigenen Grundlagen vorgeht. Dass eine Gesellschaft ihren eigenen Zusammenhalt zerstört.

Genau das geschieht heute.

Jede Gesellschaft definiert ihre Kriterien für Normalität und damit auch die Abweichungen davon. Beide Richtungen werden geprägt von der gesellschaftlich für ideal erachteten Identität, die wiederum auf den dominanten Erzählungen und der davon ausgehenden Herrschaft beruht. So betrachtet ist jede Gesellschaft sowohl gesund als auch krank machend, weshalb wir uns die Balance zwischen diesen beiden Polen anschauen müssen, wenn wir uns ein Urteil bilden wollen. Gegenwärtig weisen die meisten Gesundheitsparameter in eine Richtung: die krank machende.

Wir können unser Urteil noch weiter konkretisieren, wenn wir uns auf unser Wissen über die Entstehung von Identität stützen, die im ersten Kapitel thematisiert wurde. Wie verhält sich unsere heutige gesellschaftliche Organisation zu den beiden fundamentalen Prozessen, die am Aufbau von Identität beteiligt sind, nämlich Identifikation (Gleichheit) und Separation (Verschiedenheit), beide behaftet mit einer für sie jeweils charakteristischen Angst? Und, über einen größeren Zeitraum betrachtet, in welchem Verhältnis steht diese gesellschaftliche Organisation zu unserem Wissen über das verhaltensbiologische Erbgut des Menschen?

Die Organisation der Gesellschaft: Gleichheit und Verschiedenheit

Die Entwicklung unserer Identität wird von zwei fundamentalen Orientierungen bestimmt, dem Verlangen nach Einssein mit dem anderen und dem Verlangen nach Autonomie, die sich im Idealfall die Waage halten. Die erste Orientierung sorgt für Gleichheit, also für Gruppenbildung und Unterwerfung, die zweite für Verschiedenheit, also Individualismus und Unabhängigkeit. Bei einer zu schwachen gesellschaftlichen Gruppenbildung empfindet der Einzelne ein stärkeres Bedürfnis nach Nähe zum anderen. Viele Menschen suchen dann Anschluss anhand fragwürdiger gemeinsamer Merkmale oder Aktivitäten wie bestimmten Krankheitsbildern oder gemeinschaftliches Mobben. Bei einer starken sozialen Gruppenbildung hingegen bleibt kein Raum mehr für eigene Bedürfnisse, weshalb die Menschen auf alle möglichen Arten versuchen, den ihnen auferlegten Regeln zu entkommen, um sich wenigstens ein Stückchen Autonomie zu erobern. Je totalitärer ein Staat, desto größer der Drang nach Autonomie, so wie in streng geführten Mädcheninternaten jede Heranwachsende versucht, der vorgeschriebenen Uniform zumindest eine persönliche Note zu verleihen.

Beide Tendenzen bilden spezielle Formen von Angst und Aggression heraus. Noch vor wenigen Generationen verharrte die Gesellschaft in starrer Unveränderlichkeit und wohliger Lethargie. Als Gegenreaktion dazu wuchs das Bedürfnis nach Autonomie, das von der Angst vor Intrusion (widerrechtlichem Eindringen) und übermäßiger Kontrolle zeugte. Sobald die Aggression nach außen treten konnte, richtete sie sich gegen die zentrale, uniformierende Autorität. Heutzutage stellt die Gesellschaft das Individuum in den Mittelpunkt, was dazu führt, dass das Sicherheitsgefühl schwindet und soziales Misstrauen deutlich zunimmt. Aggression wird rascher nach außen gerichtet, weil man sich verteidigen muss gegen den anderen, der als potenzielle Bedrohung erfahren wird. Trotzdem verspürt jeder Einzelne ein Bedürfnis nach Nähe, und die Angst, verlassen zu werden und noch einsamer zu sein, ist sehr groß.

Die Hauptursache für das Verschwinden des Gemeinschaftsgefühls und das Aufkommen eines extremen Individualismus ist das heutige Wirtschaftsmodell, das Menschen systematisch gegeneinander ausspielt und immer größere Ungleichheit erzeugt. Wenn wir die Balance von Gleichheit und Verschiedenheit, Gemeinschaftssinn und Autonomie wiederherstellen wollen, dann müssen wir die heutige Arbeitsorganisation tatsächlich ändern und Wirtschaft anders denken. Um Missverständnissen vorzubeugen: Dies ist kein Plädoyer für ein »gleichmacherisches« Modell. Ein Übermaß an Gleichheit hat ebenso negative Folgen wie ein Übermaß an Verschiedenheit, und beide lösen typische Formen von Aggression und Angst aus. Eine ideale Arbeitsorganisation würde auf einem meritokratischen System beruhen, das sich auf qualitative Evaluierungen stützt und nicht nur finanzielle Belohnungen austeilt. Dasselbe muss in größerem Maßstab auch für die neue Ökonomie gelten, bei der die Idee von (rein) quantitativem Wachstum so rasch wie möglich zugunsten qualitativer Nachhaltigkeit aufzugeben ist.* Die »Wachstumsidee« ist vermutlich das fatalste Erbe der *scala naturae*: immer mehr, immer höher, immer hoch erhaben über den Rest.

Mehr und mehr beginnen auch Firmenchefs umzudenken, wenngleich sie dies nur selten öffentlich bekunden. Was sie außerdem dringend einfordern, ist eine tragfähige politische Ebene, die vorzugsweise ganz Europa umfasst. Wie sehr so etwas fehlt, lässt sich beispielsweise aus der Art ablesen, wie die Politik die Banken »gerettet« hat, nämlich auf Kosten der Bürger. Milde ausgedrückt, zeugt diese Aktion von einem Mangel an politischer Vision und Mut; viele Menschen sehen in diesem Vorgehen eine Kombination aus Korruption und Feigheit. Die sogenannte *Realpolitik* hat eine Generation von grauen Mäusen hervorgebracht, die nach der Pfeife der Börsenkurse tanzen. Wir brauchen ein buntes Spektrum von politischen Parteien, die im demokratischen Wettstreit mit anderen ihre eigene Anschauung mit Nachdruck vertreten. Insoweit stimme ich mit General de Gaulle überein: »*La politique ne se fait pas à la corbeille*« – Politik wird nicht an der Börse gemacht. Die Wirtschaft muss der Gesellschaft untergeordnet sein und bleiben, nicht umgekehrt. Dass wir zurückstecken müssen, ist unausweichlich – wir im

* All dies hat natürlich mit dem größten Problem unserer Zeit überhaupt zu tun, das in diesem Buch nur am Rande behandelt wird: dem Raubbau an der Natur infolge der Überbevölkerung und des aktuellen Wirtschaftssystems. Die mangelnde Aufmerksamkeit für dieses Thema – die grünen Parteien haben nur in wenigen Ländern echten politischen Einfluss – ist ein schlechtes Vorzeichen für den Fortbestand unserer Art und weckt ernste Zweifel an unserem viel gerühmten Verstand.

Westen leben deutlich über unsere Verhältnisse. Aber dieses Zurückstecken muss der Gesellschaft zugutekommen, nicht der Wirtschaft. Wer das verwunderlich findet, sollte sich vor allem über sich selbst wundern.

Eine Gesellschaft funktioniert dann gut, wenn Gleichheit und Verschiedenheit, Gemeinschaft und Individualität sich die Waage halten. Ein notwendiges Element dabei ist Autorität und die Art, wie sie ausgeübt wird. Das Zusammentreffen von Neoliberalismus, Digitalisierung und irrationaler Zahlengläubigkeit hat auf dieser Ebene einen doppelten Effekt: Wir leben in einer sehr bestimmenden Gesellschaft, in der man jedoch vergebens nach einer Autorität sucht. Der Zwangscharakter ergibt sich aus der Flut immer neuer Vorschriften und der zunehmenden Videoüberwachung; die Abwesenheit von Autorität zeigt sich an der Schwierigkeit, ansprechbare Funktionsträger zu finden, die bereit und mutig genug sind, Macht auszuüben. Im zweiten Kapitel habe ich beschrieben, dass in der Antike diejenige Person als ideale Führungsfigur angesehen wurde, die über genügend Selbsterkenntnis und Selbstbeherrschung verfügte, um die Gemeinschaft lenken zu können. In der christlichen Ära erfolgte eine Verschiebung hin zu einem Mann, der von Gott berufen wurde, seine Gebote auszuführen, wobei der Blick aufs Jenseits gerichtet war. In der Moderne entwickelt sich der Westen zu einer Demokratie, in der Abgeordnete von einer Mehrheit gewählt werden. Als Vertreter dieser Mehrheit erhalten sie die Befugnis, die bestmögliche Politik zu formulieren, und zwar auf der Grundlage einer bereits existierenden Gesetzgebung, die nur nach bestimmten Regeln geändert werden kann. Priester waren Repräsentanten der göttlichen Autorität, Parlamentarier sind Repräsentanten des Volkes. Seit der Mitte des vergangenen Jahrhunderts gilt Autorität als verdächtig, was sich an folgender Bedeutungsverschiebung ablesen lässt: ein »autoritäres« System ist zum Synonym für eine Diktatur geworden, und Autoritäten sind ausnahmslos Tyrannen, die gestürzt werden müssen: Priester, Lehrer, Polizisten, Direktoren.

Im Rückblick ist es nicht so schwer, den Fehler in der Argumentation der antiautoritären Bewegungen zu erkennen. Wir brauchen nur über unseren Sprachgebrauch nachzudenken. In einer westlichen Demokratie gibt es keine »Machthaber«, sondern »Amtsinhaber« oder »Funktionsträger«. Jemand hat ein Amt inne oder bekleidet eine Funktion. Das heißt: Person und Amt sind nicht identisch, es handelt sich um eine zeitlich befristete Position. Diese ist Teil einer umfassenderen räumlichen Struktur, innerhalb derer Rechte und Pflichten kollektiv festgelegt werden – es geht also wieder um die gemeinsame Erzählung. Amtsträger werden nicht von ungefähr traditionell mit bestimmten äußerlichen Zeichen ausgestattet – die Schärpe oder Amtskette des Bürgermeisters, der Talar eines Richters –, die auf ihre Funktion hinweisen und es den Bürgern erlauben, Rechenschaft von ihnen zu verlangen. Dass solche äußerlichen Zeichen heute als etwas lächerlich empfunden werden, zeigt, dass für uns keinerlei Unterschied mehr zwischen Autorität und Autoritätsperson besteht. Für das Individuum von heute sind Autorität und Autoritätsperson eins, weshalb die klassische, symbolisch unterfütterte Autorität eine Bedeutungsverschiebung erfährt und als rohe Gewalt wahrgenommen wird.

Darauf reagieren wir sehr ambivalent. Für uns ist Macht verdächtig, weshalb wir sie möglichst heftig bekämpfen. Oder wir rufen nach einem starken Führer, der unsere Probleme mit starker Hand lösen soll. Oft sind es dieselben Menschen, die beides gleichzeitig wollen: Sie rufen nach mehr Autorität, reagieren aber extrem verärgert, wenn ihr Kind in der Schule bestraft wird. »Für wen hält sich dieser Lehrer eigentlich?« Doch genau das ist der Kern der Sache: Lehrer oder Lehrerin üben eine bestimmte Funktion aus; sie besitzen die Autorität, zu unterrichten. Missbrauchen sie diese Funktion, muss man sie zur Rechenschaft ziehen können. Die Funktion selbst muss jedoch geschützt bleiben, sonst wird jeder Unterricht unmöglich.

Das Verschwinden des Unterschieds zwischen Macht und Autorität, zwischen Machthaber und Amtsträger, hat zur Folge, dass wir uns gegenwärtig viel zu oft auf Macht berufen müssen. Deshalb geraten wir in Situationen, in denen das »Recht« des Stärkeren eine Rolle spielt. Paradoxerweise wird dies wiederum als Beweis für die Richtigkeit der Vorstellung vom »*survival of the fittest*« angeführt. Besonders deutlich erleben wir das gegenwärtig in der Arbeitswelt.

Arbeitsorganisation

Im ersten Kapitel hatte ich erläutert, dass das Wesen unserer Identität größtenteils mit unserem Liebesleben zusammenhängt: Wir sind Kind von, Partner von, Vater oder Mutter von, Bruder oder Schwester von. Daneben gibt es einen zweiten, ebenso wichtigen Pfeiler: unsere berufliche Identität. In beiden Fällen ist das Verhältnis zu anderen bestimmend für unsere Selbstachtung, im Berufsleben kommt im Idealfall noch das fachliche Können dazu. Wer wir sind und wie wir uns dabei fühlen, hängt zu einem großen Teil vom Betrieb und unseren Beziehungen von den Kollegen ab.

Was macht Arbeit effizient und was macht Menschen in Bezug auf ihren Arbeitsplatz und ihre Tätigkeit glücklich? Und wie lassen sich diese beiden Elemente kombinieren? Eine Untersuchung zum Burnout, die lange vor der Wirtschaftskrise durchgeführt wurde, hat eindeutig nachgewiesen, dass arbeitsbedingte Depressionen nicht die Folge von zu harter Arbeit oder zu hoher Arbeitsbelastung sind, sondern mit der Organisation der Arbeit zusammenhängen, vor allem mit den dazugehörenden sozialen Beziehungen. Mangelnder Respekt und ausbleibende Anerkennung zählen zu den wichtigsten Ursachen von Burnout. Jahre später wurde diese Feststellung im Rahmen eines TEDGlobal-Talks von Dan Pink zum Thema Motivation am Arbeitsplatz nicht nur bestätigt, sondern sogar noch ausgeweitet.[1]

Angesichts der Diskussion über finanzielle Boni und das, was heute »Abzockermentalität« genannt wird, sind die Konsequenzen, die sich aus Pinks Darlegungen ergeben, über die Maßen wichtig. Ab einem bestimmten Einkommensniveau wirken extrinsische Belohnungen kaum mehr. Finanzielle Anreize erhöhen die Motivation nur bei Arbeiten, bei denen man nicht denken muss. Sobald es um Kopfarbeit geht, und erst recht, wenn auch Kreativität gefragt ist, wirkt eine intrinsische Belohnung viel besser. Mehr noch: Extrinsische Anreize – lies: Boni – haben in diesem Fall einen negativen Effekt; die solcherart bedachten Mitarbeiter liefern *schlechtere* Ergebnisse ab als die Kollegen, deren Arbeit von intrinsischer Motivation abhängt. Die Mehrheit der Arbeitsplätze fällt übrigens in die zweite Kategorie – schließlich leben wir in einer Wissenswirtschaft, oder? Tätigkeiten, die wenig Grips verlangen, wie Fließbandarbeit, gehören inzwischen überwiegend der Vergangenheit an. Dort hätten Boni tatsächlich einen positiven Effekt, aber dummerweise sind solche Anreize in diesem Bereich eher selten.

Sowohl politische als auch wirtschaftliche Entscheidungsträger streben deshalb danach, extrinsische Motivationsmodelle so rasch wie möglich abzubauen. Wenn wir wissen, dass das heutige Bonussystem außerdem zur Verschärfung der Einkommensunterschiede beiträgt und genau diese Unterschiede mit fast allen negativen psychosozialen Effekten korrelieren, dann ist das ein mehr als ausreichender Grund, um sich intensiv mit intrinsischer Motivation zu beschäftigen. Jeder Politiker, der das Allgemeinwohl vertreten will, muss dem Rechnung tragen – sonst repräsentiert er nicht die Interessen der Allgemeinheit, sondern andere. Die Kernfrage lautet: Was macht intrinsische Motivation aus? Dan Pink fasst ihr Wesen in drei Schlagworten zusammen: Autonomie, Meisterschaft und Ziel. Ich ergänze seine These durch Sachverhalte, die bereits im vorigen Kapitel angesprochen wurden.

Autonomie und Meisterschaft hängen eng zusammen. Die selbstständige Organisation und Gestaltung der eigenen Arbeit führt zu einer enormen Steigerung der Motivation und des Engagements. Dadurch nehmen Meisterschaft und Können automatisch zu, wodurch man noch mehr Spaß an der Arbeit hat. Das schließt eng an das an, was Sennett als *craftmanship* beschrieb, fachliches Können. Das Ziel muss als Beitrag zu etwas erfahren werden, das uns selbst übersteigt, etwas, das wir nicht allein verwirklichen können. Dadurch haben wir ausdrücklich das Gefühl, dazuzugehören, Teil einer Gemeinschaft zu sein, in der wir jedoch unseren eigenen Platz einnehmen. Auch hier geht es wieder um die Balance zwischen Gleichheit und Verschiedenheit, zwischen dem Gefühl, zwar Teil eines großen Ganzen, aber dennoch autonom zu sein.

Die heutige Art der Arbeitsorganisation steht dem stets entgegen. In den meisten Fällen haben selbst hoch qualifizierte Menschen ein bisschen Verantwortung, aber keine Macht. An den Entscheidungsprozessen werden sie kaum beteiligt, selbst wenn diese ihre Arbeit ganz unmittelbar betreffen.

Die Diktatur der Zahlen sorgt im Verein mit der Informatik dafür, dass Beschlüsse von »oben« direkt »unten« ankommen, ohne große Chance auf Mitwirkung. Im vorigen Kapitel wurde bereits offenbar, dass Arbeit buchstäblich umso kränker macht, je weniger frei man sie organisieren kann. Dies bezieht sich vor allem auf die sozialen Beziehungen: Je mehr jemand der Macht anderer unterworfen ist, desto geringer sein *sense of control*.[2]

Wird Arbeit nach dem Top-down-Prinzip organisiert, so betrifft dies nicht nur die Definition der Zielvorgaben, sondern auch die Art und Weise, wie sie zu erreichen sind, was zur Folge hat, dass Fähigkeiten und Fertigkeiten schwinden. Das Gefühl von Machtlosigkeit und Passivität verstärkt sich immer mehr. Die Zuerkennung extrinsischer Belohnungen wird daran nichts ändern, ganz im Gegenteil. Demgegenüber bekräftigt jede Studie die positiven Effekte einer Arbeitsumgebung, die Autonomie und Entscheidungsgewalt fördert und den Menschen das Gefühl gibt, für ein höheres Ziel zusammenzuarbeiten. Produktivität und Effizienz steigen zusammen mit der Arbeitszufriedenheit. Dasselbe gilt für die Loyalität gegenüber und die Identifizierung mit dem Betrieb. Der Krankenstand sinkt rasch, und erwachsene Arbeitnehmer benehmen sich auch altersgemäß.

Mancher Leser wird dies achselzuckend abtun. Das klingt ja alles ganz schön, aber schließlich gehen die Leute doch bloß wegen des Geldes arbeiten, *get real*. Und selbst wenn die These zutreffen sollte, dann betrifft das doch nur die Fälle, die mit kreativer Arbeit zu tun haben. Beide Einwände lassen sich leicht widerlegen, und zwar sowohl mittels solider Forschungsergebnisse als auch durch Beispiele. An anderer Stelle habe ich es bereits betont: Die heutige Wirklichkeit ist *die Folge* einer bestimmten wirtschaftlichen und gesellschaftlichen Organisation und daher nicht DIE Wirklichkeit. Alle Untersuchungen belegen, dass ab einer bestimmten Einkommensgrenze das Finanzielle keinen Anreiz mehr bietet, eher ist das Gegenteil der Fall. Eine große Gruppe von Menschen bezieht gegenwärtig ihre Arbeitszufriedenheit, und mehr noch, ihre Selbstachtung und das Gefühl, »dazuzugehören«, aus beruflichen Tätigkeiten, für die sie nicht oder schlecht bezahlt werden. Alle Freiwilligenorganisationen sind dafür ein Vorbild. Dazu möchte ich auf zwei Beispiele eingehen.

Zu Beginn des digitalen Zeitalters hatte Microsoft eine tolle Idee: Geplant war der Aufbau einer digitalen Enzyklopädie, teils auf CD-ROM, teils online, und zwar unter Nutzung sämtlicher multimedialer Möglichkeiten. Weltweit wurden Experten kontaktiert und um Mitarbeit gebeten, Informatiker schrieben neue Programme, es wurde reichlich Geld investiert, und jeder rechnete mit einem rauschenden Erfolg. Daraus wurde nichts: 2008 wurde das Encarta-Projekt beerdigt. In der Zwischenzeit hatte Jimmy Wales mit einer Handvoll Freiwilliger Wikipedia ins Leben gerufen. Der Rest ist Geschichte: Weltweit arbeiten begeisterte Wikipedians (»*And proud to be one*«) voller Stolz, dazuzugehören, unbezahlt an Beiträgen zu einem Lexikon, das mittlerweile Artikel von hoher Qualität bietet. Inzwischen sehen es Wissenschaftler als große Ehre an, wenn ihr Werk von Wikipedia zitiert wird. Dan Pink gebraucht Wikipedia gern als Gegenbeispiel zum Get-real-Gerede. Man stelle sich vor, so sagt er, vor fünfzehn Jahren wäre jemand zur »Politik« gegangen mit dem Vorschlag, eine kostenlose Enzyklopädie zu erstellen, mit unbezahlten Mitarbeitern, die auch noch selbst für die Qualitätskontrolle geradestehen. Der Betreffende wäre zweifellos mit einem psychiatrischen Etikett bedacht worden.

Dies führt mich zu meinem zweiten Beispiel. In den letzten Jahren ist die psychologische Gesundheitsversorgung Opfer eines völlig übertriebenen Top-down-Managements geworden, mit allen bekannten

Symptomen wie Erfassung, Messungen, Mitarbeitergesprächen, Newspeak (Audits, Gap-Analyse, KPI = Key Performance Indicator, Benchmarking usw.), das Ganze unter der Leitung von Koordinatoren und unter der Aufsicht von Filialleitern. Kaum zu glauben, dass ausgerechnet ein Arbeitsplatz, an dem es von akademisch ausgebildeten Psychoexperten nur so wimmelt, auf eine Art organisiert wird, die sämtlichen Ergebnissen der psychologischen Motivationsforschung radikal entgegensteht. Die Resultate sind denn auch entsprechend.

Dagegen steht TeJo (Therapeuten für Jugendliche), eine Freiwilligenorganisation in Antwerpen, die Ende 2009 aus der Frustration der Sozialarbeiter heraus entstanden ist. TeJo bietet kostenlos und anonym Erste Hilfe. Die Therapeuten gehen bewusst von einer unwissenden Haltung aus und setzen »auf die Expertenposition der Jugendlichen, die selbst am besten wissen, was sie wollen« – vergiss die Protokolle. Es wird nichts erfasst, der Verwaltungsaufwand ist minimal, Management findet so gut wie keines statt, und soweit es doch vorkommt, dann ausschließlich mit dem Ziel, dass die Sozialarbeiter ihre Arbeit tun können. Alle Therapeuten arbeiten unbezahlt. Jetzt, nach drei Jahren, sind es mehr als sechzig Freiwillige, und das Angebot wächst. Ich hatte das Vergnügen, an einem Fortbildungsnachmittag teilnehmen zu dürfen – es war wirklich ein Vergnügen, die herzerwärmende Begeisterung der Beteiligten zu erleben. Ihre Arbeitsweise entspricht allen Kriterien der Motivationsförderung: Autonomie, Entscheidungsgewalt und Selbstmanagement, kollegiale soziale Kontrolle und ein gemeinsames Ziel. Interessanterweise haben viele von den TeJo-Leuten einen festen Job im überbürokratisierten psychologischen Gesundheitsdienst, wo sie lustlos Dienst nach Vorschrift verrichten. Bei TeJo tanken sie Sauerstoff.

Diese beiden Beispiele stammen aus dem Nonprofit-Sektor; wie steht es um die »echte« Arbeit? Die Produktionswirtschaft hat das Potenzial der intrinsischen Motivation mittlerweile auch entdeckt. Betriebe, die auf *employee share ownership* (Mitarbeiterbeteiligung), *profit sharing* (Gewinnbeteiligung) und *participatory management* (partizipativen Führungsstil) setzen, sind bedeutend produktiver und effizienter als andere, da die dort Arbeitenden deutlich motivierter sind. *Self management teams* (teilautonome Arbeitsgruppen), wie sie Volvo Trucks eingeführt hat, scheinen auch bei Standardproduktionen höhere Leistungen zu erbringen als eine Top-down-Organisation. Dies gilt sogar für die Verwaltung. Frank Van Massenhove leitet bereits seit zehn Jahren den Föderalen Öffentlichen Dienst für Soziale Sicherheit in Belgien auf völlig atypische Weise. »Bei uns bestimmen die Menschen ihr Leben selbst. Sie arbeiten wo, wann und wie sie wollen [...] Weil sie so viel Freiheit haben, müssen wir allerdings sehr genau wissen, was wir von jedem Einzelnen erwarten. Das ist der Kern des neuen Arbeitens.« Die Ergebnisse sind verblüffend – keine belgische Sozialbehörde funktioniert besser, Van Massenhove wurde 2007 zum »besten Behördenleiter des Jahres« gewählt, und sein Amt ist der beliebteste Arbeitsplatz aller belgischen Bediensteten.[3]

Digitalisierung und die Mär vom objektiven Messen

TeJo ist in mancherlei Hinsicht eine liberale Initiative: Jemand hat die Überregulierung satt, gründet etwas Neues und baut es innerhalb kürzester Zeit zu einem erfolgreichen Unternehmen aus. Auch der Neoliberalismus hat sich den sogenannten freien Markt und die Deregulierung auf die Fahnen geschrieben, führt in der Praxis aber sehr schnell zu einer bleischweren und völlig demotivierenden Bürokratie. Die Gründe dafür habe ich in Kapitel fünf erörtert: Der freie Markt ist lediglich ein Slogan, eine neoliberale Organisation funktioniert mittels einer streng gelenkten zentralen Politik auf der Basis ständiger Evaluierung, deren Ziel eine höhere Produktivität samt entsprechendem Wettbewerb ist. Die Auswirkungen einer solchen Organisation sind gegenwärtig stärker denn je zu spüren, da Evaluierungen, unsere Zahlengläubigkeit und die allgegenwärtige Digitalisierung aufeinandertreffen. Weiter oben habe ich als Kennzeichen für das heutige Panoptikum – das Kontrollzentrum – den Umstand genannt, dass es leer ist. Das stimmt nicht ganz: Es ist insofern leer, als kein zentraler Bewacher mehr da ist, der die Aufsicht führt. An seiner Stelle steht nun ein Computer.

Eines sei klargestellt: Jede Form von Schwarzmalerei in Sachen Computer liegt mir fern. Das ändert aber nichts daran, dass die Digitalisierung, wie jede technische Neuerung, bestimmte menschliche Obsessionen möglicherweise noch weiter verstärkt, in diesem Fall das Bedürfnis nach Kontrolle und Vorhersagbarkeit. Heute braucht man lediglich auf ein paar Tasten zu drücken, um Statistiken zu produzieren, prächtige Farbdiagramme in allen erdenklichen Formen, die die Illusion von Kontrolle erzeugen. Die Geschwindigkeit, mit der diese Statistiken aus dem Drucker quellen, hat zur Folge, dass einfach keine Zeit mehr zum Nachdenken bleibt. Der naive Glaube an Tabellen *e tutti quanti* überrascht mich immer wieder. Gott ist tot, aber alle unterwerfen sich den Zahlen. Wie die zustande gekommen sind und ob sie auch anders interpretiert werden können, fragen wir uns meist nicht.

Ein kleines Beispiel, das an mein vorheriges Thema anschließt, die makrosoziale Arbeitsorganisation. In einem Meinungsartikel, den der Vorsitzende des belgischen Unternehmerverbands für die Zeitung *De Standaard* schrieb, wurde das »deutsche Modell« bejubelt, wobei als Beleg die Halbierung der Arbeitslosenzahl genannt wurde, die von durchschnittlich 11,4 Prozent im Jahr 2005 auf 6,1 Prozent im April 2011 gesunken sei, bei gleichzeitigem deutlichen Rückgang des Haushaltsdefizits. Der Vorsitzende weist überdies süffisant darauf hin, dass dieses Modell von einem sozialdemokratischen Kanzler, nämlich Gerhard Schröder, eingeführt wurde. Die Zahlen lassen seiner Ansicht nach nur eine Schlussfolgerung zu: Die Belgier müssten diesem Vorbild schnellstmöglich folgen. Weniger Arbeitslose und ein geringeres Haushaltsdefizit, das kommt doch allen zugute?[4]

Die Statistiken erscheinen in einem anderen Licht, wenn man weiß, dass deutsche Arbeitsuchende seit den neoliberalen Hartz-Reformen (2003–2005) so gut wie keine Arbeit mehr ablehnen können, dass in der Hälfte der deutschen Betriebe keine Tarifverträge gelten und dass in der anderen Hälfte mehr und mehr Leiharbeitskräfte tätig sind, die keinen oder kaum Schutz genießen. Für dieselbe Arbeit bekommen sie dreißig bis vierzig Prozent weniger Geld als der fest angestellte Kollege. Ergebnis: Jeder fünfte berufstätige Deutsche, 2008 waren das beinahe sieben Millionen Menschen, erhält einen Netto-Stundenlohn von vier bis sechs Euro, weshalb viele gezwungen sind, zwei Jobs auszuüben. Hinter dem Rückgang der Arbeitslosenzahlen verbirgt sich ein fast ebenso großer Anstieg bei der Zahl von arbeitenden Armen. Laut offiziellen EU-Zahlen stieg die Armut in Deutschland von 12,5 Prozent im Jahr 2005 auf 15,5 Prozent im Jahr 2009. Zwischen 2000 und 2009 sanken die Reallöhne um 4,5 Prozent, was eine dramatische Verschärfung der sozialen Ungleichheit zur Folge hatte. Zum Vergleich: In Belgien stiegen die Löhne in demselben Zeitraum um 7,4 Prozent, was ungefähr den Preissteigerungen entspricht und daher ein Nullsummenspiel ist.[5]

Kurz nach Erscheinen des Zeitungsartikels mit der Lobeshymne auf das deutsche Modell gab es eine ähnliche Diskussion über belgische Zahlen. Sämtliche Titelseiten hatten einen Pressebericht der flämischen Regierung gebracht, in dem behauptet wurde, dass laut wissenschaftlichen Untersuchungen nur 0,4 Prozent der Flamen in Armut lebten. Noch in derselben Woche veröffentlichten die an der Studie beteiligten Wissenschaftler eine Richtigstellung: Der Pressebericht treffe nicht zu, die Zahl 0,4 stütze sich auf eine falsche Auslegung ihrer Studie (beziehungsweise auf eine verkehrte Kombination von Kriterien), und gemäß der offiziellen europäischen Berechnungsmethode würden 11 Prozent der Flamen als arm gelten. Bei Zugrundelegung ihrer eigenen Maßstäbe kämen sie, die Forscher, auf noch höhere Zahlen. Offenbar gibt es verschiedene Berechnungsmethoden, eine offizielle und andere.

Als Wissenschaftler hege ich ein tiefes Misstrauen gegen Statistiken. Anhand derselben Daten kann man in den Humanwissenschaften – und dazu rechne ich auch die Ökonomie – in viele verschiedene Richtungen gelangen. Schließlich ist schon die Art, wie die Zahlen zustande kommen, in vielen Fällen fragwürdig (um es höflich auszudrücken), und ohne einen Master in Statistik ist ein Urteil über ihre Zuverlässigkeit unmöglich. Die größte Illusion angesichts all dieser Zahlen ist, dass sie vorgeben, eine korrekte Wiedergabe »der« Wirklichkeit zu sein. Meistens ist eher das Gegenteil der Fall: Sie *schaffen* ein bestimmtes *Bild* von der Wirklichkeit, vor allem, um bestimmte Erwartungen zu erfüllen, die stets auf einer mehr oder weniger verborgenen Ideologie beruhen. Später steuert dieses Bild dann unhinterfragt den Entscheidungsprozess: »Die Zahlen sprechen doch für sich!«

Darum halte ich es für sehr wichtig, nicht nur auf die Zahlen zu starren, sondern auch jemanden anzuhören, der sich bewusst auf das deutsche Modell eingelassen hat, um Klarheit zu gewinnen. Dem Journalisten Günter Wallraff ist es seit vielen Jahren ein Anliegen, am eigenen Leib zu erfahren, was es beispielsweise konkret heißt, ein Ausländer zu sein, weshalb er monatelang in diese Rolle geschlüpft ist. Außerdem nahm er Jobs am unteren Ende der gesellschaftlichen Leiter an, unter anderem als Bäcker für Lidl oder als Agent in einem Callcenter, und veröffentlichte seine Erfahrungen in einem Buch mit dem Titel *Aus der schönen neuen Welt*. Neben dem Hungerlohn (7,66 Euro brutto die Stunde) machte Wallraff der Verlust an Würde schwer zu schaffen, das Gefühl, nicht mehr dazuzugehören. Es führt dazu, dass sich Menschen als Versager fühlen, sich schämen und möglichst wenig Aufmerksamkeit erregen möchten. Die einstmals *schweigende Mehrheit* ist zu einer *unsichtbaren Mehrheit* isolierter Grüppchen geworden, die ihre problematische Situation so weit wie möglich vor der Außenwelt verbergen. Dies wiederum macht jede Solidarität zunichte, gerade jetzt, wo sie nötiger wäre denn je. Wallraff prognostiziert, dass diese *working poor,* also Erwerbstätige, deren Einkommen unter der Armutsgrenze liegt, sehr bald zum Dauerproblem werden, da ihre Kinder praktisch chancenlos bleiben. In einer solchen Gesellschaft wird es für die Jüngeren auch keine Meritokratie geben.[6]

Über Günter Wallraff kommen wir zu den Auswirkungen des Prinzips »Alles ist messbar« auf das Individuum. Evaluierungsgespräche, in denen Zahlen die Hauptrolle spielen, sind oft tödlich für Arbeitszufriedenheit, Motivation, Loyalität und Identifizierung mit dem Unternehmen. Ein solcher Ansatz macht jede Form von Kreativität und Autonomie zunichte und löst ein Gefühl von Erniedrigung und verletzter Selbstachtung aus. Die negativen Folgen wiegen umso schwerer, je weniger qualitative und kontextabhängige Faktoren bei der Evaluierung berücksichtigt werden und stattdessen eine Instanz, die mit der Wirklichkeit am Arbeitsplatz gänzlich unvertraut ist, allen ein uniformes Messsystem überstülpt.

Die Evaluierungsbefürworter berufen sich stets auf dieselben Argumente: Zum Ersten, dass die Qualität stiege, und zum Zweiten, dass die Besten belohnt würden. Beide Argumente sind falsch. Der neoliberale meritokratische Effekt stellt sich nur in der Anfangsphase ein, und die soziale Mobilität kommt nach kurzer Zeit zum Stillstand. Quantitative Evaluierungen lassen die Qualität der abgelieferten Arbeit eher sinken als steigen. Das System führt zu mehr Bürokratie, weshalb immer weniger Zeit für die Kernaufgaben bleibt und der Arbeitsdruck überall zunimmt. Wenn man Quoten einhalten muss, ist Qualität nicht die oberste Priorität. Welchen Teil ihrer Zeit verwenden Polizisten noch auf ihre Kernaufgabe, Lehrkräfte auf den Unterricht, Therapeuten auf die Behandlung? Das Ende vom Lied sind demotivierte Beschäftigte, und die liefern höchstens Mittelmaß ab.

Dass Evaluierungen notwendig sind, bezweifle ich nicht, auch deswegen, weil immer mehr Menschen eine Identität entwickelt haben, in der ihr eigenes Ego und ihr persönlicher Vorteil (»Ich-AG«) im Mittelpunkt stehen. Die Frage ist, welche Form der Beurteilung die sinnvollste ist. Das »objektive Messen« stößt in den meisten Fällen nicht nur auf wenig Gegenliebe, sondern ist auch völlig illusorisch. Noch einmal: Für das Messen benötigt man einen objektiven Maßstab; Länge kann man in Zentimetern ausdrücken, Gewicht in Kilos, Volumen in Litern usw. Produktion lässt sich auch noch messen, wenn es sich um konkrete Produkte handelt (die Zahl der Autos, die vom Band rollen) – ob bei einer höheren Produktion noch dieselbe Qualität erreicht wird, lasse ich offen. Schließlich umfassen die meisten Tätigkeiten komplexe Aufgaben und werden außerdem vom Umfeld beeinflusst. Anzunehmen, dass für sie objektive Maßstäbe entwickelt werden können, anhand derer objektive

»Messungen« am Ende »harte« Zahlen liefern, ist ein Trugschluss.* Völlig irrwitzig wird es aber, wenn man mit den so gewonnenen Zahlen mathematische Operationen durchführt (Additionen, Berechnung des Mittelwerts und Abweichungen davon usf.).

Evaluierungen sind zweifellos notwendig, doch bedarf es einer völlig anderen Herangehensweise. Besonders wichtig wäre eine qualitative Untersuchung, in deren Rahmen Beschäftigte zu den verschiedenen Teilaspekten ihrer Arbeit befragt werden. Ein solcher Ansatz würde zu spektakulär positiven Ergebnissen führen, vorausgesetzt, man nimmt die Sache ernst. Die Arbeitnehmer selbst sollten in Absprache mit ihrem unmittelbaren Vorgesetzten Ziele und Kriterien festlegen, anhand derer Erfolge wie Misserfolge beurteilt werden. Welche Elemente ihrer Arbeit halten Sie für die wichtigsten? Was möchten Sie verändern? Wie können Sie das Ihrer Meinung nach erreichen? Man könnte ein regelmäßiges Berichtsverfahren definieren, am besten gemeinsam, sodass rechtzeitig Korrekturen möglich sind, wenn etwas schiefläuft. Und, nicht zu vergessen: Da alle einer Beurteilung bedürfen, muss auch eine qualitative Bottom-up-Evaluierung der Führungskräfte durch ihre Untergebenen erfolgen. Es fällt auf, wie wenig Ahnung die Chefs gegenwärtig von dem haben, was an den einzelnen Arbeitsplätzen passiert, und wie schlecht sie deshalb die Folgen ihres Handelns einschätzen können.

Die Erfahrung lehrt, dass solche qualitativen Beurteilungen das Verantwortungsgefühl sehr rasch wachsen lassen; dasselbe gilt auch für das Vertrauen der Kollegen untereinander. Auch hier gilt es, eine gute Balance zwischen dem Individuum und der Gruppe zu finden, zwischen individueller Kreativität und produktiver Zusammenarbeit.

* Zur Information: Für diese Art von Messungen bedient man sich der sogenannten »Likert-Skalen«, mittels derer befragte Personen bestimmte Merkmale beispielsweise als schlecht, ausreichend, gut oder sehr gut beurteilen können, manchmal auch in Form von Zahlen (– 2 / – 1 / 0 / + 1 / + 2); es existieren mehrere Varianten, die drei bis sieben mögliche »Werte« umfassen. Gern wird dabei vergessen, dass es sich stets um intuitive Einschätzungen auf der Grundlage der subjektiven Kriterien der jeweiligen Befragten handelt. Alles, was in Zahlen ausgedrückt wird, erweckt den Eindruck, objektiv messbar zu sein. Ein Zentimeter ist überall ein Zentimeter, aber was der eine Arbeitnehmer mit + 2 bewertet, kann sein Kollege völlig anders beurteilen.

Die anderen müssen sich ändern – die anderen, das sind wir

Die Wirtschaftskrise hat viele Menschen wachgerüttelt, und der Ruf nach Veränderung wird lauter und vielstimmiger. Populistische Gruppen schieben korrupten Chefs die Schuld in die Schuhe, Intellektuelle »dem System«, Politiker und Ökonomen »den Märkten«. Sie alle eint dieselbe Überzeugung: Schuld sind auf jeden Fall die anderen, ich selbst bin nur ein Opfer. Die anderen – Ausländer, Staatsknete beziehende Arbeitslose, habgierige Banker, mitleidlose Manager – sollen sich anpassen, dann wird alles besser. Leider lassen sich diese anderen nicht eindeutig identifizieren. Der Protest richtet sich gegen anonyme Moloche (»die Banken«), wobei sinnlose Gewalt auf der Straße und depressive Antriebslosigkeit einander abwechseln. Dies ist zugleich ein Spiegelbild der Börse: mal ADHS-artig hochschnellend, dann wieder depressiv in sich zusammensackend. Bipolare Störungen (früher als »manisch-depressiv« bekannt) sind das Leiden des Neoliberalismus schlechthin.

Nach vorherrschender Überzeugung liegt die Ursache nicht bei uns, weshalb wir der Meinung sind, dass die Lösung ebenfalls von außen kommen muss. Dass es irgendwo ein Wundermittelchen gibt oder einen neuen Führer, der uns ohne allzu viel eigene Anstrengung von allem Übel erlöst. Dabei verlieren wir eine Grundwahrheit aus den Augen: Inzwischen sind wir alle mehr oder minder neoliberal, und zwar sowohl in unserem Denken als auch in unserem Verhalten. Das ist sicherlich die unangenehmste Konsequenz des Identitätsbildungsprozesses, der im ersten Kapitel behandelt wurde.

Nicht nur Jugendlichen und jungen Erwachsenen wurde eine neoliberale Identität verpasst, auch ihre Eltern wurden kräftig in diese Richtung gedrängt. Heute ist jeder in erster Linie ein Schnäppchenjäger. Die Empörung über Manager oder Chefs, die Personal entlassen, ist ziemlich kurzsichtig. Kündigungen erfolgen, weil die Aktionäre kurzfristig mehr Gewinn sehen wollen – jeder Anteilseigner ist mitverantwortlich für diese Entscheidung. Zu Standortverlagerungen kommt es, weil alle immer billigere Produkte haben wollen. Die beste Ware zum niedrigsten Preis, dieser Vorgabe folgen wir alle, und wer sich über all die osteuropäischen Lkws ärgert, die unsere Autobahnen unsicher machen, vergisst, dass sie unsere in Niedriglohnländern hergestellten Konsumgüter zum günstigsten Tarif herankarren.

Der postmoderne Mensch leidet an einer seltsamen Dissoziation, einer neuen Form von Persönlichkeitsverdoppelung. Wir klagen das System an, stehen ihm feindselig gegenüber und fühlen uns zu machtlos, um es zu verändern. Andererseits tragen wir durch unsere Lebensweise zur Stärkung und Ausweitung des Systems bei. Dazu gehört, wie wir essen und trinken, uns kleiden, fortbewegen und reisen – wir sind das System, über das wir klagen. Aus Protest rechts- oder linksextreme Parteien zu wählen reicht nicht aus, um das zu ändern. Nicht die anderen müssen sich ändern, die unangenehme Wahrheit ist, dass wir uns selbst auch ändern müssen. Statt nur zu konsumieren, müssen wir uns wieder auf unsere Bürgerpflichten besinnen. Nicht nur in der Wahlkabine, sondern auch und vor allem, indem wir unsere Lebensweise ändern.

Zuallererst müssen wir den heute üblichen Zynismus ablegen, dem wir fast alle frönen. Dieser Zynismus verführt uns dazu, das neoliberale System als exklusive Wahrheit anzusehen. Die Mär von der Alternativlosigkeit, auch *TINA-Syndrom* genannt (»*There Is No Alternative*«), zeigt, dass die heutige Krise auch, und vielleicht vor allem, eine Krise der Fantasie ist, was zu fatalistischen Äußerungen führt wie »Der Mensch ist nun einmal, wie er ist«, »Solange ich lebe, wird sich wohl nichts ändern« oder »Machen wir das Beste draus«. Es besteht kein Zweifel daran, dass Egoismus, Konkurrenzdenken und Aggressivität Teil des Menschen sind – die Banalität des Bösen ist eine Realität. Aber Altruismus, der Wille zur Zusammenarbeit und Solidarität – die Banalität des Guten – ist genauso ein Teil von uns, und es ist die Umgebung, die entscheidet, welche Merkmale dominieren. Diese Schlussfolgerung können wir aus der Untersuchung von Frans de Waal über unsere nächsten Verwandten ziehen. Der größte Unterschied zwischen uns und den Primaten ist, dass wir uns unsere Umgebung größtenteils selbst erschaffen. Obendrein gibt es mehr als genug Belege dafür, dass wir uns besser fühlen, wenn wir für jemand anderen etwas bedeuten und dafür Anerkennung bekommen. Ein solches Glücksgefühl steht in scharfem Kontrast zur heute typischen Befindlichkeit, dem depressiven Hedonismus, dem depressiven Genuss.

Nicht selten wird jemand aus einem Gefühl der Machtlosigkeit heraus depressiv: Ich kann nichts tun, nichts hilft, meine Gene sind schuld, meine unglückliche Jugend, die Gesellschaft. Oft stimmt das bis zu einem gewissen Grad sogar, aber wenn diese Überzeugung die Oberhand gewinnt, verstärkt sich die Depression. Ein depressiver Patient kann sich nur aus seiner Krankheit befreien, wenn er sich auf die Facetten seines Lebens konzentriert, über die er noch selbst entscheiden kann und für die er eine begrenzte Verantwortung trägt. Leicht ist das nicht, aber es geht. Der Appell richtet sich noch mehr an die depressiven Verbraucher, die wir heute alle sind – seine Konsumgewohnheiten ändern kann jeder.

Statt uns aufs Verbraucherdasein zu beschränken, müssen wir wieder zu Bürgern werden. Wenn die Politik dem Allgemeinwohl verpflichtet sein soll – und das ist nötiger denn je –, dann müssen auch wir das Allgemeinwohl wichtiger nehmen als unsere eigenen Belange. Das erfordert materiellen Verzicht, der mit der Entwicklung einer neuen Ethik Hand in Hand gehen sollte. Wenn wir bedenken, was unsere Identität ausmacht, muss die Ethik stets auf die Balance von Autonomie und Solidarität, von Individuum und Gruppe bedacht sein. Als Bindeglied dient die Autorität und die Art ihrer Ausübung. Bürgersinn bedeutet nicht nur, dass wir uns denjenigen unterwerfen, denen wir auf demokratische Weise Macht verliehen haben, sondern auch, dass wir die Macht selbst auszuüben wagen, wenn es die Situation erfordert. Michel Foucault hat sich in seinen letzten Vorlesungen mit der Notwendigkeit der *parrhesia* befasst, dem Mut, wahr zu sprechen. Wir legen das allzu bequem aus, indem wir beispielsweise über die katholische Kirche herziehen. Oder unsere Meinung (mit vielen Ausrufezeichen) hemmungslos und unverblümt in Internetforen »posten«.

Solche eher pubertären Formen von »Mut« dürften kaum etwas verändern. Ein wichtigeres Beispiel betrifft unsere Reaktion auf die alltägliche Gewalt in Bussen oder Bahnen, die darin besteht, erst stereotyp zu klagen (»Die Polizei tut nichts!«) und dann mehr Ordnungshüter zu fordern. Nach einem tödlichen Zwischenfall bei den Brüsseler Nahverkehrsbetrieben veröffentlichte meine Namensvetterin, die Journalistin Nina Verhaeghe, einen Aufruf zur Zivilcourage, in dem sie forderte, möglichst gemeinsam gegen unakzeptables Verhalten vorzugehen, statt einfach tatenlos zuzusehen.[7] Diese Art von Parrhesie wird von uns verlangt. Schimpfen in Internetforen ist zu wenig, Solidarität und Demokratie erfordern beispielsweise auch eine kollektive Reaktion seitens der Fahrgäste, wenn ein Busfahrer angegriffen wird – der Busfahrer, das sind wir. Verhaeghe schlägt vor, eine neue Variante der Bob-Kampagne zu konzipieren, mit einem möglichst ebenso eingängigen Schlüsselwort, um diese Solidarität zu aktivieren.*

Verhaltensänderungen durch Wertewandel

Die Empfehlung, ein Schlüsselwort zu verwenden, greift die Erkenntnisse psychologischer Forschung zu Verhaltensänderungen auf. Ein gut gewähltes und allgemein in Umlauf gebrachtes Schlüsselwort – man denke an »Respekt!« – öffnet die Tür zu einem verborgenen Bauchgefühl, das Menschen zum Handeln veranlasst. Dieser Ansatz steht den gängigen Auffassungen in Bezug auf Verhaltensänderungen diametral entgegen. Viel zu oft gibt man sich der Illusion hin, dass Verhaltensänderungen auf rational-kognitivem Weg erfolgen, dass man jemandem nur zu erklären braucht, was – auch langfristig – in seinem Interesse ist, und schon gelangt er automatisch zur Einsicht und trifft die richtigen Entscheidungen, selbst wenn die wehtun. Viele Informationskampa-

* Bei der Bob-Kampagne handelt es sich um eine sehr erfolgreiche Initiative der belgischen Verkehrssicherheitsbehörde gegen Trunkenheit am Steuer. Dabei einigt sich eine Gruppe von ausgehwilligen Leuten darauf, wer von ihnen auf Alkohol verzichtet und den Chauffeur spielt. Das Schlüsselwort heißt »Bob«, und die Frage »Wer macht heute den Bob?« ist inzwischen zur stehenden Redewendung geworden, die das Fahrverhalten in Belgien merklich beeinflusst hat.

gnen haben diese Strategie über Jahre hinweg beherzigt, allerdings ohne rechten Erfolg. Das lässt nur eine Schlussfolgerung zu: Sie funktioniert nicht.

Warum die meisten Moralphilosophen das nicht einsehen wollen, ist mir ein Rätsel – die einzige Erklärung ist, dass sie aus einem pseudoreligiösen Verständnis der Aufklärung heraus den Menschen immer noch als rationales Wesen ansehen. Die Werbewelt hat es dagegen längst begriffen: Will man das Verhalten – in diesem Fall der Verbraucher – ändern, muss man *Werte* verkaufen, und das tunlichst in einer emotionalen Verpackung – Familie, Mutterliebe, Treue, Sicherheit, Status, Triumph, Leistung usw. Man braucht sich Werbebotschaften nur anzusehen, um zu verstehen, dass das Produkt selbst und die rationale Fakteninformation zweitrangig sind. Was verkauft werden soll, wird häufig nicht einmal ausdrücklich ins Bild gesetzt. Trotzdem funktioniert es, im Gegensatz zu allen gut gemeinten Kampagnen progressiver Bewegungen, die ehrlich um unser Wohl besorgt sind. Eine Organisation wie der WWF hat kürzlich das Ruder herumgeworfen und mithilfe von Experten eine Studie durchgeführt, die zu einer Verhaltensveränderung führen soll. Die folgenden Darlegungen stützen sich überwiegend auf diese Studie.[8]

Eine bestimmte Botschaft kommt dann an, wenn sie tief verwurzelte Affekte und Werte berührt. Die Metapher »tief verwurzelt« signalisiert, dass wir uns dessen kaum bewusst sind und dass es außerdem um eine Verästelung mit vielen Ausläufern geht. Früher sprach man von »unbewussten assoziativen Komplexen« (Freud); die Kognitive Psychologie von heute nennt dieses Phänomen tiefer liegender emotional geprägter Deutungsmuster *deep frames*. Im Rahmen seiner therapeutischen Arbeit entdeckte Freud, dass seine Patienten über bestimmte Reizwörter Zugang zu diesen Komplexen und Affekten hatten. Noch wichtiger war die Beobachtung, dass Veränderungen, beispielsweise ein besserer Umgang mit Ängsten und damit eine neue Verhaltensweise, möglich wurden, wenn man auf diese Komplexe und Affekte einwirkte, in seinem Fall mittels der psychoanalytischen Methode.

Dasselbe gilt auch auf kollektiver Ebene. Im ersten Kapitel wurde erläutert, inwiefern unsere Identität auf dem gründet, was wir von unserer Umgebung übernehmen, und dass Menschen, die derselben Kultur angehören, dieselben Komplexe oder Frames teilen. Auch auf kollektiver Ebene erfolgt eine Aktivierung durch Schlüssel- oder Reizwörter. Man halte einen Vortrag vor Universitätsangehörigen, in den man mehrmals den Begriff »akademische Freiheit« einstreut, und das Publikum wird zustimmend nicken. Verwendet man im selben Vortrag mehrmals das Wort »Neger«, schalten die Zuhörer innerlich ab.

Der Grund dafür ist, dass Reizwörter tiefer liegende assoziative Deutungsmuster aktivieren, die affektiv stark aufgeladen sind und daher Reaktionen »aus dem Bauch heraus« provozieren. Untersuchungen solcher *deep frames* haben eine Reihe wichtiger Merkmale zutage gefördert, so beispielsweise, dass die verschiedenen Muster nicht nebeneinander, sondern gegeneinander angeordnet sind. Oder, dass bei der Aktivierung eines Aspekts oder Wertes eines bestimmten Deutungsmusters automatisch auch alle anderen Aspekte dieses Musters abgerufen werden. Zugleich bewirkt die Aktivierung eines Deutungsmusters oder Clusters, dass der gegenüberliegende Cluster an Bedeutung einbüßt. Es ist nicht möglich, beide gleichzeitig zu aktivieren.

Die einzelnen Cluster sind verschiedenen Kategorien zugeordnet, die gewöhnlich zwei kontrastierende Frames mit jeweils anderen Werten und Lebenszielen hervorheben. Auf der einen Seite finden sich Merkmale wie physische Attraktivität und Beliebtheit, Konkurrenz und Karriere, Geld und materieller Luxus. Wird beispielsweise der Wert Beliebtheit aktiviert, so erstreckt sich dieser Reiz automatisch auch auf die damit verknüpften Lebensziele wie Konkurrenz und Geld. Der gegenüberliegende Frame beinhaltet physische Gesundheit und Autonomie, Solidarität und Zusammenarbeit, Wohlbefinden und spirituelle Werte. Und auch hier gilt: Wird beispielsweise der Wert Autonomie aktiviert, steigt automatisch die Bedeutung der dazugehörenden Elemente, während Beliebtheit und Konkurrenz an Bedeutung verlieren.

Die erste Gruppe stützt sich auf extrinsische Werte, die zweite auf intrinsische, von denen bereits im Zusammenhang mit der Arbeitsmotivation die Rede war. Gleichzeitig betrifft dies keineswegs nur die Arbeit: Die beiden Deutungsmuster, Cluster oder Frames sind Ausdruck zweier verschiedener Identitäten mit zwei unterschiedlichen Auffassungen von Moral. Sie unterscheiden sich, weil sie bei jeweils einem der beiden Prozesse anknüpfen, die am Anfang unserer Identitätsentwicklung stehen und den jeweils anderen in den Hintergrund drängen. Wie im ersten Kapitel beschrieben, brauchen wir sowohl Identifikation – Übereinstimmung mit dem anderen – als auch Abgrenzung – die Distanzierung vom anderen –, um eine stabile Identität aufbauen zu können.

Es bedarf keiner ausführlichen soziologischen Forschung, um feststellen zu können, dass unsere heutige sozialökonomische Organisation ausschließlich das Deutungsmuster von Individualismus und Abgrenzung fördert. Der kompetenzorientierte Unterricht unserer Tage führt unsere Kinder und Jugendlichen geradewegs in die Wettbewerbs- und Karrierecluster hinein, mit allen dazugehörigen Werten. Die Befürworter eines solchen Unterrichts lassen jedoch außer Acht, dass dies automatisch auf Kosten der zweiten Gruppe von Normen und Werten geht. Kompetitive Solidarität existiert nicht.

Für die Unmöglichkeit dieser Kombination gibt es ein sehr anschauliches Beispiel in der Psychologie, nämlich die »kognitive Dissonanz«. Wenn jemand von einem bestimmten wertebehafteten Cluster überzeugt ist, ist er schlicht nicht fähig, objektive und auf Tatsachen beruhende Informationen wahrzunehmen, die diesem Cluster widersprechen. Wer davon überzeugt ist, dass Solidarität, Gemeinschaftssinn und Spiritualität wichtig sind, wird objektive Informationen über die Vorteile von Individualismus, Wettbewerbsfähigkeit und Materialismus nur schwer schlucken. Umgekehrt ist jemand, für den Individualismus, Wettbewerbsfähigkeit und Materialismus von Bedeutung sind, kaum in der Lage, objektive Informationen über die Vorteile von Solidarität, Gemeinschaftssinn und Spiritualität anzunehmen. Dies ist übrigens eine Erfahrung, die wir alle schon gemacht haben … bei anderen, die unserer Meinung nach »unbelehrbar« sind.

Wenn wir uns ändern wollen, dann nicht aufgrund rationaler Fakten, sondern über affektiv aufgeladene Werte. Dabei hilft uns nicht unsere Hirnrinde, sondern unser Bauchgefühl. Da muss Veränderung anknüpfen, und wir müssen den Mut haben, die Gemeinschaftswerte in den Vordergrund zu rücken, die auch dem Individuum nützen. Am Anfang steht eine so einfache wie grundsätzliche Frage: Was brauche ich wirklich, um gut leben zu können?

Selbstsorge und gutes Leben

Die Ungeduldigen unter uns glauben, einen tief greifenden gesellschaftlichen Wandel am besten durch zwangsweise Einführung eines neuen ideologischen Systems bewerkstelligen zu können, also durch einen Umsturz oder eine Revolution. Die Geschichte lehrt, dass dafür ein hoher Preis zu zahlen ist: Jede Revolution frisst ihre Kinder. Die Geschichte lehrt außerdem, dass jedes System, sei es nun sozialistisch, kommunistisch oder liberal orientiert, im Lauf der Zeit zur Karikatur seiner selbst mutiert.

Die nachhaltigsten Veränderungen erfolgen unterbewusst, aus dem Bauch heraus. Wenn immer mehr Menschen das Gefühl haben, dass etwas grundlegend verkehrt läuft, dann liegt Veränderung in der Luft. Das ist zwar der Fall, doch gelingt es den Menschen bisher nicht, sich zu organisieren. Dieses Misslingen ist bereits ein Symbol für unser Hauptproblem, nämlich die fortgeschrittene Individualisierung. Solidarität lässt sich nicht durch rationale Argumente erzwingen, und angesichts des aktuellen Ego-Kults scheint mir die Sorge um das eigene Wohlergehen der bestmögliche Ansatzpunkt für Veränderung zu sein. Gemeint ist hier die klassische griechische *epimeleia*, die Selbstsorge. Nachdem wir alle so individualistisch geworden sind, kann folgende Frage zum Ausgangspunkt für Veränderung werden: Worin besteht gutes Leben, was fühlt sich gut für mich an?

Zwei Wörter springen dabei sogleich ins Auge, »fühlen« und »mich«. Der Akzent auf »fühlen« hat, wie ich bereits erwähnte, damit zu tun, dass Veränderungen nicht primär über Erkenntnis und Einsicht erfolgen, sondern in erster Linie mit emotional empfundenen Werten zu tun haben. Wenn wir uns ändern wollen, dann genügt Wissen nicht. Der Akzent auf »mich« mutet wiederum angesichts meiner Einwände gegen einen exzessiven Individualismus etwas seltsam an. Haben wir davon nicht schon mehr als genug?

Es ist auffällig, wie schwierig es ist, Selbstsorge nicht mit Eigennutz gleichzusetzen. Im Rahmen der heute grassierenden Anschauungen gehen wir automatisch davon aus, dass eine solche Sorge auf Kosten anderer geht. Alles, was der andere bekommt oder sich nimmt, kann ich schließlich nicht mehr bekommen oder mir nehmen, nicht wahr? Außerdem beschwört die neoliberale Erzählung die Vorstellung herauf, dass Selbstsorge auf eine materielle und extrinsische Auslegung hinausläuft: mehr Güter, mehr Komfort, ein attraktiverer Körper, dies alles in einem Kontext von unvermeidlicher Konkurrenz und unvermeidlichem Neid. *Fühlen* wir uns dabei wirklich glücklicher? Und ist das wirklich Selbst*sorge*?

Ein konkretes Beispiel betrifft den heute allgegenwärtigen Körperkult, wie er oft bei Radsportlern anzutreffen ist. Sam De Kegel, Journalist und nach eigener Aussage ein echter Radsportfan, beschreibt es so: »Wir fahren heute auf sündhaft teuren, federleichten Karbonrädern. Wir kennen unseren Maximalpuls, die Fettschwelle und unsere VO_2 max auswendig. Jedes Jahr lassen wir im Labor per Laktattest unsere Blutwerte bestimmen, und sämtliche gefahrenen Kilometer tragen wir minutiös in ein Excel-Tabelle ein […] Dank spezieller Radler-Apps und Facebook können wir unsere Leistungen mit Kollegen auf der ganzen Welt vergleichen.«[9] Erfahrungen dieser Art haben De Kegel veranlasst, dem Fahrradclub Adieu zu sagen und lieber allein oder mit ein paar Gleichgesinnten zu fahren. Von befreundeten Ärzten weiß ich übrigens, dass Doping in Amateurkreisen gang und gäbe ist.

Machohaftes Konkurrenzgehabe hat mit Selbstsorge nichts zu tun und macht noch nicht einmal Spaß. Immer wird jemand anders bessere Leistungen erzielen, immer ein anderer das teurere Gadget haben. Die

Auffassung, dass die Beschäftigung mit uns selbst auf Kosten anderer gehen muss, ist die Folge einer verzerrten Sicht auf Sorge wie auf Identität. Wie im ersten Kapitel dargelegt, ist unsere Identität unlösbar mit der des anderen verbunden. Verändert sich etwas an meiner Identität, dann hat das Auswirkungen auf den anderen, und umgekehrt. Die *epimeleia*, die Selbstsorge, umfasst in ihrer ursprünglichen klassischen Bedeutung zugleich die Verantwortung, bei der ethischen Gestaltung des eigenen Lebens das Allgemeinwohl miteinzubeziehen. In diesem Sinn können wir unter Ethik die Art verstehen, wie wir mit unserem eigenen Körper und dem der anderen umgehen, oder, noch weiter gefasst, mit Schuld und Verantwortung.

Was das Verhältnis zum Körper angeht, so hat sich im Vergleich zu den klassischen Normen innerhalb des letzten Jahrzehnts eine Wende vollzogen. Lag die Betonung früher auf dem Verbot – so gut wie alles Körperliche war unmoralisch –, liegt sie nun auf dem Gebot. Was Essen, Trinken, Sex und Körperpflege angeht, sollen wir genießen bis zum Umfallen. Auch an dieser Stelle lohnt es sich, zur Ausgangsfrage zurückzukehren. Wie fühlen wir uns dabei? Die Antwort liegt auf der Hand: nicht gut. Zu viel des Guten ist schlecht und sorgt im günstigsten Fall für Langeweile, ansonsten für Störungen und Abhängigkeit. Es ist auffällig, dass jedes ethische System Mäßigung und Selbstbeherrschung vorschreibt, wobei im Hintergrund die Idee der Freiheit mitschwingt. Der Begriff »Abhängigkeit« steht für Unfreiheit, für Sklaverei. Bekanntlich sind auch Freud und Lacan aufgrund ihrer Erfahrungen mit der Psychotherapie zu der Überzeugung gelangt, dass jeder Mensch in Bezug auf den Genuss eine innere Bremse hat, die ihren äußeren Ausdruck in den gesellschaftlichen Normen findet. Übermäßiger Genuss ist schädlich.

Noch einmal: Wir empfinden das eher auf emotionaler Ebene, manchmal erleben wir es buchstäblich als Bauchgefühl, das einen krassen Gegensatz zu den heutigen Werbebotschaften bildet, die uns von ihrem Wahlspruch »mehr ist besser« überzeugen wollen. Die negativen Folgen dieser Strategie können wir bei Kindern beobachten, die »alles« bekommen und als Erwachsene einfach unausstehlich sind. Paradoxerweise sind sie oft dazu noch der Meinung, zu kurz gekommen zu sein. Im Erwachsenenalter erfahren wir es am eigenen Leib: Jenseits eines bestimmten materiellen Wohlstandsniveaus haben Geld und Bequemlichkeit keinen Einfluss mehr auf das Glücksempfinden. Im Gegenteil, Enttäuschung macht sich breit: Das soll es gewesen sein? Ist das schon alles? Je mehr materiellen Wohlstand wir anhäufen, desto deutlicher spüren wir, dass etwas Grundlegendes fehlt, das sich durch materielle Güter nicht kompensieren lässt.

Damit gelangen wir zum zweiten großen Aspekt von Selbstsorge und Ethik: Wie gehen wir mit dem Mangel auf existenzieller Ebene um, mit der Tatsache, dass es keine materiellen Antworten auf die großen Fragen des Lebens gibt? Wie gehen wir mit Schuld und Verantwortung um? Die heute übliche Reaktion besteht darin, möglichst rasch einen konkreten Schuldigen zu finden. Zu dicke Kinder? Die Fast-Food-Ketten sind schuld! Verkehrschaos am Montagmorgen wegen fünf Zentimetern Schnee? Der Wettermann ist schuld! Wäre seine Vorhersage richtig gewesen, hätte es keine Probleme gegeben. Der Gedanke, dass wir nicht alles kontrollieren können, dass wir von den wesentlichen Dingen wie Leben, Liebe und Tod nur wenig bis gar keine Ahnung haben, ist uns unerträglich. Dabei verlieren wir aus den Augen, dass eben dieser Mangel die Quelle jeder menschlichen Kreativität ist und die Ausgangsbasis für ein höheres Ziel, nach dem wir gemeinsam mit anderen streben. Ob dieses Ziel nun ein wissenschaftliches, religiöses, ideologisches oder künstlerisches ist, zählt nicht so sehr wie die Tatsache, dass es Menschen zu einer Gemeinschaft zusammenschweißt, die auf die wichtigen Fragen gemeinsame Antworten formuliert.

Individuum und Gemeinschaft

Die Sorge, die ein Individuum dem eigenen Körper, aber auch dem anderer angedeihen lässt, wird beeinflusst von den kollektiven Antworten, die eine Gemeinschaft gefunden hat. Was verstehe ich unter männlicher Identität? Was bedeutet Elternschaft für mich? Wie verhalte ich mich gegenüber Macht? Die gemeinsamen Antworten sind wiederum die Folge individueller Entscheidungen. Wenn beispielsweise immer mehr Individuen beschließen, selbst entscheiden zu wollen, wann ihr Leben zu Ende sein soll, muss die Gemeinschaft nach einiger Zeit Regeln für die Sterbehilfe ausarbeiten. Und hier begegnen wir dem Spannungsfeld wieder, das sich schon am Beginn unserer Identitätsentwicklung findet, das Spannungsfeld zwischen Individualismus (Trennung, Streben nach Autonomie) und Gemeinschaftssinn (Identifizierung, Teil eines größeren Ganzen sein wollen). Die Selbstsorge des Einzelnen existiert neben und manchmal im Gegensatz zur kollektiven Sorge, jedoch unausweichlich in wechselseitiger Abhängigkeit.

Heute wird der Ruf nach mehr gemeinschaftlicher Sorge, »mehr Staat«, immer lauter. Immer mehr Menschen halten unsere individuelle Freiheit für viel zu groß und den Einfluss der Gemeinschaft für viel zu gering und möchten dieses Ungleichgewicht unbedingt korrigieren. Dazu eine kleine Anmerkung: Die Begriffe »Polizei« und »Politik« leiten sich beide ab vom griechischen *polis*, dem Stadtstaat. Auf der anderen Seite steht eine andere Gruppe von Menschen, die genauso laut das Gegenteil feststellt und ein völlig anderes Plädoyer hält: Ihrer Ansicht nach gibt es viel zu viel »Staat« und zu viel Einmischung von oben, das muss ein Ende haben, die Menschen sollen endlich ihre Angelegenheiten selbst in die Hand nehmen.

Beide Sichtweisen sind falsch. Anders als von der ersten Gruppe angenommen, sind wir als Individuen heutzutage ganz und gar nicht frei, und es gibt in der Tat viel Einmischung von oben. Und im Gegensatz zu dem, was die zweite Gruppe meint, haben wir zu wenig »Staat«, denn die gegenwärtige politische Obrigkeit hat so gut wie nichts mehr zu sagen.

Der Neoliberalismus ist kein Freiheitsregime, das dem Individuum durch eine Reduzierung der Einmischung von außen zu mehr Autonomie verholfen hat. Seitdem die Politiker bei der neoliberalen Wirtschaft in Lohn und Brot stehen, gibt es beileibe nicht weniger Regeln und mehr Wahlmöglichkeiten, im Gegenteil. Den Wildwuchs bei Verträgen und Vorschriften bekommt jedermann zu spüren – weil eine neoliberale Gesellschaft eben genau so funktioniert. Wenn es keine symbolischen Verhaltensweisen und identifizierbaren Autoritäten mehr gibt und die Gemeinschaftsethik durch ein konkurrenzorientiertes Menschenbild ersetzt wird, dann kommt es tatsächlich zum *survival of the fittest.* Mangels Autorität werden immer mehr Regeln erlassen. Das ist das erste Paradox der neoliberalen Ideologie vom freien Markt: Sie führt unvermeidlich zu einem Übermaß an Einmischung.

Das zweite Paradox betrifft die vermeintliche Befreiung des Individuums. Wer daran glaubt, verwechselt Individualisierung und Einsamkeit mit Autonomie und freier Wahl. Durch die Pflicht, es schaffen zu müssen, alles in vollen Zügen genießen zu müssen, werden die postmodernen Verbraucher zu Kopien ihrer jeweiligen Exklusivität, freilich ohne den Vorteil wechselseitiger Verbundenheit. Daher die merkwürdige Kombination von extremem Individualismus und kollektivem Konsumismus, der uns allen die Illusion vermittelt, einmalig zu sein. Komischerweise begegnen wir einander dadurch massenhaft an Orten, die als »Geheimtipp« deklariert wurden, und zwar samt und sonders ausgestattet mit unserem »personal«-Computer, unserer »exklusiven« Handtasche (*limited edition*) und der festen Überzeugung, die einzigen zu sein, die sich nicht an dem ganzen »Affenzirkus« beteiligen …

Die aktuelle, wirklich sehr extreme Form von Individualismus lässt nur wenig bis keine Autonomie zu. Das Individuum ist auf die Funktion eines Verbrauchers reduziert, der in der Illusion lebt, einmalig zu sein und eigene Entscheidungen zu treffen, während noch nie so vielen Menschen in einem derartig großen Maßstab dieselben Verhaltensweisen und dasselbe Denken aufgezwungen wurden. Insoweit gibt es keine Selbstsorge, da der Konsumismus jede Vorstellung von Selbstbeherrschung und Einschränkung beiseiteschiebt.

Die Diskussion, ob »mehr Staat« oder »mehr Individuum« vonnöten ist, erübrigt sich daher. Es gibt keinen funktionierenden Staat mehr, genauso wenig wie ein unabhängiges Individuum. In den letzten Vorlesungen kurz vor seinem Tod stellte Michel Foucault dem zwanghaften Konsumieren und Produzieren des Neoliberalismus (in seiner Terminologie: »Anarcho-Kapitalismus«) den Liberalismus gegenüber, Letzterer nicht in der parteipolitischen Bedeutung des Wortes, sondern als Bezeichnung für eine kritische Bewegung gegen die allgegenwärtige Disziplinierung. Eine solche kritische Bewegung brauchen wir jetzt dringend. Wir brauchen wieder ein politisches System, das die stets schwierige und notwendige Balance von Übereinstimmung und Verschiedenheit herstellt, von Gruppe und Individuum, von diktierter Gleichheit und freier Wahl. Diese Gesellschaftsordnung müssen wir selbst aufbauen, indem wir die Initiative ergreifen. Wie heißt es bei Shakespeare?

Der Mensch ist manchmal seines Schicksals Meister;
Nicht durch die Schuld der Sterne, lieber Brutus,
Durch eigne Schuld nur sind wir Schwächlinge.

Cassius, in *Julius Cäsar*, I, 2

DANKSAGUNG

Ein Buch schreibt man nie allein, und Originalität ist genauso illusionär wie der Identitätsbegriff, der am Anfang des Buches stand. Folgenden Menschen zumindest möchte ich meinen Dank aussprechen.

Meinen ersten Lesern, Christine, Eline und Tim, die mir höflich zu verstehen gaben, dass noch viel Arbeit zu tun blieb.

Meinen zweiten Lesern und Lauffreunden Piet und Johan, die für kilometerlange Diskussionen gesorgt haben und deren Freundschaft mir sehr wertvoll ist.

Wouter Van Driessche und Andreas Tirez für ihre Informationen zum Thema Meritokratie.

Jan Van Duppen für die Übermittlung aller relevanten niederländischen Zeitungsartikel.

Sämtlichen Mitgliedern meiner Fachgruppe *Psychoanalyse und Beratungspsychologie* an der Universität Gent, sowohl für ihre Hilfe als auch für das Ertragen meiner mentalen Abwesenheit im letzten Jahr. Ganz besonderer Dank gilt Stijn Vanheule, der mich mit dem Werk von Richard Sennett bekannt machte.

Philipp Blom gebührt Dank für seine Ermahnung, mich mehr aufs Erzählen zu konzentrieren und den Hochschullehrer außen vor zu lassen.

Ruhe und Stille sind kostbar und selten. Meine Frau und ich durften eine Woche lang bei Jan Celie in La Broussole (Dordogne) zu Gast sein, um die letzte Fassung des Buches zu schreiben. Die Tischgespräche werden uns stets im Gedächtnis bleiben.

Erwin Mortier und Leonoor Broeder haben mir im letzten halben Jahr eine Reihe von Arbeitswochenenden mit kurzen Nächten und langen Tagen beschert, Nägelkauen und Grübeln inklusive; die Male, die ich euch beide zur Hölle gewünscht habe, steht in direktem Verhältnis zur Qualität der Endfassung dieses Buches und meiner Dankbarkeit.

Dank an meinen Sohn Sander, der das Register erstellte, Julie De Ganck für ihre redaktionelle Mitarbeit und Theo Veenhof, der als Korrektor dafür gesorgt hat, dass alles bis aufs letzte i-Tüpfelchen stimmt.

Und schließlich Rita, die meine Argumentation öfter in eine bestimmte Richtung gelenkt hat, als sie es selbst vermutet.

BIBLIOGRAFIE

Achterhuis, Hans (2010), *De utopie van de vrije markt,* Rotterdam.

Akerlof, George & Shiller, Robert (2009), *Animal Spirits: Wie Wirtschaft wirklich funktioniert,* München, Ü: Ute Gräber-Seißinger, Ingrid Proß-Gill, Doris Gerstner.

American Psychiatric Association (2000), *Diagnostic and Statistical Manual of Mental Disorders* (4., durchgesehene Auflage), Washington, D.C.

Appignanesi, Lisa (2008), *Mad, Bad, and Sad: A History of women and the Mind Doctors from 1800,* New York.

Aristoteles, *Nikomachische Ethik,* Reinbek 2006, Ü: Ursula Wolf.

Babiak, Paul & Hare, Robert (2007), *Menschenschinder oder Manager: Psychopathen bei der Arbeit,* München, Ü: Ingrid Proß-Gill.

Bauman, Zygmunt (2000), *Die Krise der Politik. Fluch und Chance einer neuen Öffentlichkeit,* Hamburg, Ü: Edith Boxberger.

Berlin, Isaiah (1995), *Freiheit. Vier Versuche,* Frankfurt/M., Ü: Reinhard Kaiser.

Blom, Philipp (2011), *Böse Philosophen. Ein Salon in Paris und das vergessene Erbe der Aufklärung,* München.

Boomkens, René (2008), *Topkitsch en slow science. Kritiek van de academische rede,* Amsterdam.

Crompton, Tom (2010), *Common Cause. The Case for Working with our Cultural Values,* WWF-UK, Strategies for Change Project, siehe: www.wwf.org.uk/change.

Dalrymple, Theodore (2004), *Kultur der Unterschicht: Die unerträgliche Leichtigkeit des Bösen,* Düsseldorf, ef-Magazin 84.

Dawkins, Richard (1996), *Das egoistische Gen,* überarb. u. erw. Neuauflage, Reinbek, Ü: Wolfgang Wickler, Karin de Sousa Ferreira.

Dehue, Trudy (2008), *De depressie-epidemie. Over de plicht het lot in eigen handen te nemen,* Amsterdam-Antwerpen.

Dehue, Trudy (2011), ›De medicalisering van ongewenst gedrag.‹ In: *De Groene Amsterdammer,* 2. November 2011.

Desmet, Marc (2009), *Liefde voor het werk in tijden van management. Open brief van een arts,* Tielt.

De Vos, Jan (2011), *Psychologisering in tijden van globalisering. Een kritische analyse van psychologie en psychologisering,* Leuven/Den Haag.

De Waal, Frans (2011), *Das Prinzip Empathie. Was wir von der Natur für eine bessere Gesellschaft lernen können,* München, Ü: Hainer Kober.

Feynman, Richard (2001), *Es ist so einfach. Vom Vergnügen, Dinge zu entdecken,* herausgegeben von Jeffrey Robbins, München, Ü: Inge Leipold.

Fisher, Mark (2011), *Kapitalistischer Realismus ohne Alternative? Symptome unserer kulturellen Malaise,* Hamburg, Ü: Johannes Springer.

Flyvbjerg, Bent (2001), *Making Social Science Matter: Why Social Inquiry Fails and How It Can Succeed Again,* Cambridge.

Foucault, Michel (1973), *Wahnsinn und Gesellschaft. Eine Geschichte des Wahns im Zeitalter der Vernunft,* Frankfurt/M., Ü: Ulrich Köppen.

Foucault, Michel (1975), *Die Ordnung des Diskurses. Antrittsvorlesung am Collège de France, gehalten am 2. Dezember 1970,* Frankfurt/M., Ü: Walter Seitter.

Foucault Michel (1993), *Überwachen und Strafen. Die Geburt des Gefängnisses,* Frankfurt/M., Ü: Walter Seitter.

Foucault, Michel (1993), *Freiheit und Selbstsorge, Interview 1984 und Vorlesung 1982,* 2. Aufl., Frankfurt/M., Ü: Helmut Becker und Lothar Wolfstetter.

Foucault, Michel (2004), *Geschichte der Gouvernementalität II. Die Geburt der Biopolitik,* Frankfurt/M., Ü: Jürgen Schröder.

Foucault, Michel (2010), *Der Mut zur Wahrheit. Die Regierung des Selbst und der anderen. Vorlesung am Collège de France 1983/84,* Band II, Frankfurt a. M., Ü: Jürgen Schröder.

Freud, Sigmund *(1999), Gesammelte Werke, chronologisch geordnet,* Frankfurt/M.
[1909b] Analyse der Phobie eines fünfjährigen Knaben.
[1930a] Das Unbehagen in der Kultur.
[1921c] Massenpsychologie und Ich-Analyse.

Gray, John (2007), *Black Mass: Apocalyptic Religion and the Death of Utopia,* New York.

Hermans, W. F. (1991), *Unter Professoren,* Zürich, Ü: Helga van Beuningen.

Hermanns, Jo (2009), *Het opvoeden verleerd,* Amsterdam, siehe: http://dare.uva.nl/document/166032.

Hobbes, Thomas (1996), *Leviathan. Erster und zweiter Teil,* Ü: Jacob Peter Mayer.

Hume, David (1984), *Eine Untersuchung über die Prinzipien der Moral*, Stuttgart, Ü und Hg.: Gerhard Streminger.

Ioannidis, John P. A. (2005), ›Why Most Published Research Findings Are False.‹ In: *PLoS Medicine*, 2.8, e124. doi:10.1371/journal.pmed.0020124.

Israel, Jonathan (2001), *Radical Enlightenment: Philosophy and the Making of Modernity, 1650–1750,* Oxford.

Johnston, Ian (2000), ›Some non-scientific observations on the importance of Darwin‹, http://records.viu.ca/~johnston/introser/darwin.htm.

Kahnemann, Daniel, Knetsch, Jack & Thaler, Richard (1986), ›Fairness and the assumptions of economics.‹ In: *Journal of Business*, 59, S. 285–300.

Knutson, Brian, Wimmer, G. Elliott, Kuhnen, Camelia & Winkielman, Piotr (2008), ›Nucleus accumbens activation mediates the influence of reward cues on financial risk taking.‹ In: *NeuroReport*, 19, S. 509–513.

Kołakowski, Leszek (2000), *Mini-Traktate über Maxi-Themen*, Leipzig.

Kołakowski, Leszek (2007), *Wilt u achteruit naar voren gaan!* Essays van een conservatief-liberaal-socialist. Ingeleid door Jacques De Visscher. Ü ins Niederländische: Herman Van Den Haute en Ewa Van Den Bergen-Makala, Kampen.

Kuhn, T. (1996), *Die Struktur wissenschaftlicher Revolutionen*, 2. rev. Aufl., Frankfurt/M., Ü: Kurt Simon u. Hermann Vetter.

Lacan, Jacques, (1975), *Das Spiegelstadium als Bildner der Ichfunktion*, in: Schriften I, Hg. Norbert Haas, Frankfurt/M.

Lacan, Jacques (1987), *Die vier Grundbegriffe der Psychoanalyse. Das Seminar, Buch XI* (1964), Hg. Norbert Haas, Weinheim, Berlin.

Lane, Christopher (2007), *Shyness. How Normal Behavior Became a Sickness,* New Haven & London.

Langford, Dale, u.a. (2006), ›Social modulation of pain as evidence for empathy in mice.‹ In: *Science*, 312, S. 1967–1970.

Lemaire, Ton (2010), *De val van Prometheus,* Amsterdam.

Lorenz, Chris (Hg.) (2008), *If You Are So Smart, Why Aren't You Rich? Universiteit, markt en management,* Amsterdam.

Lyotard, Jean-François (2006), *Das postmoderne Wissen*, Hg. Peter Engelmann, Wien.

MacIntyre, Alasdair (2007), *Der Verlust der Tugend. Zur moralischen Krise der Gegenwart,* Frankfurt/M., Ü: Wolfgang Riehl.

Masschelein, Jan & Simons, Maarten (2007), ›Competentiegericht onderwijs: voor wie? Over de »kapitalistische« ethiek van het lerende individu.‹ In: *Ethische Perspectieven*, 17.4.2007, S. 398–421.

MILGRAM, STANLEY (1997), *Das Milgram-Experiment. Zur Gehorsamsbereitschaft gegenüber Autorität*, 14. Aufl., Reinbek, Ü: Roland Fleissner.

MOÏSI, DOMINIQUE (2009), *Kampf der Emotionen. Wie Kulturen der Angst, Demütigung und Hoffnung die Weltpolitik bestimmen*, München, Ü: Thorsten Schmidt.

PATTYN, BART (2007), ›Competenties en ideologie. Het dictaat van een expanderend concept.‹ In: *Ethische Perspectieven*, 17.4.2007, S. 422–435.

PELS, DICK (2007), *De economie van de eer. Een nieuwe visie op verdienste en beloning*, Amsterdam.

PINK, DANIEL (2009), *The surprising science of motivation*. Tedglobal 2009, http://blog.ted.com/2009/08/24/the_surprising/.

RAND, AYN (2012), *Der Streik*, München, Ü: Claudia Amor, Alice Jakubeit, Leila Kais.

RETTEW, DAVID (December 2000), ›Avoidant Personality Disorder, Generalized Social Phobia and Shyness: Putting the Personality Back into Personality Disorders.‹ In: *Harvard Review of Psychiatry*, 8(6), S. 285.

RIETSCHEL, MARCELLE, DEUSCHLE, MICHAEL & MEYER-LINDENBERG, ANDREAS u. a. (2011), ›City living and urban upbringing affect neural social stress processing in humans.‹ In: *Nature*, 474, S. 498–501.

SCHAUBROECK, KAAT (2010), *Een verpletterend gevoel van verantwoordelijkheid. Waarom ouders zich altijd schuldig voelen*, Breda.

SENNETT, RICHARD (1998), *Der flexible Mensch. Die Kultur des neuen Kapitalismus*, Berlin, Ü: Martin Richter.

SENNETT, RICHARD (2002), *Respekt im Zeitalter der Ungleichheit*, Berlin, Ü: Michael Bischoff.

SENNETT, RICHARD (2005), *Die Kultur des neuen Kapitalismus*, Berlin, Ü: Michael Bischoff.

SENNETT, RICHARD (2007), *Handwerk*, Berlin, Ü: Michael Bischoff.

SINGER, T., SEYMOUR, B., O'DOHERTY, J. P., STEPHAN, K. E., DOLAN, R. J. & FRITH, C. D. (2006), ›Empathic neural responses are modulated by the perceived fairness of others.‹ In: *Nature*, 439, S. 466–469.

STEINBECK, JOHN (2009), *Jenseits von Eden*, Ü: Harry Kahn, München [Zitat 1: S. 325; Zitat 2: S. 549].

SUTHERLAND, STUART (2007), *Irrationality*, London.

SWIERSTRA, T. & TONKENS, E. (2008), ›Meritocratie en de erosie van zelfrespect.‹ In: Swierstra, T. & Tonkens, E. (Hg.). *De beste de baas? Prestatie, respect en solidariteit in een meritocratie.* Studies over politieke vernieuwing, Amsterdam, S. 61–80.

TIMIMI, SAMI & LEO, JONATHAN, Hg. (2009), *Rethinking ADHD. From brain to culture,* New York.

TIMIMI, SAMI, GARDNER, NEIL & MCCABE, BRIAN (2011), *The Myth of Autism,* New York.

TOMASELLO, MICHAEL (2010), *Warum wir kooperieren,* Berlin, Ü: Henriette Zeidler.

VAN COILLIE, GEERT (2011), ›Geweld, autoriteit en dialoog. Aanzet tot een mimetische pedagogiek.‹ In: Braeckmans, L. (Hg), *Leraar met hart en ziel. Naar een pedagogiek van liefde en vrijheid,* Gent, S. 223–296.

VANDAELE, JOHN (2011), ›Het onnavolgbare Duitse model.‹ In: *Mondiaal Magazine,* Mai, 84, S. 26–31.

VAN DEN BERGHE, GIE (2008), *De mens voorbij. Vooruitgang en maakbaarheid 1650–2050,* Amsterdam/Antwerpen.

VAN DE VEIRE, F. (2006), *Enkele bedenkingen omtrent de ideologie achter de onderwijshervormingen.* Rede uitgesproken ter gelegenheid van de Dies Natalis, Hogeschool Gent, Juni, http://www.flw.ugent.be/cie/CIE2/vdveire1.htm.

VANHEULE, STIJN, LIEVROUW, AN & VERHAEGHE, PAUL (2003), ›Burn-out and Intersubjectivity: A Psychoanalytical Study from a Lacanian Perspective.‹ In: *Human Relations,* 56, 3, S. 322–338.

VAN ROSSEM, MAARTEN (2011), *Kapitalisme zonder remmen. Opkomst en ondergang van het marktfundamentalisme,* Amsterdam.

VERBRUGGE, AD (2004), *Tijd van onbehagen. Filosofische essays over een cultuur op drift,* Nijmegen.

VERHAEGHE, PAUL (2009), *Het einde van de psychotherapie,* Amsterdam.

WALLRAFF, GÜNTER (2012), *Aus der schönen neuen Welt. Expeditionen ins Landesinnere,* erw. Neuauflage, Köln.

WEBER, MAX (2009), *Die protestantische Ethik und der Geist des Kapitalismus,* Köln.

WESTEN, D., NOVOTNY, C. & THOMPSON-BRENNER, H. (2004), ›The Empirical Status of Empirically Supported Psychotherapies: Assumptions, Findings, and Reporting in Controlled Clinical Trials.‹ In: *Psychological Bulletin,* 130, S. 631–663.

Wilkinson, Richard (2001), *Kranke Gesellschaften. Soziales Gleichgewicht und Gesundheit*, Wien, Ü: Marie-Therese Pitner, Susanna Grabmayr.

Wilkinson, Richard & Pickett, Kate (2010), *Gleichheit ist Glück. Warum gerechtere Gesellschaften für alle besser sind,* 4. Aufl. Berlin, Ü: Edgar Peinelt und Klaus Binder.

World Health Organization (2009), *Mental health, resilience and inequalities.* Kopenhagen.

Young, Michael (1961), *Es lebe die Ungleichheit. Auf dem Wege zur Meritokratie*, Düsseldorf, Ü: Hans Theo Asbeck.

Zimbardo, Philip (2012), *Der Luzifer-Effekt. Die Macht der Umstände und die Psychologie des Bösen,* Heidelberg, Ü: Karsten Petersen.

ANMERKUNGEN

Zwecks besserer Lesbarkeit wurde im Fließtext weitgehend auf bibliografische Verweise verzichtet. Wird ein Autor genannt, ist sein Werk oder Artikel in der Bibliografie unter seinem Namen zu finden.

Einleitung

1. Die bekannteste Studie stammt von Stanley Milgram aus dem Jahr 1963, in der normale Durchschnittsmenschen während eines als »Lehrexperiment« bezeichneten Versuchs anderen Testpersonen nach einigem Drängen gefährliche Stromstöße verpassten. Etwa zehn Jahre später führte Philip Zimbardo sein *Stanford-Prison-Experiment* durch, bei dem Studenten ihre Rolle als Gefängniswärter so ernst nahmen, dass das Experiment zu einem Abu-Ghraib *avant la lettre* ausartete.

3. Kapitel

1. Kołakowski, 2007. Zwei Zitate:
»[…] und die Besitzer der allgemeingültigen Wahrheit wissen, dass ihnen sowohl die unangreifbaren (»wissenschaftlichen«) Kenntnisse über alle wesentlichen menschlichen Angelegenheiten als auch die Bedingungen für eine perfekte Gesellschaft zur Verfügung stehen.« (S. 45)
»Viele haben darauf hingewiesen, dass die Prinzipien des Empirismus selbst keine empirischen Propositionen besitzen. Es sind Normen, Befehle, und wir können nach ihrer Rechtfertigung fragen; sie sind durchaus nicht selbstverständlich. Der Empirismus ist keine empirische Theorie.« (S. 154)

4. Kapitel

1. Kahnemann u.a., 1986.
2. Langford u.a., 2006.

3. Singer u. a., 2006.
4. Freud, 1909, S. 94

5. *Kapitel*

1. Wilkinson 2010.
2. Lorenz 2008.
3. *The Guardian*, 29. Juni 2001: »Down with Meritocracy«.
4. Verbrugge 2004.
5. Van den Berghe 2008. Wer die Geschichte der Eugenik und des Sozialdarwinismus vor dem Hintergrund der Aufklärung kennenlernen will, kommt an diesem Standardwerk (inzwischen kostenlos auf der Website des Autors einzusehen) nicht vorbei.
6. »Nehmen wir an, dass ein Wesen, das zwar vernunftbegabt, aber mit der menschlichen Natur nicht vertraut ist, sich überlegt, welche Gerechtigkeits- oder Eigentumsregeln das öffentliche Interesse am besten fördern und Frieden und Sicherheit unter den Menschen schaffen würden. Sein nächstliegender Gedanke wäre wohl der, die größten Besitztümer der höchsten Tugend zuzuweisen und jedem, nach dem Grad seiner Neigung, die Macht zu verleihen, Gutes zu tun [...]; sollten aber die Menschen ein solches Gesetz zur Durchführung bringen, so wäre die Zweifelhaftigkeit von »Ansehen«, sowohl wegen einer natürlichen Dunkelheit als auch wegen der Selbstüberschätzung jedes Einzelnen, so groß, dass von dieser Grundlage aus keine bestimmte praktische Norm zu gewinnen wäre; und die gänzliche Auflösung der Gesellschaft müsste die natürliche Folge sein.« David Hume, *Eine Untersuchung über die Prinzipien der Moral,* Zweiter Abschnitt, Zweiter Teil, S. 35.
7. Sutherland 2007, Kap. 8.
8. Swierstra & Tonkens 2008.
9. Jeremy Bentham, britischer sozialliberaler Reformer des 18. Jahrhunderts, Begründer des Utilitarismus (›Das größte Glück der größten Zahl von Menschen‹). Das »Panoptikum« – das ideale Gefängnis, in dem ein Bewacher von einem zentralen Turm aus alle Gefangenen beobachten kann, während er selbst unsichtbar bleibt – ist ein Modell Benthams. Vgl. Achterhuis 2010 und Sennett 2005.
10. Bauman 2000.
11. Sennett 1998.

12. Westen et al. 2004. Für eine ausführliche Erörterung der Folgen siehe Verhaeghe 2009.
13. Pels 2007.

6. Kapitel

1. Für die Niederlande: Hermanns, J. 2009; für Deutschland: Statistisches Bundesamt.
2. Vor allem die Beiträge von Jan Masschelein, Maarten Simons und Bart Pattyn waren sehr inspirierend sowie auch die Eröffnungsansprache, die Frank Van de Veire (2006) ein Jahr zuvor an der Universität Gent hielt.
3. *De Standaard Magazine,* 21. April 2012.
4. *NRC Handelsblad,* 19. September 2011.
5. Sennett 2005.
6. Babiak & Hare 2007.
7. Sennett 2002.
8. Lacan 1975 u. 1987 sowie Sennett 1998.
9. Sennett 1998.
10. Foucault 2004.
11. Van den Berghe.
12. Nähere Erläuterungen siehe Kołakowski 2007.

7. Kapitel

1. Dehue 2011.
2. Übersichtswerke, die so viele empirische Untersuchungen wie möglich sammeln und auf ihre methodologische Korrektheit hin beurteilen, sind eine Goldmine für alle, die gern kritisch denken. Ein unverzichtbares Buch zum Thema ADHS ist Timimi & Leo (2009), zum Thema Autismus Timimi, Gardner & McCabe (2011).
3. Die Zahlen für Deutschland stammen vom Statistischen Bundesamt bzw. der Techniker Krankenkasse.
4. Lederbogen et al. 2011.
5. Ein Bericht über diese Untersuchung, in dem Bracke u.a. zu folgender Schlussfolgerung gelangen, findet sich in *De Standaard,* 9. Juni 2011:
   Wir im Westen halten persönlichen Erfolg, individuelle Kompetenz und Authentizität für immer wichtiger. Scheitern sehen wir als persönliches Versagen

an, nicht mehr als Folge von Umgebungsfaktoren. Wir werden hilfloser: Wir SIND das Versagen. Wir wollen das ideale Leben führen, statt uns mit dem Leben zufriedenzugeben, das wir haben. Wir kaufen ein Smartphone und sind damit für eine kurze Zeit sehr glücklich, wollen aber im Jahr darauf das neueste Modell. Auch Medikalisierung und Therapeutisierung spielen eine Rolle und beeinflussen möglicherweise die Sicht der jüngeren Generation auf ihre Gefühle und Probleme. Die Grenzen zwischen normalen Gefühlsregungen und ernsthaften Problemen verschwimmen. Natürlich können Medikamente individuell hilfreich sein, aber der hohe Verbrauch in unserem Land hält die zunehmende Depression nicht auf. Eher im Gegenteil.

Klinische Psychologen sollten sich lieber Rat bei der Soziologie holen als bei der Neurologie, so viel steht fest.

6. Fisher 2011. Sein Buch umfasst zwar nur 96 Seiten, doch war es für mich sehr hilfreich.
7. *Revolutionary Road* ist ein Film von Sam Mendes (2008) nach dem gleichnamigen Roman von Richard Yates aus dem Jahr 1961, in dem es hauptsächlich um »the American dream« geht.
8. *NRC Handelsblad*, 26. Januar 2011.
9. VRT-Nachrichtensendung, 22. Februar 2012.
10. Dies ist das zentrale Thema im Werk von Foucault. Vor einigen Jahren hat Lisa Appignanesi (2009) dies noch spezifiziert: Macht wird systematisch von Männern ausgeübt, wobei die Frau als Objekt dient, wie aus ihrer historischen Übersicht hervorgeht.

8. Kapitel

1. Vanheule et al. 2003. Das Video von Dan Pink ist zu finden unter: http://blog.ted. com/2009/08/24/the_surprising/.
2. Wilkinson 2005.
3. Das Zitat stammt aus einem Interview in *De Standaard*, 7. Januar 2012.
4. Dieser Meinungsartikel findet sich in *De Standaard*, 7. Juni 2011.
5. Diese und weitere Informationen zum deutschen Modell können nachgelesen werden bei John Vandaele (2011).
6. Interview mit Wallraff in *De Standaard* vom 29. Mai 2011. Von weitaus größerer Dramatik sind die heute zu Unrecht wenig bekannten Bücher des Schriftstellers George Orwell, der das Leben der Menschen am unteren Rand der Gesellschaft in London und Paris und später in den Steinkohle-

gruben von Wales teilte und mit den beiden Romanen, die daraufhin entstanden, *Erledigt in Paris und London* (1933) und *Der Weg nach Wigan Pier* (1937), zum Wegbereiter des partizipativen Journalismus wurde.

7. *De Standaard*, 14. April 2012.
8. Crompton 2010.
9. *De Standaard*, 4. April 2012.

REGISTER

GABRIELE GOETTLE
DER AUGENBLICK
REISEN DURCH DEN UNBEKANNTEN ALLTAG
REPORTAGEN KUNSTMANN

Die Übersetzung dieses Buches wurde gefördert vom Flämischen Literaturfonds (Vlaams Fonds voor de Letteren – www.flemishliterature.be)

Flemish
Literature
Fund

2. Auflage 2013

Die Originalausgabe erschien unter dem Titel *Identiteit* bei De Bezige Bij, Amsterdam 2012
Umschlaggestaltung: Heidi Sorg und Christof Leistl, München
Typografie + Satz: Frese | Werkstatt für Grafik & Fotografie, München
Druck und Bindung: Pustet, Regensburg
ISBN 978-3-88897-869-2